现代会计学精品系列教材

财务报表编制与分析

（修订本）

郑艳秋　向显湖　编著

清华大学出版社
北京交通大学出版社
·北京·

内 容 简 介

本书分三个部分，共16章。第1部分，企业财务报表的编制；第2部分，企业财务报表的分析；第3部分，事业单位财务报表的编制与分析。本书侧重阐述财务报表分析的基本理论和基本方法，以帮助相关决策者通过财务报表了解企业过去、评价企业现在、预测企业未来，从而更好地改善经营与投资决策。

本书可作为高等院校经济管理、企业管理、财会专业师生的教材；大专师生参考用书；以及相关科研工作者阅读。

图书在版编目（CIP）数据

财务报表编制与分析 / 郑艳秋，向显湖编著. —北京：清华大学出版社；北京交通大学出版社，2013.4（2019.12重印）

ISBN 978-7-5121-1419-7

Ⅰ. ①财…　Ⅱ. ①郑…②向　Ⅲ. ①会计报表-编制②会计报表-会计分析　Ⅳ. ①F231.5

中国版本图书馆CIP数据核字（2013）第053681号

责任编辑：赵彩云　　特邀编辑：林夕莲
出版发行：清 华 大 学 出 版 社　　邮编：100084　　电话：010-62776969
北京交通大学出版社　　邮编：100044　　电话：010-51686414
印 刷 者：北京鑫海金澳胶印有限公司
经　　销：全国新华书店
开　　本：185×260　　印张：14.25　　字数：386千字
版　　次：2013年4月第1版　　2019年12月第1次修订　　2019年12月第3次印刷
书　　号：ISBN 978-7-5121-1419-7/F·1159
印　　数：5001～6000册　　定价：49.00元

本书如有质量问题，请向北京交通大学出版社质监组反映。对您的意见和批评，我们表示欢迎和感谢。
投诉电话：010-51686043，51686008；传真：010-62225406；E-mail：press@bjtu.edu.cn。

前　言

随着资本市场的高速发展，与企业存在经济利益关系的各类机构和人员迫切需要了解和掌握企业过去和现在的财务状况、经营成果、现金流量以及其他相关信息，以便于找出企业的优势、劣势以及各种潜在机会和风险，作出各种合理的决策。因此，通过财务报表可以获得哪些有价值的信息、如何利用财务报表所提供的信息进行决策等成为了信息使用者极为关注的问题。

财务报表是一种商业语言，是反映企业经济活动的总结性文件，它所反映的是企业一定时点或时期的财务状况、经营成果和现金流量。财务报表分析，就是以财务报表为主要依据，采用科学的评价标准和适用的分析方法，遵循规范的分析程序，通过对企业的财务状况、经营成果和现金流量等重要指标的比较分析，从而对企业的财务状况、经营情况及其经营业绩做出判断、评价和预测的一项经济管理活动。

财务报表既是传递财务信息的媒介，又是利益相关者调整财务策略、评估企业经营业绩的基础。按照传统的观点，会计核算是以编制会计报表为其终点，但在现代市场经济条件下，经济的飞速发展造就了对信息的迫切需求，信息量的需求日益增多，信息种类的需求日益广泛，要在恰当时间内将信息准确、便捷地传递给需求的单位及个体。正是这种外部环境的变化，使财务报表分析工作的必要性和重要性日益凸显。财务报表分析是会计报表编制工作的发展和必然延伸，为信息使用者提供更多的、更有价值的、更为有用的财务信息。财务报表编制及报表分析形成了一个生成、汇集和利用财务信息的完整过程。

本书以现代经济理论和现代管理理论为基础，以我国最新颁布的财经法规和《企业会计准则》为指导，在吸收、借鉴众多专家、学者优秀成果的基础上，侧重阐述财务报表分析的基本理论和基本方法，以帮助相关决策者通过财务报表了解企业过去、评价企业现在、预测企业未来，从而更好地改善经营与投资决策。通过通俗易懂的实例说明企业财务报表的编制方法与分析过程，力图突出以下三个特点。第一，务实性，内容具有较强的应用性与实践性，利用大量的案例分析，结合实际工作，用简洁的语言、完整的内容、清晰的逻辑为使用者提供有用的信息。第二，全面性，从报表的编制以及解读开始，对企业的偿债能力、盈利能力、营运能力、现金流量、持续发展能力以及业绩综合评价，从不同的角度进行了较为系统、全面的探索。另外，对事业单位报表的编制与分析也是本书的一个重要特色，使内容从横向上更为全面、具体。第三，启发性，各章有摘要、关键词和案例分析，这样便于读者理解和掌握本书的内容，通过课后习题，对所学内容加以巩固并引导其在某个方面或某个层面的思考。

本书是以编制会计报表及充分利用财务信息，为经济决策提供依据为主题来建立构架的。这个框架是：首先对会计报表的编制进行充分介绍，然后以偿债能力、营运能力和获利能力、现金流量以及持续发展能力为框架，以对财务状况、经营成果和现金流量的分析为内容，并把几者结合起来进行综合分析，以达到提供决策所需要的财务信息的目的。

本书分 3 个部分，总共 16 章，其基本写作思路如下。

第 1 部分，企业财务报表的编制，包括本书的第 1 至第 4 章。以财务报表的基本理论为起点，结合新企业会计准则的要求，介绍了资产负债表、利润表、现金流量表以及所有者权益变动表的编制方法，并对财务报表附注进行解读，最后结合案例分析，使我们掌握报表编制的基本方法及实务操作要点，为后续的分析打下基础。

第 2 部分，企业财务报表的分析，包括本书的第 5 至第 13 章。从偿债能力、营运能力、获利能力、现金流量以及持续发展能力的分析，对企业的产生现金能力、资产运营状况、长期发展前景、负债偿还能力做出全面的判断与评价。另外，通过综合指标的分析，利用多个财务指标作为一个整体，结合案例，做出综合性、全面性和系统性的分析 ，从而从整体上对企业的财务状况和经营成果做出全面、综合的判断与评价。

第 3 部分，事业单位财务报表的编制与分析，包括本书的第 14 至第 16 章。事业单位的经济活动是社会经济活动的重要组成部分，虽然其财务活动较为简单，财务分析易被忽略，但它仍具有十分重要的意义。事业单位的财务状况分析是掌握财务活动规律，提高财务管理水平和财政性资金使用效益，促进事业单位发展的重要手段。鉴于此，本书对事业单位的财务报表如何编制以及如何进行分析，结合实例进行了全面、具体的介绍。

西南财经大学向显湖教授承担了全书的总体设计、大纲制定和编撰及修改定稿；西华大学郑艳秋讲师承担了书稿的总体编撰；西南财经大学的硕士生曹静娴、卜婷婷、银帆参与了资料搜集与整理工作。财务报表分析在我国会计理论与实务中还是一个尚待深入的领域，我们对此研究还有待于进一步提高。本书虽经过较长时间的酝酿与撰稿，但仍显仓促与粗糙，恳请专家和各位读者不吝赐教。

编　者

2013 年 3 月

目 录

第1部分　企业财务报表的编制

【学习提示】

本部分由四个章节构成，主要介绍了财务报告的组成部分：四大财务报表以及附注，并且通过几个章节介绍了财务报表和附注的编制方法及详细内容。通过学习本部分，应该了解财务报表的整体框架，掌握财务报表的编制和分析技巧。

【中英文关键词】

财务报告　Financial Report
财务报表　Financial Statements
附注　Annotations
整体框架　Overall Framework

第1章 财务报告概述

【学习提示】

本章主要介绍了财务报告的定义及包括内容，并简要介绍了财务报告的编制要求，通过本章学习，应该了解财务报告的含义，并掌握财务报告的编制要求，辨别虚假财务报告，深层理解财务报告的内涵。

【中英文关键词】

财务报告	Financial Report
资产负债表	Balance Sheet
利润表	Income Statement
现金流量表	Cash Flow Statement
所有者权益变动表	The Statement of Equity Ownership
编制要求	Preparation Requirements

1.1 财务报告概念

财务报告是指企业根据审核的会计账簿记录和有关资料，编制并对外提供的反映单位某一特定日期财务状况和某一会计期间经营成果、现金流量的书面文件，主要包括资产负债表、利润表、现金流量表、所有者权益变动表这四大财务报表及会计报表附注。四大财务报表是财务报告的主体和核心，按其服务对象，可分为外部报表和内部报表两大类；按照编制的时间可分为中期报表和年报；按其编制单位可分为单位会计报表、汇总会计报表和合并会计报表。会计报表附注是为便于会计报表使用者理解会计报表的内容，面对会计报表的编制基础、编制依据、编制原则和方法及主要项目等所作的解释，是财务会计报告的一个重要组成部分。

财务报告的编制目的是向财务会计报告使用者提供与企业财务状况、经营成果和现金流量等有关的会计信息，反映企业管理层受托责任履行情况，并有助于财务会计报告使用者做出经济决策。在编制财务报告的过程中，企业应当以持续经营为基础，以实际发生的交易和事项为依据，以按照《企业会计准则——基本准则》和其他各项会计准则为原则。通过编制财务报告，其主要意义在于有利于增进会计信息的可理解性，提高会计信息可比性和突出重要的会计信息；为投资者和债权人的投资、贷款决策提供信息，为单位加强经济管理提供资料，为有关管理部门加强检查、监督，维护经济秩序提供资料，这也正是财务报告编制的价值所在。

财务报告编制有一定的质量要求，便于决策者理解和使用相关信息。

1. 财务报表应以持续经营假设为基础编制

企业应当以持续经营为基础，根据实际发生的交易和事项，按照《企业会计准则——基本准则》和其他各项会计准则的规定进行确认和计量，在此基础上编制财务报表。管理层应对是否能够持续经营进行评估，若某些重大不确定因素可能导致对主体持续经营产生严重怀疑时，应对不确定因素充分披露。但企业不能以附注披露代替确认和计量。以持续经营为基础编制财务报表不再合理的，企业应当采用其他基础编制财务报表，并在附注中披露这一事实。企业在当期已经决定或正式决定下一个会计期间进行清算或停止营业，表明其处于非持续经营状态，应当采用其他基础编制财务报表，如破产企业的资产应当采用可变现净值计量等，并在附注中声明财务报表未以持续经营为基础列报，披露未以持续经营为基础的原因以及财务报表的编制基础。

2. 重要性项目单独列报

重要性项目，是指如果项目的省略或误报会单独或共同影响内外部使用者作出的经济决策，则该项目是重要的。重要性应当根据企业所处环境，从项目的性质和金额大小两方面加以判断。其中：项目的性质应当考虑该项目是否属于企业日常活动、是否对企业的财务状况和经营成果具有较大影响等因素；项目金额大小的重要性，应当通过单项金额占资产总额、负债总额、所有者权益总额、营业收入总额、净利润等直接相关项目金额的比重加以确定。基本准则规定在财务报表中单独列报的项目，应当单独列报；其他会计准则规定单独列报的项目，应当增加单独列报项目。

3. 列报的一致性

列报一致性要求财务报表中的列报和分类应在各期间保持一致。除非准则要求改变，或主体的经营性质发生重大变化，改变后的列报能够提供更可靠的且对财务报告使用者更相关的信息，同时不损害可比信息。

4. 有关抵消的界定

财务报表中的资产项目和负债项目的金额、收入项目和费用项目的金额不得相互抵消，单独列报资产和负债、收益和费用以便使用者更易理解已发生的交易、其他事项的情况，以及评估主体未来的现金流量。资产项目按扣除减值准备后的净额列示，不属于抵消。如存货跌价准备与存货项目、应收账款计提的坏账准备与应收账款项目按抵减后的余额列报不属于抵消。非日常活动产生的损益，以收入扣减费用后的净额列示，不属于抵消。如非流动资产处置产生的利得与损失，按处置收入扣除该资产账面金额与相关销售费用后的余额列报不属于抵消。若这些利得与损失是重要的则应单独列报。

5. 财务报告中应列报所有金额的前期比较信息

当期财务报表的列报，至少应当提供所有列报项目可比会计期间的比较数据，以及与理解当期财务报表相关的说明，其他会计准则另有规定的除外。当财务报表项目的列报发生变更的，应当对上期比较数据按照当期的列报要求进行调整，并在附注中披露调整的原因和性质，以及调整的各项目金额。对上期比较数据进行调整不切实可行（不切实可行，是指企业在做出所有合理努力后仍然无法采用某项规定）的，应当在附注中披露不能调整的原因。

6. 披露要求

企业应当在财务报表的显著位置至少披露下列各项：①编报企业的名称；②资产负债表日或财务报表涵盖的会计期间；③人民币金额单位；④财务报表是合并财务报表的，应当予以标明。企业至少应当按年编制财务报表。年度财务报表涵盖的期间短于一年的，应当披露年度财务报表的涵盖期间，以及短于一年的原因。

1.2　财务报告的作用

1. 为投资人和贷款人进行合理决策提供必需的财务信息

在社会主义市场经济体制下，企业各项资金的来源主要来自于所有者的投资和债权人的贷款。财务报告能向投资人和贷款人提供企业营运资金的情况，短期偿债的能力，便于他们了解企业的经营前景、盈利能力等，从而使他们作出合理的投资决策。

2. 有助于保护投资者的合法权益

投资者借助于会计报表，了解企业期初、期末经济资源的数量、分布及其结构，了解企业的资产是否完好，资本能否保全，以判断企业的经营状况，从而维护自己在企业中的经济利益。

3. 可以促进社会资源的有效配置和资金的合理流动

社会主义市场经济体制的核心是遵循价值规律的要求，适应供求关系的变化，通过价格杠杆和竞争机制的功能把资源配置到效益好的环节中去，促使资金由生产效率低向生产效率高的企业流动，实现社会资本的优化组合。而财务报告提供的会计信息有助于投资者对不同企业的经营成绩和财务实力进行比较分析，以便决定自己的资金向效率高、收益好的企业流动，达到合理配置社会资源，优化企业结构的目的。

4. 有利于政府管理部门对企业的宏观调控，促使经济稳定有序地发展

随着改革开放的深入，政府对企业的管理方式也由过去的直接行政干预转变为间接调控，由过去的一统到底转变为以税收、信贷、价格、产业政策等经济杠杆来引导企业的发展。在新的经济条件下，要保证社会经济运行的有序，国家在宏观上必须了解企业的经营行为、经营成果。而财务报告可提供管理所依据的信息。

1.3　财务报告存在的局限性及改进措施

财务报告在发展过程中，存在的主要问题及弊端如下。

(1) 不能满足信息使用者的不同需求。

随着许会经济的日益复杂，企业组织形式及其在社会和市场竞争中的地位不断发生变化，除了直接投资者、债权人外，还出现了大量不同的会计信息使用者包括政府、合作伙伴、社会部门等。各行业财务环境的变化，致使信息使用者对财务报告提出了与传统经济条件下完全不同的新需求。传统经济条件下信息使用者注重的是财务信息，而在知识经济下不仅要获取财务信息，还要获取非财务信息；不仅要获取定量信息，还要更多地获取定性信息；不仅要获取确定的信息，还要更多地获取不确定的信息；不仅要获取历史信息，还要更多地获取预测信息；不仅要获取整体信息，还要获取局部信息。信息使用者要求拓展信息披

露的内容，在信息质量上强调信息的相关性、一致性与及时性。

(2) 不能满足信息的时效性需求。

信息的最大特点就在于时效性，及时有效的信息能为信息使用者带来利润，而延迟滞后的信息则可能导致商家丧失商机。现行财务报告的披露无法达到会计信息质量的及时性，披露的周期、时限过长，如企业的年度财务报告要求在年度末 4 个月内报出，如此长时间后报出的信息又有多少是有用的呢，能说明企业现在的何种价值？在瞬息万变的现代社会，四个月甚至两个月的时间企业的财务状况都可能会发生巨大的变化。例如，英国某银行，1994 年年底其账面净资产为 450 亿～500 亿美元，而到 1995 年 2 月底，该银行已进入破产境地，此时其 1994 年的财务报告还未完成。由此可见，现行的财务报告体系已跟不上现代社会的发展步伐。同时较长的报告周期为企业进行各种幕后交易创造了时间条件，如在我国的上市公司中，资产重组、关联交易现象一般发生在年底编制报表前。依据过时的、经过调整的信息做决策，成功的不确定性大大增加。

(3) 不能反映非货币信息。

随着信息化技术的飞速发展，人力资源、无形资产、数字资产、金融衍生工具等信息显得越来越重要。另外，企业的声誉、其能源的来源及产品的销售渠道等也会对企业的财务状况产生很大的影响。但由于这些因素无法用货币形式进行描述，所以无法在财务报告中列示。信息的竞争在某种程度上就意味着企业生死的竞争，但是由于现有会计报表主要是反映以货币计量的历史成本数据，在会计报表中绝大多数是有形资产的信息，而对大量无形资产的信息无法体现，从而大大削弱了会计信息的决策有用性。

(4) 不能满足对前瞻性信息的需求。

由于交易、事项情况要得到会计的确认，继而在财务报表内表述，其基本前提就是它们必须是已经完成，至少是已经发生的。每一项符合确认要求的报表要素，在其定义中都明确规定属于过去的交易、事项所带来的结果。这样，整个财务报表的信息，必然面向过去，而不可能面向未来。

针对上述问题，可从以下几方面改进措施来完善报表体系。

(1) 拓展信息披露内容，适当增加报表附注，揭示非财务信息。按照财务报告的充分揭示原则，凡是为达到公正表达企业经济事项所必要的，均应完整提供，并使用户易于理解，亦即财务报告应揭示所有对用户的理解及决策有用的重要信息。因而应在现行财务报告的基础上，首先增加对衍生金融工具的揭示，把衍生金融工具纳入表内，充分披露它的价值变动、报酬与风险的转移、潜在风险以及对财务报表的影响。其次，增加财务报表附注。在经济发达国家，会计报表附注长度几乎是报表本身的 5 倍，从中可以看到附注的地位。相比之下，我国现行财务报表仍停留在以报表为主要内容的阶段。因而适当增加报表附注，增加对表外项目如长期购买协议以及不符合传统会计要素定义与确认标准的知识资本、人力资源等的披露也是“符合国际会计惯例”的，更是“着眼于用户”的具体表现之一。

(2) 编制实时报告，缩短报告的时间间隔，提高财务报告及时性。广大投资者最关心的问题莫过于企业未来的前途是否乐观，而预测未来的变化，单凭过去按月、按年编制的会计报告在时效上不能很好地满足报表使用者的需要。因为当前企业面临的现实是产品生命周期不断缩短，衍生工具不断涌现，经营活动的不确定性日益显著，会计信息的决策有用期大大缩短。因此，必须建立一套能提供适时信息的财务报告制度。一方面，定期报告仍将存在，作为财务成果分配的依据；另一方面，编制实时报告作为决策的依据。这并不难做到，因为由账户数据转化为财务报告数据的复杂运算过程，已被编入计算机作为算法程序，会计人员账务处理一完成，计算机就可以自动生成报表。所以，随着信息技术的发展，提高财务报告的及时性与充分性，不再有技术上的问题。

（3）改进信息披露方式，增加财务数据分析会计信息质量特征是以信息使用者对会计信息“有所理解或十分熟悉”作为假定前提的。改进信息披露方式，比如可以将企业与诸如因特网之类的计算机网络联网，通过网络采取灵活的方式向信息使用者提供各类综合及明细的会计信息，以充分满足不同类型信息使用者在信息需求与使用上的差别与偏好。此外，我国现行财务报告仍未脱离传统财务报表的形式，向使用者提供的依然主要是需由他们分析后才真正变成有用信息的数据，缺少来自企业的财务分析数据。企业财务报告中，增加财务数据分析的内容，会提高财务信息的有用性，使会计信息使用者更易读懂。至于分析的具体内容，应视企业的组织形式、规模和行业特点而定，但总离不开收入、费用和成本、利润及现金流量变动等主要方面。

1.4　虚假财务报告的识别

企业财务人员应该根据会计准则和企业要求编制财务报告，真实合理地反映企业的财务状况和经营成果，杜绝虚假财务报告。虚假财务报告是未能遵循企业会计准则，无意识或有意识地采用各种方式和手段歪曲地反映企业某一特定日期财务状况和某一会计期间经营成果和现金流量，对企业的经营活动做出不实陈述的财务报告，其后果必然导致信息使用者做出错误的决策，使会计在经济生活中应有的功能失效，进而危及到社会财富的公平分配和社会资源的有效配置，弱化各项改革措施、政策的效果，甚至动摇社会主义市场经济建设的整个基础。

从虚假财务报告的内容看，有财务数据虚假的财务报告和非财务数据虚假的财务报告。财务数据虚假的财务报告包括虚增资产、少列负债、虚增利润、少扣费用等；非财务数据虚假财务报告指对非财务数据进行虚假陈述，如对关联方关系的虚假陈述等，这类虚假陈述同样可以使企业达到造假的目的。

从虚假财务报告形成的性质看，有错误型虚假财务报告和舞弊型虚假财务报告。错误型虚假财务报告是指无意识地对企业经营活动状况进行虚假陈述，在主观上并不愿意使财务报告歪曲地反映企业经营状况，主要是由会计人员素质较低引起的错误；舞弊型财务报告是指为了实现特定的经济目的而有意识地偏离会计准则和其他会计法规对企业经营活动状况进行虚假陈述的财务报告，是一种利益集团或个人为了经济利益或政治利益而进行的一种有意作为。

财务报告的核心是财务报表，重点是要识别虚假的财务报表，其常见的方法有以下几种。①通过挂账处理进行利润操纵。按新会计制度规定，企业所发生的该处理的费用，应在当期立即处理并计入损益。但有些企业为了达到利润操纵的目的尤其是为了使当期盈利，故意不遵守规则，通过挂账等方式降低当期费用，以获得虚增利润之目的；②少报负债额度，隐藏财务风险。负债额大小，反映企业经营状况好坏，若负债额大于资产额，说明资不抵债，财务风险增大，这时企业会在资产负债表中有意调减负债，降低企业财务风险。一些企业通过对外欠款在当期漏计、少计或不计利息费用或少估应付费用等方法来隐瞒真实财务状况。③调增速动资产，虚增变现能力。在变现能力差的情况下，企业会调增速动资产，调减存货和待摊费用，提高变现能力。

我们不仅要识别虚假财务报告，更要采取一切措施来杜绝虚假财务报告，为此，国家和企业应该采取有效措施来实施，主要有：

(1) 完善立法、健全民事赔偿机制。会计舞弊行为被发现后，要严肃处理，给公司造成财产损失甚至导致公司破产的要依法追究经理人员的渎职责任，并实行严格的经理市场禁入制度，不能“易地做官”，触犯刑律的要依法惩处。投资者因信息欺诈而遭受的损失不仅是现有利益，还应包括未来可得利益。建议在有关法律如《民事诉讼法》中增加有关“因会计信息欺诈造成投资者损失”的民事赔偿具体条款。

(2) 消除财务报告造假的前提是完善会计准则和会计制度。可靠性和相关性是会计信息的两个重要质量特征。从中国的现实情况来看，如果一味强调借鉴国际惯例，盲目侧重会计信息的相关性，则增加财务报告造假的可能性，因而，当前会计信息的可靠性更为重要。

(3) 完善证监会监管制度。针对中国现状，监管的主体应该是政府与自律机构相结合。首先，强调交易所对上市公司会计行为监管，同时证监会加强对行业自律机构的监管。政府一部分权力下放，使得交易所真正成为监管的主体，而不是“形式主体”。其次，在适当的时候，考虑成立上市公司协会。该协会在会计监管上应该具有两方面的职能。一是约束上市公司，从长远发展自身团体的角度制定章程。行业的这种约束是公司的内在要求，比政府和其他机构的强制有更好的效果。二是代表上市公司对政府和其他机构约束其会计行为不合理之处进行申述，使上市公司真正参与市场而不是被动地接受。

(4) 完善注册会计师制度，优化注册会计师的执业环境。首先应加快政府职能转变，摆正政府和市场的关系，坚决杜绝政府部门行政干预注册会计师独立审计，一旦发现腐败行为，应当查明原因，从严惩处，保证注册会计师审计的独立性；推行“合伙制”，使注册会计师成为这个行业的真正主体，承担无限责任，只有这样才能真正实现民事赔偿，使会计师事务所自愿建立起风险和质量控制，充分利用经济杠杆迫使注册会计师强化风险意识和质量意识，以达到提高执业水平；加强注册会计师职业道德素质，提高专业知识水平。

(5) 完善公司治理结构。在完善过程中，主要涉及完善独立董事制度。完善公司治理结构标志之一就是公司的董事会所代表的利益应具有中立性，为强化董事会所代表的利益的中立性，不仅应在董事会中引入独立董事，而且要不断地完善独立董事制度；建立健全公司内部控制制度。公司内部控制制度是否能真正起到防范会计舞弊，关键取决于会计人员和有关高管人员的控制意识和行为。在现实社会中往往是公司高管人员带头不执行，破坏既定的内部控制程序，导致内部控制制度形同虚设或只对下不对上。因此，应加强对公司高级领导人进行内部控制制度的宣传，提高他们自觉执行内部控制制度的意识。

【案例分析】

“银广夏”舞弊案：银广夏是从 1998 年开始舞弊的，舞弊主角为其全资子公司天津广夏。舞弊方式是利用其主要客户也是其萃取产品的唯一客户德国诚信公司虚构销售额，达到虚构高额利润的目的。根据银广夏以前财务报表披露，天津广夏 1999 年度和 2000 年度向德国诚信公司出口产品价值 2.2 亿元人民币和 7.2 亿元人民币。1999 年，银广夏利润的 75%

来自于天津广夏；到了 2000 年，这个比例更大。而根据天津海关有关方面证实：天津广夏 1999 年度出口额为 482 万美元，2000 年度出口额仅为 3 万美元。从以上数据可以看出事实与银广夏披露的信息存在巨大悬殊。天津广夏这一舞弊行为，致使银广夏 1999 年、2000 年共计虚构高额利润达 7.45 亿元，使得该公司在这两个年度的每股收益分别为 0.51 元和 0.83 元（10 转增 10 后），创造了该行业的绩优神话。事实上，扣除银广夏虚增利润，该公司 1999 年和 2000 年实际上已连续亏损。

讨论：

1. “银广夏”舞弊案中，从财务报告的内容和形式来分析属于什么类型的财务报告舞弊？
2. “银广夏”舞弊案里的财务报告舞弊是通过什么手段来进行的？
3. 针对“银广夏”舞弊案，提出一些解决财务报告舞弊的措施。

【课后练习题】

1. 简述财务报告的定义及构成。
2. 简述财务报告的编制要求。
3. 针对财务报告舞弊，思考一下更好的杜绝舞弊行为的方法。

第2章

财务报表编制

【学习提示】

本章分为四节，主要介绍了四大财务报表：资产负债表，利润表，现金流量表，所有者权益变动表的编制方法和要求，通过学习本章，应该了解四大财务报表的结构与内容，掌握四大报表的基本编制方法，熟练运用分析工具来分析财务报表。

【中英文关键词】

财务报表	Financial Statements
资产负债表	Balance Sheet
利润表	Income Statement
现金流量表	Cash Flow Statement
所有者权益变动表	The Statement of Equity Ownership

财务报表是企业根据日常会计核算资料归集、加工、汇总的，反映企业在某一时日的资产、负债、业主权益状况，以及在某一经营期间的经营成果和现金流动情况的综合性书面文件。为了全面、系统、综合地揭示分散于会计凭证、会计账簿中的财务信息，满足企业内外部会计信息使用者的需要，企业必须根据会计记录定期编制和报送财务报表。

2.1 资产负债表

2.1.1 资产负债表的概述及结构

1. 资产负债表的概念

资产负债表亦称财务状况表，表示企业在一定日期（通常为各会计期末）的财务状况（即资产、负债和业主权益的状况）的主要会计报表。资产负债表利用会计平衡原则，将合乎会计原则的资产、负债、股东权益交易科目分为“资产”和“负债及股东权益”两大区块，在经过分录、转账、分类账、试算、调整等会计程序后，以特定日期的静态企业情况为基准，浓缩成一张报表，反映企业所承担的债务和所有者对企业净资产的要求权。

资产是指企业过去的交易或者事项形成的由企业拥有或控制的资源，预期会给企业带来经济利益的资源。资产是自然人、企业、国家拥有或者控制的能以货币来计量收支的经济资源，包括各种收入、债权和其他，它根据资产的流动性可分为：流动资产和非流动资产。资产是会计最基本的要素之一，与负债、所有者权益共同构成的会计等式，成为财务会计的基础。在会计恒等式中：资产＝负债＋所有者权益。

负债是指企业过去的交易或事项形成的、预期会导致经济利益流出企业的现时义务。根据负债的定义，负债具有以下特征：负债是企业承担的现时义务；负债的清偿预期会导致经济利益流出企业；负债是由过去的交易或事项形成的。负债根据流动性可分为：短期负债和长期负债。

所有者权益是指资产扣除负债后由所有者应享的剩余利益。即一个会计主体在一定时期所拥有或可控制的具有未来经济利益资源的净额，在数量上等于企业全部资产减去全部负债后的余额。这可以通过对会计恒等式的变形来表示，即：资产—负债＝所有者权益。企业的所有者权益又称为股东权益。任何企业，其资产形成的资金来源不外乎两种：一种是债权人提供（对企业而言，即为负债）；一种是所有者提供（对企业而言，即为所有者权益）。所有者权益由实收资本、资本公积、盈余公积和未分配利润四部分构成。

2. 资产负债表的作用

资产负债表主要提供有关企业财务状况方面的信息，即某一特定日期关于企业资产、负债、所有者权益及其相互关系。资产负债表的作用包括：

（1）资产负债表反映了企业拥有或控制的能够以货币计量的经济资源。通过资产负债表可了解企业拥有或控制的经济资源，有助于分析、预测企业的短期偿债能力。企业拥有和控制的经济资源，包括流动资产、固定资产及其他资产。但企业的短期偿债能力主要反映在资产的流动性上。所谓流动性，是指资产转换成现金，或负债到期清偿所需的时间；企业的流动资产，除现金及银行存款可随时偿还负债外，其余流动资产变现越快，其流动性越强，偿债能力也越强。一般来讲，有价证券投资的流动性比应收票据和应收账款的流动性强，而应收账款的流动性又比存货的流动性强。可见，通过对企业流动资产构成的分析，可以识别企业的短期偿债能力。短期偿债能力低，进而影响其长期偿债能力，所有者的投资报酬没有保障，投资安全性也会受到威胁。

（2）资产负债表为报表使用者提供和反映企业在某一特定日期负债总额、所有者权益总额及构成情况。反映企业资产的构成及其状况，分析企业在某一日期所拥有的经济资源及其分布情况。资产代表企业的经济资源，是企业经营的基础，资产总量的高低一定程度上可以说明企业的经营规模和盈利基础大小，企业的结构即资产的分布，企业的资产结构反映其生产经营过程的特点，有利于报表使用者进一步分析企业生产经营的稳定性；同时可以反映企业某一日期的负债总额及其结构，分析企业目前与未来需要支付的债务数额。负债总额表示企业承担的债务的多少，负债和所有者权益的比重反映了企业的财务安全程度。负债结构反映了企业偿还负债的紧迫性和偿债压力，通过资产负债表可以了解企业负债的基本信息；还可以反映企业所有者权益的情况，了解企业现有投资者在企业投资总额中所占的份额。实收资本和留存收益是所有者权益的重要内容，反映了企业投资者对企业的初始投入和资本累计的多少，也反映了企业的资本结构和财务实力，有助于报表使用者分析、预测企业生产经营安全程度和抗风险的能力。

（3）资产负债表能够提供进行财务分析的基本资料。通过资产负债表可了解企业资源、使用情况，有助于识别与评价企业的经营业绩。企业的经营业绩主要取决于其获利能力，企业获利能力的大小，直接影响到企业盈利水平及其增长的稳定性，也关系到能否向债权人还本付息和向投资者支付较高股利。但企业要获得盈利必须占用一定数额资源。资源分布状况对获利有一定影响，将获得利润与占用资源相比称为资金利润率，它是衡量获利能力的重要指标。可见，通过企业资源状况分析，为识别、评价企业的经营业绩奠定了基础。

3. 资产负债表的结构与内容

资产负债表的结构包括表首标题、报表主体和附注三部分。表首标题列示资产负债表的名称、编制单位、编制日期、货币单位等；报表主体包括资产、负债和所有者权益各项目的期初和期末数，是资产负债表的主要部分，反映企业在一定日期的资产、负债和所有者权益的状况；附注则用于进一步说明报表的主要项目和编制基础。目前流行的主要有账户式和报告式两种。账户式资产负债表，亦称左右式，是将资产项目列在报表左方，负债和所有者权益项目列在报表右方，从而使资产负债表左右两方平衡，实现会计基本等式。报告式资产负债表，亦称上下式，是将资产负债表的项目自上往下排列，首先列示资产的数额，然后列示负债的数额，最后再列示所有者权益的数额。两种不同的资产负债表模式如表 2-1 和表 2-2所示。

表 2-1　账户式资产负债表

项　目	期初数	期末数	项　目	期初数	期末数
资产各项目			负债各项目 负债合计 所有者权益各项目 所有者权益合计		
资产合计			负债和所有者权益合计		

表 2-2　报告式资产负债表

项　目	期初数	期末数
资产 各项目 资产合计 负债 各项目 负债合计 所有者权益 各项目 所有者权益合计		

资产负债表中的项目分为资产、负债和所有者权益三类，分别结出总额。根据《企业会计准则第 30 号——财务报表列报》的规定：资产和负债应当分别按流动资产和非流动资产、流动负债和非流动负债列示。资产满足下列条件之一的，应当归类为流动资产：预计在一个正常营业周期中变现、出售或耗用；主要为交易目的而持有；预计在资产负债表日起一年内（含一年，下同）变现；自资产负债表日起一年内，交换其他资产或清偿负债的能力不受限制的现金或现金等价物。流动资产以外的资产应当归类为非流动资产，并应按其性质分类列示。负债满足下列条件之一的，应当归类为流动负债：预计在一个正常营业周期中清偿；主要为交易目的而承担的；自资产负债表日起一年内到期应予以清偿；企业无权自主地将清偿推迟至资产负债表日后一年以上。流动负债以外的负债应当归类为非流动负债，并应按其性质分类列示。对于在资产负债表日起一年内到期的负债，企业预计能够自主地将清偿义务展

期至资产负债表日后一年以上的，应当归类为非流动负债；不能自主地将清偿义务展期的，即使在资产负债表日后、财务报告批准报出日前签订了重新安排清偿计划协议，该项负债仍应归类为流动负债。企业在资产负债表日或之前违反了长期借款协议，导致贷款人可随时要求清偿的负债，应当归类为流动负债。贷款人在资产负债表日或之前同意提供在资产负债表日后一年以上的宽限期，企业能够在此期限内改正违约行为，且贷款人不能要求随时清偿，该项负债应当归类为非流动负债。

资产负债表中的资产类至少应当单独列示反映下列信息的项目、货币资金、应收及预付账款、交易性金融资产、存货、持有至到期投资、长期股权投资、投资性房地产、固定资产、生物资产、递延所得税资产和无形资产。资产负债表中的资产类至少应当包括流动资产和非流动资产的合计项目。资产负债表中的负债类至少应当单独列示反映下列信息的项目：短期借款、应付及预收账款、应交税费、应付职工薪酬、预计负债、长期借款、长期应付款、专项应付款、应付债券、递延所得税负债。资产负债表中的负债类至少应当包括流动负债和非流动负债的合计项目。资产负债表中的所有者权益类至少应当单独列示反映下列信息的项目：实收资本（或股本）、资本公积、库存股、盈余公积、未分配利润。资产负债表应当列示资产总计项目、负债和所有者权益总计项目。资产负债表中资产类项目金额总计与负债类和所有者权益类项目金额总计必须相等。各项资产与负债的金额一般不应相互抵消。

2.1.2　资产负债表的编制方法

1. 资产负债表的编制原理

资产负债表的编制原理是“资产＝负债＋所有者权益”会计恒等式。它既是一张平衡报表，反映资产总计（左方）与负债及所有者权益总计（右方）相等；又是一张静态报表，反映企业在某一时点的财务状况，如月末或年末。通过在资产负债表上设立“期初数”和“期末数”栏，也能反映出企业财务状况的变动情况。

2. 资产负债表的一般编制方法

会计报表的编制，主要是通过对日常会计核算记录的数据加以归集、整理，使之成为有用的财务信息。我国企业资产负债表各项目数据的来源，主要通过以下几种方式取得。

(1) 根据总账科目余额直接填列。如“应收票据”项目，根据“应收票据”总账科目的期末余额直接填列；“短期借款”项目，根据“短期借款”总账科目的期末余额直接填列。

(2) 根据总账科目余额计算填列。如“货币资金”项目，根据“库存现金”、“银行存款”、“其他货币资金”科目的期末余额合计数计算填列。

(3) 根据明细科目余额计算填列。如“应付账款”项目，根据“应付账款”、“预付账款”科目所属相关明细科目的期末贷方余额计算填列。

(4) 根据总账科目和明细科目余额分析计算填列。如“长期借款”项目，根据“长期借款”总账科目期末余额，扣除“长期借款”科目所属明细科目中反映的、将于一年内到期的长期借款部分，分析计算填列。

(5) 根据科目余额减去备抵项目后的净额填列。如“存货”项目，根据“存货”科目的期末余额，减去“存货跌价准备”备抵科目余额后的净额填列；又如，“无形资产”项目，根据“无形资产”科目的期末余额，减去“无形资产减值准备”与“累计摊销”备抵科目余额后的净额填列。

在我国，资产负债表的“期初数”栏内各项数字，根据上年末资产负债表“期末数”栏内各项数字填列，“期末数”栏内各项数字根据会计期末各总账账户及所属明细账户的余额填列。如果当年度资产负债表规定的各个项目的名称和内容同上年度不相一致，则按编报当年的口径对上年年末资产负债表各项目的名称和数字进行调整，填入本表“期初数”栏内。

2.1.3 资产负债表填制的具体方法

1. 资产项目的列报说明

1）流动资产

(1)“货币资金”项目，反映企业库存现金、银行存款、外埠存款、银行汇票存款、银行本票存款、信用卡存款、信用证保证金存款等的合计数。本项目应根据“库存现金”、“银行存款”、“其他货币资金”科目的期末余额合计填列。

(2)“交易性金融资产”项目，反映企业为交易目的而持有的债券投资、股票投资、基金投资等交易性金融资产的公允价值。本项目应根据“交易性金融资产”账户的期末余额填列。

(3)“应收票据”项目，反映企业收到的尚未到期收款也未向银行贴现的应收票据，包括商业承兑汇票和银行承兑汇票。本项目应根据“应收票据”科目的期末余额填列。已向银行贴现和已背书转让的应收票据不包括在本项目内，其中已贴现的商业承兑汇票应在会计报表附注中单独披露。

(4)“应收股利”项目，反映企业因股权投资而应收取的现金股利，企业应收其他单位的利润，也包括在本项目内。本项目应根据“应收股利”科目的期末余额填列。

(5)“应收利息”项目，反映企业因债权投资而应收取的利息。企业购入到期还本付息债券应收的利息，不包括在本项目内。本项目应根据“应收利息”科目的期末余额填列。

(6)“应收账款”项目，反映企业因销售商品、产品和提供劳务等应向购买单位收取的各种款项，减去已计提的坏账准备后的净额。本项目应根据“应收账款”科目所属各明细科目的期末借方余额合计，减去“坏账准备”科目中有关应收账款计提的坏账准备期末余额后的金额填列。如果“应收账款”科目所属明细科目期末有贷方余额，应在本表“预收账款”项目内填列。

(7)“其他应收款”项目，反映企业对其他单位和个人的应收和暂付的款项，减去已计提的坏账准备后的净额。本项目应根据“其他应收款”科目的期末余额，减去“坏账准备”科目中有关其他应收款计提的坏账准备期末余额后的金额填列。

(8)“预付账款”项目，反映企业预付给供应单位的款项。本项目应根据“预付账款”科目所属各明细科目的期末借方余额合计填列。如果“预付账款”科目所属有关明细科目期末有贷方余额，应在本表“应付账款”项目内填列。如果“应付账款”科目所属明细科目有借方余额，也应包括在本项目内。

(9)“存货”项目，反映企业期末在库、在途和在加工中的各项存货的可变现净值，包括各种材料、商品、在产品、半成品、包装物、低值易耗品、分期收款发出商品、委托代销商品、受托代销商品等。本项目应根据“物资采购”、“原材料”、“低值易耗品”、“自制半成品”、“库存商品”、“包装物”、“发出商品”、“委托加工物资”、“委托代销商品”、“受托代销商品”、“生产成本”等科目的期末余额合计，减去“代销商品款”、“存货跌价准备”科目期末余额后的金额填列。材料采用计划成本核算，以及库存商品采用计划成本或销价核算的企业，还应按加或减材料成本差异、商品进销差价后的金额填列。

(10)“一年内到期的非流动资产”项目，反映企业将于一年内到期的非流动资产项目金额。本项目应根据有关科目的期末余额填列。

(11)“其他流动资产”项目，反映企业除以上流动资产项目外的其他流动资产，本项目应根据有关科目的期末余额填列。如其他流动资产价值较大的，应在会计报表附注中披露其内容和金额。

2）非流动资产

(1)“可供出售金融资产”项目，反映企业持有的以公允价值计量的可供出售的股票投资、债券投资等金融资产。本项目应根据“可供出售金融资产”科目的期末余额，减去“可供出售金融资产减值准备”科目期末余额后的金额填列。

(2)“持有至到期投资”项目，反映企业持有的以摊余成本计量的持有至到期投资。本项目应根据“持有至到期投资”科目的期末余额，减去“持有至到期投资减值准备”科目期末余额后的金额填列。

(3)“长期应收款”项目，反映企业融资租赁产生的应收款项、采用递延方式具有融资性质的销售商品和提供劳务等产生的长期应收款项等。本项目应根据“长期应收款”科目的期末余额，减去相应的“未实现融资收益”科目和“坏账准备”科目所属相关明细科目期末余额后的金额填列。

(4)“长期股权投资”项目，反映企业不准备在一年内（含一年）变现的各种股权性质的投资的可收回金额。本项目应根据“长期股权投资”科目的期末余额，减去“长期投资减值准备”科目中有关股权投资减值准备期末余额后的金额填列。

(5)“固定资产原价”和“累计折旧”项目，反映企业的各种固定资产原价及累计折旧。融资租入的固定资产，其原价及已计提折旧也包括在内。融资租入固定资产原价应在会计报表附注中另行反映。这两个项目应根据“固定资产”科目和“累计折旧”科目的期末余额填列。

(6)“固定资产减值准备”项目，反映企业计提的固定资产减值准备。本项目应根据“固定资产减值准备”科目的期末余额填列。

(7)“工程物资”项目，反映企业各项工程尚未使用的工程物资的实际成本。本项目应根据“工程物资”科目的期末余额填列。

(8)“在建工程”项目，反映企业期末各项未完工程的实际支出，包括交付安装的设备价值，未完建筑安装工程已经耗用的材料、工资和费用支出，预付出包工程的价款，已经建筑安装完毕但尚未交付使用的工程等的可收回金额。本项目应根据“在建工程”科目的期末余额，减去“在建工程减值准备”科目期末余额后的金额填列。

(9)“固定资产清理”项目，反映企业因出售、毁损、报废等原因转入清理但尚未清理完毕的固定资产的账面价值，以及固定资产清理过程中所发生的清理费用和变价收入等各项金额的差额。本项目应根据“固定资产清理”科目的期末借方余额填列。如“固定资产清理”科目期末为贷方余额，以“－”号填列。

(10)“生产性生物资产”项目，反映企业持有的生产性生物资产。本项目应根据“生产性生物资产”科目的期末余额，减去“生产性生物资产累计折旧”和“生产性生物资产减值准备”科目期末余额后的金额填列。

(11)“油气资产”项目，反映企业持有的矿区权益和油气井及相关设施的原价减去累计折耗和累计减值准备后的净额。本项目应根据“油气资产”科目的期末余额，减去“累计折耗”科目期末余额和相应减值准备后的金额填列。

(12)“无形资产”项目，反映企业各项无形资产的期末可收回金额。本项目应根据“无形资产”科目的期末余额减去“无形资产减值准备”科目期末余额后的金额填列。

(13)“研发支出”项目，反映企业开发无形资产过程中能够资本化形成无形资产成本的支出部分。本项目应根据“研发支出”科目中所属的“资本化支出”明细科目期末余额填列。

(14)“商誉”项目，反映企业合并中形成的商誉的价值。本项目应根据“商誉”科目的期末余额，减去相应减值准备后的金额填列。

(15)“长期待摊费用”项目，反映企业已经发生但应由本期和以后各期负担的分摊期限在一年以上（不含一年）的各种费用，如租入固定资产改良支出、大修理支出以及摊销期限在一年以上（不含一年）的其他待摊费用。长期待摊费用中在一年内（含一年）摊销的部分，在资产负债表“一年内到期的非流动资产”项目填列。本项目应根据“长期待摊费用”科目的期末余额减去将于一年内（含一年）摊销的数额后的金额填列。

(16)“递延所得税资产”项目，反映企业期末尚未转销的递延所得税的借方余额。本项目应根据“递延所得税”科目的期末借方余额填列。

(17)“其他非流动资产”项目，反映不能列入非流动资产项目，但性质又属于非流动资产的其他项目，即除长期股权投资、固定资产、在建工程、工程物资、无形资产等资产以外的其他非流动资产，如公益性生物资产等。本项目应根据有关科目的期末余额填列。

2. 负债项目的列报说明

1）短期负债

(1)“短期借款”项目，反映企业借入尚未归还的一年期以下（含一年）的借款。本项目应根据“短期借款”科目的期末余额填列。

(2)“交易性金融负债”项目，反映企业承担的以公允价值计量且其变动计入当期损益的为交易目的所持有的金融负债。本项目应根据“交易性金融负债”科目的期末余额填列。

(3)“应付票据”项目，反映企业为了抵付货款等而开出并承兑的尚未到期付款的应付票据，包括银行承兑汇票和商业承兑汇票。本项目应根据“应付票据”科目的期末余额填列。

(4)“应付账款”项目，反映企业购买原材料、商品和接受劳务供应等而应付给供应单位的款项。本项目应根据“应付账款”科目所属各有关明细科目的期末贷方余额合计填列；如“应付账款”科目所属各明细科目期末有借方余额，应在本表“预付账款”项目内填列。

(5)“预收账款”项目，反映企业预收购买单位的账款。本项目应根据“预收账款”科目所属各有关明细科目的期末贷方余额合计填列。如“预收账款”科目所属有关明细科目有借方余额的，应在本表“应收账款”项目内填列；如“应收账款”科目所属明细科目有贷方余额的，也应包括在本项目内。

(6)“应付职工薪酬”项目，反映企业根据有关规定应付给职工的工资、职工福利、社会保险费、住房公积金、工会经费、职工教育经费、非货币性福利、辞退福利等各种薪酬。

外商投资企业按规定从净利润中提取的职工奖励及福利基金，也在本项目列示。

(7)“应交税费”项目，反映企业按照税法规定计算应交纳的各种税费，包括增值税、消费税、营业税、所得税、资源税、土地增值税、城市维护建设税、房产税、土地使用税、车船使用税、教育费附加、矿产资源补偿费等。企业代扣代交的个人所得税，也通过本项目列示。企业所交纳的税金不需要预计应交数的，如印花税、耕地占用税等，不在本项目列示。本项目应根据“应交税费”科目的期末贷方余额填列；如“应交税费”科目期末为借方余额，应以“—”号填列。

(8)“应付利息”项目，反映企业按照规定应当支付的利息，包括分期付息到期还本的长期借款应支付的利息、企业发行的企业债券应支付的利息等。本项目应当根据“应付利息”科目的期末余额填列。

(9)“应付股利”项目，反映企业分配的现金股利或利润。企业分配的股票股利，不通过本项目列示。本项目应根据“应付股利”科目的期末余额填列。

(10)“其他应付款”项目，反映企业所有应付和暂收其他单位和个人的款项。本项目应根据“其他应付款”科目的期末余额填列。

(11)“一年内到期的非流动负债”项目，反映企业非流动负债中将于资产负债表日后一年内到期部分的金额，如将于一年内偿还的长期借款。本项目应根据有关科目的期末余额填列。

(12)“其他流动负债”项目，反映企业除以上流动负债以外的其他流动负债。本项目应根据有关科目的期末余额填列，其他流动负债价值较大的，应在会计报表附注中披露其内容及金额。

2）长期负债

(1)“长期借款”项目，反映企业借入尚未归还的一年期以上（不含一年）的借款本息。本项目应根据“长期借款”科目的期末余额填列。

(2)“应付债券”项目，反映企业发行的尚未偿还的各种长期债券的本息。本项目应根据“应付债券”科目的期末余额填列。

(3)“长期应付款”项目，反映企业除长期借款和应付债券以外的其他各种长期应付款。本项目应根据“长期应付款”科目的期末余额减去“未确认融资费用”科目期末余额后的金额填列。

(4)“专项应付款”项目，反映企业取得政府作为企业所有者投入的具有专项或特定用途的款项。本项目应根据“专项应付款”科目的期末余额填列。

(5)“预计负债”项目，反映企业确认的对外提供担保、未决诉讼、产品质量保证、重组义务、亏损性合同等预计负债。本项目应根据“预计负债”科目的期末余额填列。

(6)“递延所得税负债”项目，反映企业确认的应纳税暂时性差异产生的所得税负债。本项目应根据“递延所得税负债”科目的期末余额填列。

(7)“其他非流动负债”项目，反映企业除长期借款、应付债券等负债以外的其他非流动负债。本项目应根据有关科目的期末余额减去将于一年内（含一年）到期偿还数后的余额填列。非流动负债各项目中将于一年内（含一年）到期的非流动负债，应在“一年内到期的非流动负债”项目内单独反映。

3. 所有者权益项目的列报说明

(1)“实收资本（或股本）”项目，反映企业各投资者实际投入的资本（或股本）总额。本项目应根据“实收资本（或股本）”科目的期末余额填列。

(2)“资本公积”项目，反映企业资本公积的期末余额。本项目应根据“资本公积”科目的期末余额填列。

(3)“库存股”项目，反映企业持有尚未转让或注销的本公司股份金额。本项目应根据“库存股”科目的期末余额填列。

(4)“盈余公积”项目，反映企业盈余公积的期末余额。本项目应根据“盈余公积”科目的期末余额填列。其中，法定公益金期末余额，应根据“盈余公积”科目所属的“法定公益金”明细科目的期末余额填列。

(5)“未分配利润”项目，反映企业尚未分配的利润。本项目应根据“本年利润”科目和“利润分配”科目的余额计算填列。未弥补的亏损在本项目内以“一”号填列。

4. 资产负债表“期末余额”栏的填列方法

本表“期末余额”栏内各项数字，一般应根据资产、负债和所有者权益类科目的期末余额填列。

1）根据总账科目的余额填列

“交易性金融资产”、“工程物资”、“固定资产清理”、“递延所得税资产”、“短期借款”、“交易性金融负债”、“应付票据”、“应付职工薪酬”、“应交税费”、“应付利息”、“应付股利”、“其他应付款”、“专项应付款”、“预计负债”、“递延所得税负债”、“实收资本（或股本)”、“资本公积”、“库存股”、“盈余公积”等项目应根据有关总账科目的余额填列。

有些项目则应根据几个总账科目的余额计算填列。如“货币资金”项目，应根据“库存现金”、“银行存款”、“其他货币资金”三个总账科目余额的合计数填列。“其他流动负债”项目，应根据有关科目的期末余额分析填列。

2）根据明细账科目余额计算填列

“开发支出”项目，应根据“研发支出”科目中所属的“资本化支出”明细科目期末余额填列；“应付账款”项目，应根据“应付账款”和“预付账款”两个科目所属的相关明细科目的期末贷方余额合计数填列；“预收账款”项目，应根据“预收账款”和“应收账款”科目所属各明细科目的期末贷方余额合计数填列；“一年内到期的非流动资产”、“一年内到期的非流动负债”项目，应根据有关非流动资产或负债项目的明细科目余额分析填列；“未分配利润”项目，应根据“利润分配”科目中所属的“未分配利润”明细科目期末余额填列。

3）根据总账科目和明细账科目余额分析计算填列

“长期借款”项目，应根据“长期借款”总账科目余额扣除“长期借款”科目所属的明细科目中将在资产负债表日起一年内到期且企业不能自主地将清偿义务展期的长期借款后的金额计算填列；“长期待摊费用”项目，应根据“长期待摊费用”科目的期末余额减去将于一年内（含一年）摊销的数额后的金额填列；“其他非流动资产”项目，应根据有关科目的期末余额减去将于一年内（含一年）到期偿还数额后的金额填列。

4）根据有关科目余额减去其备抵科目余额后的净额填列

“可供出售金融资产”、“持有至到期投资”、“长期股权投资”、“在建工程”、“商誉”项目，应根据相关科目的期末余额填列，已计提减值准备的，还应扣减相应的减值准备；“固定资产”、“无形资产”、“投资性房地产”、“生产性生物资产”、“油气资产”项目，应根据相关科目的期末余额扣减相应的累计折旧（摊销、折耗）填列，已计提减值准备的，还应扣减相应的减值准备，采用公允价值计量的上述资产，应根据相关科目的期末余额填列；“长期应收款”项目，应根据“长期应收款”科目的期末余额，减去相应的“未实现融资收益”科目和“坏账准备”科目所属相关明细科目期末余额后的金额填列；“长期应付款”项目，应根据“长期应付款”科目的期末余额，减去相应的“未确认融资费用”科目期末余额后的金额填列。

5）综合运用上述填列方法分析填列

主要包括“应收票据”、“应收利息”、“应收股利”、“其他应收款”项目，应根据相关科目的期末余额，减去“坏账准备”科目中有关坏账准备期末余额后的金额填列：“应收账款”项目，应根据“应收账款”和“预收账款”科目所属各明细科目的期末借方余额合计数，减去“坏账准备”科目中有关应收账款计提的坏账准备期末余额后的金额填列：“预付款项”项目，应根据“预付账款”和“应付账款”科目所属各明细科目的期末借方余额合计数，减去“坏账准备”科目中有关预付款项计提的坏账准备期末余额后的金额填列：“存货”项目，应根据“材料采购”、“原材料”、“发出商品”、“库存商品”、“周转材料”、“委托加工物资”、“生产成本”、“受托代销商品”等科目期末余额合计，减去“受托代销商品款”、“存货跌价准备”科目期末余额后的金额填列，材料采用计划成本核算，以及库存商品采用计划成本核算或售价核算的企业，还应按加或减材料成本差异、商品进销差价后的金额填列。

5. 资产负债表“期初余额”栏的填列方法

本表的“期初余额”栏通常根据上年末有关项目的期末余额填列，且与上年末资产负债表“期末余额”栏一致。

企业在首次执行新准则时，应当按照《企业会计准则第 38 号——首次执行企业会计准则》对首次执行新准则当年的“期初余额”栏及相关项目进行调整；以后期间，如果企业发生了会计政策变更、前期差错更正，应当对“期初余额”栏中的有关项目进行相应调整。此外，如果企业上年度资产负债表规定的项目名称和内容与本年度不一致，应当对上年年末资产负债表相关项目的名称和数字按照本年度的规定进行调整，填入“期初余额”栏。

2.1.4　资产负债表编制的注意问题及举例

1. 严格按照编制的说明进行

由于报表项目与会计科目之间并非是固定的一对一的对照关系，有的项目根据某一科目的余额填列，有的项目根据两个或两个以上科目余额填列，还有的项目根据某一个科目的明细科目余额填列。根据企业会计准则和行业的会计制度的统一要求，企业可以结合本单位的实际情况增加或减少会计科目，也可以根据生产经营情况允许有些明细科目提升为一级科目，或允许有些一级科目作为某科目的明细科目使用。这样在编制资产负债表时，特别要注意按科目属性选用科目填报，严格按照编制的说明进行。

2. 按实际成本反映资产价值

企业会计准则均允许企业对一些资产，主要是流动资产采取计划成本进行日常核算，但在填列资产负债表时，应以实际成本进行反映。这些项目主要是存货所属的几个科目。如有关材料科目，采购时用实际成本核算，入库、生产经营领用、销售，均采用计划成本，月底结转其实际成本时，要相应分摊材料成本差异，将平时的计划成本调整为实际成本。材料的实际成本是各类材料科目账面计划成本余额与“材料成本差异”科目的余额之和。后者可能是借方余额，也可为贷方余额。如为贷方余额则从计划成本中减除列报。

3. 正确使用数字正负号，如实反映项目性质和数额

在编制资产负债表时，可能碰到资产类科目余额在贷方，负债或所有者权益类科目余额在借方的情况。对于这种余额出现在相反方向的数额，要区分两种情况处理：第一种情况是资产负债表中该项目有固定对应的会计科目，出现相反方向余额应以“一”号填列；第二种情况是资产负债表项目与会计科目没有固定关系，出现相反方向余额，不能以“一”号填列，要列入性质相反的项目。这些科目多属往来结算科目。如“预付账款”科目，原本属于流动资产类科目，借方余额表明企业预付供应单位款项所占用的资金，填入“预付账款”项目。如果企业实际购入材料物品的应付账款超过预付账款，那么“预付账款”科目就会出现贷方余额，其性质上已属负债。若以“一”号填列在“预付账款”项目中，会抵消企业资产，既歪曲了资产（少计），又歪曲了负债（少计），因此，制度中规定，如“预付账款”科目所属有关明细科目有贷方余额的，应填列在报表“应付账款”项目中，以还其本来面目。反之，“应付账款”科目所属明细科目期末有借方余额的，则应填列在“预付账款”项目。

现举例说明资产负债表的编制。

先给出××公司20××年12月31日的科目余额表，要求编制该公司当年年末的资产负债表。科目余额表如表2-3所示。

表2-3 科目余额表

单位：元

科 目	借方余额	科 目	贷方余额
库存现金	2 700	短期借款	54 000
银行存款	6 377 045	应付票据	109 960
应收票据	150 000	应付账款	91 300
应收账款	577 200	预收账款	750
其他应收款	2 800	应付工资	0
预付账款	0	应付福利费	92 600
原材料	640 000	应付股利	35 784
库存商品	29 000	应交税费	257 815
其他应收款	3 300	其他应付款	6 500
固定资产	834 200	长期借款	360 000
累计折旧	−12 700	实收资本	7 512 000
无形资产	16 000	盈余公积	44 730
在建工程	20 000	利润分配	143 406
生产成本	69 300		
合 计	8 708 845	合 计	8 708 845

根据该科目余额表，应用2.1节提到的科目具体编制方法和注意事项，对应填写会计科目，项目和数字填写正确，方向要正确，我们来编制××公司20××年12月31日的资产负债表（见表2-4）。

表 2-4　资产负债表

编制单位：××公司　　20××年 12 月 31 日　　单位：元

项　目	期初数	期末数	项　目	期初数	期末数
流动资产：	—	—	流动负债：		
货币资金		6 379 745.00	短期借款		54 000.00
交易性金融资产			应付票据		109 960.00
应收票据		150 000.00	应付账款		91 300.00
应收账款		577 200.00	预收账款		750.00
预付账款			应付职工薪酬		92 600.00
应收股利			应交税费		257 815.00
应收利息			应付利息		
其他应收款		2 800.00	应付股利		35 784.00
存货		738 300.00	其他应付款		6 500.00
一年内到期的非流动资产		3 300.00	一年内到期的非流动负债		
其他流动资产			其他流动负债		
流动资产合计		7 851 345.00	流动负债合计		648 709.00
非流动资产：			非流动负债：		
可供出售金融资产			长期借款		360 000.00
持有至到期投资			应付债券		
长期股权投资			长期应付款		
固定资产原价		834 200.00	专项应付款		
减：累计折旧		12 700.00	递延所得税负债		
固定资产净值		821 500.00	其他非流动负债		
减：固定资产减值准备			非流动负债合计		360 000.00
固定资产净额			负 债 合 计		1 008 709.00
在建工程		20 000.00	所有者权益：		
工程物资			实收资本（股本）		7 512 000.00
固定资产清理			减：已归还投资		
生产性生物资产			实收资本净额		
油气资产			资本公积		44 730.00
无形资产		16 000.00	盈余公积		
商誉			未分配利润		143 406.00
长期待摊费用			所有者权益合计		7 700 136.00
递延所得税资产					
其他非流动资产					
非流动资产合计		857 500.00			
资产总计		8 708 845.00	负债和所有者权益总计		8 708 845.00

2.2 利润表

2.2.1 利润表的概述与结构

1. 利润表的概念

利润表也称收益表，是反映企业在一定期间（月份、季度、年度）经营成果的会计报表。它是根据“收入－费用＝利润”的关系，依据其重要性，将企业一定时期内的收入、费用和利润项目依次排列，并根据会计账簿日常记录的大量数据浓缩整理后编制而成的，它反映的是某一会计期间企业经营活动收入、支出发生额的累计数据，所以是一种动态报表。有时利润表也称为损益表、收益表。

收入是指企业在日常活动中所形成的、会导致所有者权益增加的、与所有者投入资本无关的经济利益的总流入，包括销售商品收入、劳务收入、让渡资产使用权收入、利息收入、租金收入、股利收入等，但不包括为第三方或客户代收的款项。费用是指企业在日常活动中发生的会导致所有者权益减少的、与所有者分配利润无关的经济利益的总流出。利润是指企业一定期间内获得的经营成果，反映的是收入减去费用，利得减去损失后的净额的概念。因此，利润的确认主要依赖于收入和费用以及利得和损失的确认，其金额的确定也主要取决于收入，费用，利得，损失金额的计量。利润表是通过公式：利润＝收入－费用，将三者有机地结合起来，向投资者反映企业的经营成果。

2. 利润表的作用

1）评价和预测企业的经营成果和获利能力，为投资决策提供依据

经营成果是一个绝对值指标，可以反映企业财富增长的规模。获利能力是一个相对值指标，它指企业运用一定经济资源获取经营成果的能力，经济资源可以是资产总额、净资产，可以是资产的耗费，还可以是投入的人力。因而衡量获利能力的指标包括资产收益率、净资产（税后）收益率、成本收益率以及人均实现收益等指标。经营成果的信息直接由利润表反映，而获利能力的信息除利润表外，还要借助与其他会计报表和注释附表才能得到。根据利润表所提供的经营成果信息，股东和管理部门可评价和预测企业的获利能力，对是否投资或追加投资、投向何处、投资多少等做出决策。

2）评价和预测企业的偿债能力，为筹资决策提供依据

偿债能力指企业以资产清偿债务的能力。企业的偿债能力不仅取决于资产的流动性和资产结构，也取决于获利能力。获利能力不强甚至亏损的企业，通常其偿债能力不会很强。债权人通过分析和比较利润表的有关信息，可以评价和预测企业的偿债能力，尤其是长期偿债能力，对是否继续向企业提供信贷做出决策。财务部门通过分析和比较利润表的有关信息和偿债能力可以对筹资的方案和资本结构以及财务杠杆的运用做出决策。

3）企业管理人员可根据利润表披露的经营成果做出经营决策

企业管理人员比较和分析利润表中各种构成因素，可知悉各项收入、成本费用与收益之间的消长趋势，发现各方面工作中存在的问题，做出合理的经营决策。

4）评价和考核管理人员的绩效

比较前后两期利润表上各项收入、费用、成本及收益的增减变动情况，并考查其增减变

动的原因，可以较为客观地评价各职能部门，各生产经营单位的绩效，以及这些部门和人员的绩效与整个企业经营成果的关系，以便评判各部门管理人员的功过得失，及时作出采购、生产销售、筹资和人事等方面的调整，使各项活动趋于合理。

3. 利润表的结构与内容

利润表一般有表首、正表两部分。其中表首说明报表名称、编制单位、编制日期、报表编号、货币名称、计量单位等；正表是利润表的主体，反映形成经营成果的各个项目和计算过程，所以，曾经将这张表称为损益计算书。利润表正表的格式一般有两种：单步式利润表和多步式利润表。单步式利润表是将当期所有的收入列在一起，然后将所有的费用列在一起，两者相减得出当期净损益。多步式利润表是通过对当期的收入、费用、支出项目按性质加以归类，按利润形成的主要环节列示一些中间性利润指标，如主营业务利润、营业利润、利润总额、净利润，分步计算当期净损益。单步式利润表和多步式利润表分别如表2-5和表2-6所示。

表2-5　单步式利润表

项　目	上年数	本年数
一、收入		
营业收入		
营业外收入		
公允价值变动收益		
投资收益		
收入合计		
二、费用		
营业成本		
营业税金及附加		
管理费用		
营业费用		
财务费用		
资产减值损失		
营业外支出		
所得税		
费用合计		
三、净利润		

单步式利润表比较直观、简单，编制方便，但是这种结构不能反映各类收入与费用之间的配比关系，不利于揭示利润形成的详细过程，不便于企业前后各期对应项目的比较和同行业之间报表的比较与分析。

表2-6 多步式利润表

项　目	上年数	本年数
一、营业收入		
减：营业成本		
营业税金及附加		
营业费用		
管理费用		
财务费用		
资产减值损失		
加：公允价值变动收益		
投资收益		

续表

项目	上年数	本年数
二、营业利润 加：营业外收入 减：营业外支出 三、利润总额 减：所得税费用 四、净利润 五、每股收益 （一）基本每股收益 （二）稀释每股收益		

多步式利润表能够反映不同环节利润的多少，便于进行比较，我国现在采用多步式利润表。

通常，利润表主要反映以下几方面的内容。

（1）构成主营业务利润的各项要素。从营业收入出发，减去为取得营业收入而发生的相关费用、税金后得出主营业务利润。

（2）构成营业利润的各项要素。营业利润在主营业务利润的基础上，加公允价值变动收益（减损失）、投资收益，减营业费用、管理费用、财务费用、资产减值损失后得出。

（3）构成利润总额（或亏损总额）的各项要素。利润总额（或亏损总额）在营业利润的基础上加营业外收支后得出。

（4）构成净利润（或净亏损）的各项要素。净利润（或净亏损）在利润总额（或亏损总额）的基础上，减去本期计入损益的所得税费用后得出。

在利润表中，企业通常按各项收入、费用以及构成利润的各个项目分类分项列示。也就是说，收入按其重要性进行列示，主要包括营业收入、投资收益、营业外收入；费用按其性质进行列示，主要包括营业成本、营业税金及附加、营业费用、管理费用、财务费用、营业外支出、所得税等；利润按营业利润、利润总额和净利润等利润的构成分类分项列示。

2.2.2 利润表的编制方法

1. 利润表的编制原理

利润表编制的原理是“收入－费用＝利润”的会计平衡公式和收入与费用的配比原则。在生产经营中企业不断地发生各种费用支出，同时取得各种收入，收入减去费用，剩余的部分就是企业的盈利。取得的收入和发生的相关费用的对比情况就是企业的经营成果。如果企业经营不当，发生的生产经营费用超过取得的收入，企业就发生了亏损；反之企业就能取得一定的利润。会计部门应定期（一般按月份）核算企业的经营成果，并将核算结果编制成报表，这就形成了利润表。

2. 利润表的一般编制方法

利润表的编制是会计循环的一个重要步骤。它反映本期企业生产经营的过程和结果，以利于报表使用者根据各自的目的作出相应的决策。由于利润表是动态性报表，它反映的是编报主体在某一期间的经营成果，而只有账户的发生额才能反映一定期间的变化情况，因此，利润表的编制，应以账户的发生额为基础。进一步看，并不是所有账户的发生额都与利润有关，只有损益类账户所登记的内容，才能计算出本期的利润。因此，利润表应根据损益类账户的本期发生额来编制。

本表反映了企业在一定期间内实现利润（亏损）的实际情况。本表“本月数”栏反映各项目的本月实际发生数。在编制年度财务会计报告时，填列上年全年累计实际发生数。如果上年度利润表与本年度利润表的项目名称和内容不一致，应对上年度利润表项目的名称和数字按本年度的规定进行调整，填入本表。本表“本年累计数”栏反映各项目自年初至报告期末止的累计实际发生数。

2.2.3　利润表填制的具体方法

本表各项目的内容及其填列方法如下。

(1)“营业收入”项目，反映企业主要经营业务所取得的收入总额。本项目应根据“营业收入”科目的发生额分析填列。

(2)“营业成本”项目，反映企业主要经营业务发生的实际成本。本项目应根据“营业成本”科目的发生额分析填列。

(3)“营业税金及附加”项目，反映企业主要经营业务应负担的营业税、消费税、城市维护建设税、资源税、土地增值税和教育费附加等。本项目应根据“营业税金及附加”科目的发生额分析填列。

(4)“营业费用”项目，反映企业在销售商品和商品流通企业在购入商品等过程中发生的费用，商品流通企业如不单独设置“管理费用”科目，发生的管理费用也在本项目中反映。本项目应根据“营业费用”科目的发生额分析填列。

(5)“管理费用”项目，反映企业发生的管理费用。本项目应根据“管理费用”科目的发生额分析填列。

(6)“财务费用”项目，反映企业发生的财务费用。本项目应根据“财务费用”科目的发生额分析填列。

(7)“资产减值损失”项目，反映企业各项资产发生的减值损失。本项目应根据“资产减值损失”科目的发生额分析填列。

(8)“公允价值变动收益”项目，反映企业应当计入当期损益的资产或负债公允价值变动收益。本项目应根据“公允价值变动损益”科目的发生额分析填列，如为净损失，本项目以“－”号填列。

(9)“投资收益”项目，反映企业以各种方式对外投资所取得的收益。本项目应根据“投资收益”科目的发生额分析填列；如为投资损失，以“－”号填列。

(10)“营业外收入”项目和“营业外支出”项目，反映企业发生的与其生产经营无直接关系的各项收入和支出。这两个项目应分别根据“营业外收入”科目和“营业外支出”科目的发生额分析填列。

(11)“利润总额”项目，反映企业实现的利润总额。如为亏损总额，以“－”号填列。

(12)“所得税费用”项目，反映企业当期发生的所得税费用。本项目应根据“所得税费用”科目的发生额分析填列。

(13)“净利润”项目，反映企业实现的净利润。如为净亏损，以“－”号填列。

(14)“基本每股收益”项目，应当根据《企业会计准则第 34 号——每股收益》的规定计算的金额填列，即企业应当按照归属于普通股股东的当期净利润，除以发行在外普通股的加权平均数计算基本每股收益。

（15）“稀释每股收益”项目，以基本每股收益为基础，假设企业所有发行在外的稀释性潜在普通股均已转换为普通股，从而分别调整归属于普通股股东的当期净利润以及发行在外普通股的加权平均数计算而得的每股收益。

（16）补充资料中“当期分配给投资者的利润”，反映企业董事会或类似机构制订并经批准的当年度利润分配方案中分配给投资者的现金股利或利润。

2.2.4 利润表编制应注意的问题及举例

1. 注意对利润表要素的理解和运用

从利润的定义可以看出，利用利润表三要素进行利润核算，并非简单的“利润＝收入－费用”，而应为：利润＝收入－费用＋直接计入当期利润的利得－直接计入当期利润的损失。

从基本准则的规定来看，“利得”和“损失”并没有作为单独的利润表要素，但在计算利润时，却又作为单独的要素出现，这就使得利润要素的定义与内容不能首尾一致、相互协调，在一定程度上导致了会计理论研究和实务操作的混乱。这就要求在进行利润核算及编制利润表时，注意对利润表要素的理解和运用，既能体现基本准则的纲要地位，又能在实际业务的处理中灵活运用，从而编制出科学、合理的利润表。

2. 注意利润表结构上的变化

由于新旧准则的变化，在“投资收益”项目的归类上，存在不同。

新准则下，利润表将“资产减值损失”、“投资收益”等投资活动导致的损益全部归入“营业损益”。即企业在计算营业利润时要减去资产减值损失部分，加上投资收益或减去投资损失。而旧的准则是在计算利润总额时考虑投资收益。

3. 注意“财务费用”、“管理费用”等项目的填列理论与实际的差异

在实际工作中，采用会计软件进行业务操作，为了达到操作简单的目的，某些科目只设置了单一的方向。作为费用类和资产类科目只设借方科目，不设贷方科目，当出现贷方发生额时，采用红字冲销的方法进行账务处理。这样，在填列利润表时，就可以根据借方发生额来进行。如“管理费用”、“财务费用”等项目。在理论体系中，填列利润表的方法是根据发生额填列。而在进行日常的业务核算时，采用了借、贷双方都登记的方法。这样就形成了理论与实际的差异，使得利润表中的有关项目填列出现错误，导致某些科目和报表不一致。

现举例说明利润表的编制：

××公司20××年有关损益科目发生额如表2－7所示，根据这些资料编制该公司20××年度的利润表。

表2－7 科目发生额 单位：元

科目名称	借方发生额	贷方发生额
营业收入		840 000
营业成本	460 000	
营业税金及附加	49 000	
营业费用	35 000	40 000
管理费用	50 000	

续表

科目名称	借方发生额	贷方发生额
财务费用	15 000	
投资收益		15 000
营业外收入		2 000
营业外支出	8 000	
所得税	79 200	

根据 2.2 节所提到的利润表的具体编制方法、原理，采用多步式利润表结构，并且防范提到的问题，确保利润表编制正确。所编制好的利润表如表 2－8 所示。

表 2－8　利润表

编制单位：××公司　　　　20××年　　　　单位：元

项　目	行次	本月数（略）	本年累计数
一、营业收入	1		840 000
减：营业成本	2		460 000
营业税金及附加	3		49 000
减：营业费用	4		35 000
管理费用	5		50 000
财务费用	6		15 000
资产减值损失	7		
加：公允价值变动收益	8		0
投资收益	9		15 000
二、营业利润（亏损以“－”号填列）	10		246 000
加：营业外收入	11		2 000
减：营业外支出	12		8 000
三、利润总额（亏损总额以“－”号填列）	13		240 000
减：所得税	14		79 200
四、净利润（净亏损以“－”号填列）	15		160 800

2.3　现金流量表

2.3.1　现金流量表的概念和结构

1. 现金流量表的概念

现金流量表是以现金为基础编制的财务状况变动表。它是反映企业一定时期内现金和现金等价物流入、流出以及净流量变化情况的一张动态报表。它是企业对外报告的第三张基本报表。利用现金流量表可以分析企业一定时期内现金的来源渠道和流出去向，为投资者和债权人的决策提供更为有用的信息。通过现金流量表，可以概括反映经营活动、投资活动和筹资活动对企业现金流入流出的影响，对于评价企业的实现利润、财务状况及财务管理，要比传统的损益表提供更好的基础。

资产负债表和利润表只提供企业某一方面的财务信息，为了全面反映一个企业经营活动和财务活动对财务状况变动的影响，以及财务状况变动的原因，还需要编制现金流量表，以反映经营活动、投资活动和筹资活动引起的企业现金流的变化。特别是在现金至尊的现代社会里，在资本市场日益发达的今天，投资活动和筹资活动越来越为企业的信息使用者所关注，资产负债表和利润表所提供的信息是远远不够的。现金流量表就是在资产负债表和利润表已经反映了企业财务状况和经营成果信息的基础上，进一步提供企业现金流量的信息，即以现金为基础提供财务状况变动信息。

2. 现金流量表的作用

1）弥补了资产负债表信息量的不足

资产负债表是利用资产、负债、所有者权益三个会计要素的期末余额编制的；损益表是利用收入、费用、利润三个会计要素的本期累计发生额编制的（收入、费用无期末余额，利润结转下期）。唯独资产、负债、所有者权益三个会计要素的发生额原先没有得到充分的利用，没有填入会计报表。会计资料一般是发生额与本期净增加额（期末、期初余额之差或期内发生额之差），说明变动的原因，期末余额说明变动的结果。本期的发生额与本期净增加额得不到合理的运用，不能不说是一个缺憾。

根据资产负债表的平衡公式可写成：现金＝负债＋所有者权益－非现金资产，这个公式告诉我们，现金的增减变动受公式右边因素的影响，负债、所有者权益的增加（减少）导致现金的增加（减少），非现金资产的减少（增加），导致现金的增加（减少），现金流量表中的内容尤其是采用间接法时即利用资产、负债、所有者权益的增减发生额或本期净增加额填报的。这样账簿的资料得到充分的利用，现金变动原因的信息得到充分的揭示。

2）便于从现金流量的角度对企业进行考核

对一个经营者来说，如果没有现金，缺乏购买与支付能力是致命的。企业的经营者由于管理的要求亟须了解现金流量信息。另外在当前商业信誉存有诸多问题的情况下，与企业有密切关系的个人投资者与部门如银行、财税、工商等不仅需要了解企业的资产、负债、所有者权益的结构情况与经营结果，更需要了解企业的偿还支付能力，了解企业现金流入、流出及净流量信息。

损益表的利润是根据权责发生制原则核算出来的，权责发生制贯彻递延、应计、摊销和分配原则，核算的利润与现金流量是不同步的。损益表上有利润而银行户上没有钱的现象经常发生。近几年来随着大家对现金流量的重视，深深感到权责发生制编制的损益表不能反映现金流量是个很大的缺陷。但是企业也不能因此废弃权责发生制而改为收付实现制。因为收付实现制也有很多不合理的地方，历史证明企业不能采用。在这种情况下，坚持权责发生制原则进行核算的同时，编制收付实现制的现金流量表，不失为“熊掌”与“鱼”兼得、两全其美的方法。现金流量表划分经营活动、投资活动、筹资活动，按类说明企业一个时期流入多少现金、流出多少现金及现金流量净额。从而可以了解现金从哪里来、到哪里去，损益表上的利润为什么没有变动，从现金流量的角度对企业做出更加全面合理的评价。

3）了解企业筹措现金、生成现金的能力

通过筹资活动吸收投资者投资或借入现金。吸收投资者投资，企业的受托责任增加；借入现金负债增加，今后要还本付息。在市场经济的条件下，没有“免费使用”的现金，企业使用后下一步要付出一定的代价。企业要想生存发展，就必须获利，利润是企业现金来源的主要渠道。通过现金流量表可以了解经过一段时间经营，企业的内外筹措了多少现金，自己产生了多少现金。筹措的现金是否按计划用到企业扩大生产规模、购置固定资产、补充流动资金上，还是被经营方侵蚀掉了。企业筹措现金、产生现金的能力，是企业加强经营管理、合理使用调度资金的重要信息，是其他两张报表所不能提供的。

3. 现金流量表的结构与内容

《企业会计准则第 31 号——现金流量表》中提供了现金流量表的参考格式。该表分为正表和补充资料两大部分，以报告方式披露有关现金流量的信息。正表有五项：一是经营活动产生的现金流量；二是投资活动产生的现金流量；三是筹资活动产生的现金流量；四是汇率变动对现金的影响；五是现金及现金等价物净增加额。补充资料有三项：一是将净利润调节为经营活动产生的现金流量，即要在补充资料中采用间接法报告经营活动产生的现金流量信息；二是不涉及现金收支的投资和筹资活动；三是现金及现金等价物净增加情况。

编制经营活动现金流量的方法有两种：一种是直接法；另一种是间接法。直接法所编出来的报表即为上面所提到的正表。所谓直接法，即通过现金收入和现金支出的总括分类反映来自企业经营活动的现金流量。采用直接法编制经营活动的现金流量时，有关企业现金收入和现金支出的资料可以从企业会计记录直接获得，也可以在利润表中营业收入、营业成本、营业费用等数据的基础上，通过调整与经营活动各项目有关的增减变动，即通过调整以下项目获得：第一，本期存货及经营性应收和应付项目的变动；第二，固定资产折旧、无形资产摊销等其他非现金支出项目；第三，不属于经营活动现金流量的其他项目。所谓间接法，即通过将企业非现金交易、过去或者未来经营活动产生的现金收入或支出的递延或应计项目，以及与投资或筹资现金流量相关的收益或费用项目对净损益的影响进行调整来反映企业经营活动所形成的现金流量。间接法以利润表上的净利润为起点，通过调整某些相关项目后得出经营产生的现金流量。这些需要调整的项目可以分为三类：第一类，计入净利润但对经营活动无关的收益或损失，如处理固定资产收益、投资损失等；第二类，影响净利润但与现金收支无关的项目，如固定资产折旧等；第三类，与净利润无关但与现金有关的项目，如购买存货、支付前欠货款、收到押金等。

现列出用直接法所编制的现金流量表的基本格式，如表 2-9 所示：

表 2-9　用直接法所编制的现金流量表的基本格式

编制单位：××公司　　　　20××年×月×日　　　　单位：元

项　目	行次	金额
一、经营活动产生的现金流量		
销售商品、提供劳务收到的现金		
……		
经营活动现金流入小计		
购买商品、接受劳务支付的现金		
经营活动现金流出小计		
经营活动产生的现金流量净额		

续表

项 目	行次	金额
二、投资活动产生的现金流量 收回投资收到的现金 …… 投资活动现金流入小计 购建固定资产、无形资产和其他长期资产支付的现金 投资活动现金流出小计 投资活动产生的现金流量净额 三、筹资活动产生的现金流量 吸收投资收到的现金 筹资活动现金流入小计 偿还债务支付的现金 筹资活动现金流出小计 筹资活动产生的现金流量净额 四、汇率变动对现金及现金等价物的影响 五、现金及现金等价物净增加额 加：期初现金及现金等价物余额 六、期末现金及现金等价物余额		

用间接法所编制的现金流量表的基本格式，如表 2-10 所示。

表 2-10 用间接法所编制的现金流量表的基本格式

编制单位：××公司 20××年×月×日 单位：元

项 目	行次	金额
1. 将净利润调节为经营活动现金流量 净利润 加：计提的资产减值准备 …… 2. 不涉及现金收支的投资和筹资活动 债务转为资本 …… 3. 现金及现金等价物净增加情况 现金的期末余额 ……		

现金流量表，是为会计报表使用者提供企业一定会计期间内有关现金的流入和流出的信息，其组成内容与资产负债表和损益表相一致。通过现金流量表，可以概括反映经营活动、投资活动和筹资活动对企业现金流入流出的影响，对于评价企业的实现利润、财务状况及财务管理，要比传统的损益表提供更好的基础。下面介绍三大活动所产生的现金流量。

1）经营活动产生的现金流量

经营活动是指企业投资活动和筹资活动以外的所有交易和事项。也就是说，除归属于企业投资活动和筹资活动以外的所有交易和事项，都归属于经营活动。对于商业企业而言，经营活动主要包括销售商品、提供劳务、购买商品、接受劳务、支付税费等。在现金流量表上，经营活动的现金流量应当按照其经营活动的现金流入和流出的性质分项列示；银行、保险公司和非银行金融机构的经营活动按照其经营活动特点分项列示。

经营活动产生的现金流入项目主要有：销售商品、提供劳务收到的现金，收到的税费返还，收到的其他与经营活动有关的现金。经营活动产生的现金流出项目主要包括：购买商品、接受劳务支付的现金，支付给职工以及为职工支付的现金，支付的各项税费，支付的其他与经营活动有关的现金。

2）投资活动产生的现金流量

投资活动是指企业长期资产的购建和不包括在现金等价物范围内的投资及其处置活动，既包括实物资产的投资，也包括金融资产投资。这里的长期资产是指固定资产、无形资产、在建工程、其他资产等持有期限在一年或一个营业周期以上的资产。需要指出的是，这里所说的投资活动是一个广义的概念，既包括对外长期投资，也包括企业内部的固定资产、无形资产及其他长期资产的购建和处置，而会计核算中所说的投资往往是指对外投资，即狭义的投资。

投资活动产生的现金流量，是由投资活动现金流入和流出构成的。投资活动产生的现金流入项目主要有：收回投资所收到的现金，取得投资收益所收到的现金，处置固定资产、无形资产和其他长期资产所收回的现金净额，收到的其他与投资活动有关的现金。投资活动产生的现金流出项目主要有：购建固定资产、无形资产和其他长期资产所支付的现金，投资所支付的现金，支付的其他与投资活动有关的现金。

3）筹资活动产生的现金流量

筹资活动是指导致企业资本及业务规模和构成发生变化的活动，主要涉及吸收投资、发行股票、分配利润等。应付账款、应付票据等商业活动形成的付款属于经营活动，不属于筹资活动。筹资活动产生的现金流入项目主要有：吸收投资所收到的现金，取得借款所收到的现金，收到的其他与筹资活动有关的现金。筹资活动产生的现金流出项目主要有：偿还债务所支付的现金，分配股利、利润或偿付利息所支付的现金，支付的其他与筹资活动有关的现金。

2.3.2　现金流量表的编制原理

（1）分类反映原则。为了给会计报表使用者提供有关现金流量的信息，并结合现金流量表和其他财务信息对企业做出正确的评价，现金流量表应当提供企业经营活动、投资活动和筹资活动对现金流量的影响，即现金流量表应当分别反映经营活动产生的现金流量、投资活动产生的现金流量和筹资活动产生的现金流量的总额以及它们相抵后的结果。

（2）总额反映与净额反映灵活运用原则。为了提供企业现金流入和流出总额的信息，现金流量表一般应按照现金流量总额反映。一定时期的现金流量通常可按现金流量总额或现金流量净额反映。现金流量总额是指分别反映现金流入和流出总额，而不以现金流入和流出相抵后的净额反映。现金流量净额是指以现金流入和流出相抵后的净额反映。但现金流量以总额反映比以净额反映所提供的信息更为相关、有用。因此，通常情况下，现金流量应以其总额反映。但是，下述情况可对现金流量以净额反映：一是某些金额不大的项目，例如，企业处置固定资产发生的现金收入和相关的现金支出可以相抵后以净额列示；二是不反映企业自身的交易或事项的现金流量项目。例如，证券公司代收客户的款项用于交割买卖证券的款项，期货交易所接受客户交割实物的款项等；又如，银行吸收开户单位活期存款的承兑和偿付。这些项目不属于企业自身业务的现金流量项目，可以以净额反映。

（3）合理划分经营活动、投资活动和筹资活动。经营活动、投资活动和筹资活动应当按照其概念进行划分，但有些交易或事项则不易划分，如利息收入和股利收入、利息支出和股利支出是作为经营活动，还是作为投资或筹资活动有不同的看法。在我国，依据人们的习惯理解，把利息收入和股利收入划为投资活动，把利息支出和股利支出划为筹资活动。某些现金收支可能具有多类现金流量的特征，所属类别需要根据特定情况加以确定。例如，实际缴纳的所得税，由于很难区分缴纳的是经营活动产生的所得税，还是投资或筹资活动产生的所得税，通常将其作为经营活动的现金流量。对于某些特殊项目，如自然灾害损失和保险索赔，若能分清属于固定资产损失的保险索赔，通常作为投资活动，流动资产损失的保险索赔，通常作为经营活动；若不能分清属于固定资产还是流动资产的保险索赔，通常归为经营活动的现金流量。因此，企业应当合理划分经营活动、投资活动和筹资活动，对于某些现金收支项目或特殊项目，应当根据特定情况和性质进行划分，分别归并到经营活动、投资活动和筹资活动类别中，并一贯性地遵循这一划分标准。

(4) 外币现金流量应当折算为人民币反映。在我国，企业外币现金流量以及境外子公司的现金流量，以现金流量发生日的汇率或加权平均汇率折算。汇率变动对现金的影响作为调节项目，在现金流量表中单独列示。

(5) 重要性原则。本来不涉及现金的投资和筹资活动不应反映在现金流量表内，因为这些投资和筹资活动不影响现金流量，现金流量表中不反映不涉及现金的投资和筹资活动是与编制现金流量表的目的相一致的。但是，如果不涉及现金的投资和筹资活动数额很大，若不反映将会导致一个有理性的报表使用者产生误解并作出不正确的决策，这时，就需要在现金流量表中以某种形式恰当地予以揭示。在我国的《企业会计准则》中，对于不涉及现金的重要的投资和筹资活动是在现金流量表“补充资料”（或附注）中反映的。此外，重要性原则对现金流量表中各项目的编制也有很大影响。比如，“收到的租金”项目，如果企业此类业务不多，也可以不设此项目，而将其纳入“收到的其他与经营活动有关的现金”之中。

2.3.3 现金流量表的编制方法

现金流量表正表项目主要包括下列几个方面。

1. 经营活动产生的现金流量

经营活动产生的现金流量的列报方法有两种：一是直接法；二是间接法。在前文已经提到直接法和间接法的内容，现金流量表正表采用直接法，补充资料采用间接法。

正表中经营活动现金流量项目主要有：

(1)“销售商品、提供劳务收到的现金”项目。该项目反映企业销售商品、提供劳务实际收到的现金（含销售收入和应向购买者收取的增值税额），包括本期销售商品、提供劳务收到的现金，以及前期销售和前期提供劳务本期收到的现金和本期应收的账款，减去本期退回本期销售的商品和前期销售本期退回的商品支付的现金。企业销售材料和代购代销业务收到的现金，也在本项目中反映。本项目可以根据“库存现金”、“银行存款”、“应收账款”、“应收票据”、“预收账款”、“营业收入”等科目的记录分析填列。

根据账户记录分析计算该项目的金额，一般可以采用下列公式：

销售商品、提供劳务收到的现金＝当期销售商品、提供劳务收到的现金＋当期收到前期的应收账款和应收票据＋当期预收的账款－当期销售退回而支付的现金＋当期收回前期核销的坏账损失

（2）“收到的税费返还”项目。该项目反映企业收到返还的各种税费，如收到的增值税、消费税、营业税、所得税、教育费附加返还等。本项目可以根据“库存现金”、“银行存款”、“应交税费”、“营业税金及附加”等账户的记录分析填列。

（3）“收到的其他与经营活动有关的现金”项目。该项目反映企业除了上述各项目外，收到的其他与经营活动有关的现金流入，如罚款收入、流动资产损失中由个人赔偿的现金收入等。其他现金流入如价值较大的，应单列项目反映。本项目可以根据“库存现金”、“银行存款”、“营业外收入”等账户的记录分析填列。

（4）“购买商品、接受劳务支付的现金”项目。该项目反映企业购买材料、商品、接受劳务实际支付的现金，包括本期购入材料、商品、接受劳务支付的现金（包括增值税进项税额），以及本期支付前期购入商品、接受劳务的未付款项和本期预付款项。本期发生的购货退回收到的现金应从本项目内减去。本项目可以根据“库存现金”、“银行存款”、“应付账款”、“应付票据”、“营业成本”等账户的记录分析填列。

根据账户记录分析计算该项目的金额公式：

购买商品、接受劳务支付的现金 ＝ 当期购买商品、接受劳务支付的现金＋当期支付前期的应付账款和应付票据＋当期预付的账款－当期因购货退回收到的现金

（5）“支付给职工以及为职工支付的现金”项目。该项目反映企业实际支付给职工，以及为职工支付的现金，包括本期实际支付给职工的工资、奖金、各种津贴和补贴等，以及为职工支付的其他费用。不包括支付的离退休人员的各项费用和支付给在建工程人员的工资等。企业支付给离退休人员的各项费用，包括支付的统筹退休金以及未参加统筹的退休人员的费用，在“支付的其他与经营活动有关的现金”项目中反映；支付的在建工程人员的工资，在“购建固定资产、无形资产和其他长期资产所支付的现金”项目中反映。本项目可以根据“应付职工薪酬”、“库存现金”、“银行存款”等账户的记录分析填列。

企业为职工支付的养老、失业等社会保险基金，补充养老保险，住房公积金，支付给职工的住房困难补助，以及企业支付给职工或为职工支付的其他福利费用等，应按职工的工作性质和服务对象，分别在本项目和在“购建固定资产、无形资产和其他长期资产所支付的现金”项目中反映。

（6）“支付的各项税费”项目。该项目反映企业按规定支付的各种税费，包括本期发生并支付的税费，以及本期支付以前各期发生的税费和预交的税金，如支付的教育费附加、矿产资源补偿费、印花税、房产税、土地增值税、车船使用税、预交的营业税等。不包括计入固定资产价值、实际支付的耕地占用税等，也不包括本期退回的增值税、所得税，本期退回的增值税、所得税在“收到的税费返还”项目中反映。本项目可以根据“应交税费”、“库存现金”、“银行存款”等账户的记录分析填列。

（7）“支付的其他与经营活动有关的现金”项目。该项目反映企业除上述各项目外，支付的其他与经营活动有关的现金流出，如罚款支出、支付的差旅费、业务招待费现金支出、支付的保险费等，其他现金流出如价值较大的，应单列项目反映。本项目可以根据有关账户的记录分析填列。

2. 投资活动产生的现金流量

投资活动比通常所指的短期投资和长期投资范围要广。投资活动包括非现金等价物的金融性资产和长期投资的购买与处置；固定资产的购建与处置、无形资产的购置与处置等。通

过单独反映投资活动产生的现金流量，可以了解为获得未来收益及现金流量而导致资源转出的程度，以及以前资源转出带来的现金流入的信息。投资活动流入和流出的现金主要包括的范围及填列如下。

（1）“收回投资所收到的现金”项目，反映企业出售、转让或到期收回除现金等价物以外的交易性金融资产、长期股权投资而收到的现金，以及收回持有至到期投资本金而收到的现金。不包括持有至到期投资收回的利息，以及收回的非现金资产。收回的非现金资产，不涉及现金流量的变动，在现金流量表附注中的“不涉及现金收支的投资与筹资活动”项目中反映。处置投资收回的现金扣除投资成本后的收益，计入损益，构成净利润的因素，但它属于投资活动产生的现金流量，应列入投资活动产生的现金流量类别中。本项目可以根据“交易性金融资产”、“长期股权投资”、“ 库存现金”、“银行存款”等账户的记录分析填列。

（2）“取得投资收益所收到的现金”项目，反映企业因股权投资而收到的现金股利，以及从子公司、联营企业和合营企业分回利润收到的现金，不包括股票股利，以及债权性投资取得的现金利息收入。本项目可以根据“投资收益”、“ 库存现金”、“银行存款”等账户的记录分析填列。

（3）“处置固定资产、无形资产和其他长期资产收回的现金净额”项目，反映企业处置固定资产、无形资产和其他长期资产收回的现金，扣除所发生的现金支出后的净额。本项目可以根据“固定资产”、“固定资产清理”、“无形资产”、“ 库存现金”、“银行存款”等账户的记录分析填列。如该项目所收回的现金净额为负数，应在“支付的其他与投资活动有关的现金”项目填列。

（4）“收到的其他与投资活动有关的现金”项目，反映企业除了上述各项外，收到的其他与投资活动有关的现金。收到的其他与投资活动有关的现金项目中如有价值较大的，应单列项目反映。本项目可以根据“库存现金”、“银行存款”和其他有关账户的记录分析填列。

（5）“购建固定资产、无形资产和其他长期资产所支付的现金”项目，反映企业购买、建造固定资产，取得无形资产和其他长期资产支付的现金，不包括为购建固定资产而发生的借款利息资本化的部分，以及融资租入固定资产支付的租赁费。借款利息和融资租入固定资产支付的租赁费，在筹资活动产生的现金流量中单独反映。企业以分期付款方式购建的固定资产，其首次支付的现金作为投资活动的现金流出，以后各期支付的现金作为筹资活动的现金流出。本项目可以根据“固定资产”、“无形资产”、“在建工程”、“ 库存现金”、“银行存款”等账户的记录分析填列。

（6）“投资所支付的现金”项目，该项目反映企业在现金等价物以外进行交易性金融资产、长期股权投资、持有至到期投资所实际支付的现金，包括支付的佣金、手续费等附加费用。但不包括企业购买股票和债券时，实际支付款中包含的已宣告尚未领取的现金股利或已到付息期但尚未领取的债券利息。本项目可以根据“交易性金融资产”、“长期股权投资”、“持有至到期投资”、“ 库存现金”、“银行存款”等账户的记录分析填列。

（7）“支付的其他与投资活动有关的现金”项目，反映企业除了上述各项目以外，支付的其他与投资活动有关的现金。包括企业购买股票和债券时，实际支付价款中包含的已宣告尚未领取的现金股利或已到付息期但尚未领取的债券利息等。支付的其他与投资活动有关的现金项目中如价值较大的，应单列项目反映。本项目可以根据“库存现金”、“银行存款”、“应收股利”、“应收利息”和其他相关账户的记录分析填列。

3. 筹资活动产生的现金流量

现金流量表需要单独反映筹资活动产生的现金流量，通过现金流量表中反映的筹资活动的现金流量，可以帮助投资者和债权人预计对企业未来现金流量的要求权，以及获得前期现金流入而付出的代价。筹资活动产生的现金流入和流出主要包括的范围及填列如下。

(1)“吸收投资收到的现金”项目，反映企业收到的投资者投入的现金包括以发行股票方式筹集的资金和发行债券实际收到的现金（发行收入减去支付的佣金等发行费用后的净额)。本项目可以根据“实收资本（或股本)”、“应付债券”、“资本公积”、“库存现金”、“银行存款”等账户的记录分析填列。

(2)“借款收到的现金”项目，反映企业向银行或其他金融机构等借入的现金。本项目可以根据“短期借款”、“长期借款”、“银行存款”等账户的记录分析填列。

(3)“收到的其他与筹资活动有关的现金”项目，反映企业除上述各项目外，收到的其他与筹资活动有关的现金。收到的其他与投资活动有关的现金如有价值较大的，应单列项目反映。本项目可以根据“库存现金”、“银行存款”和其他有关账户的记录分析填列。

(4)“偿还债务所支付的现金”项目，反映企业以现金偿还债务的本金，包括偿还银行或其他金融机构等的借款本金、偿还债券本金等。企业偿还的借款利息、债券利息不包括在本项目内，在“偿还利息所支付的现金”项目反映。本项目可以根据“短期借款”、“长期借款”、“应付债券”、“银行存款”等账户的记录分析填列。

(5)“分配股利、利润或偿还利息所支付的现金”项目，反映企业实际支付的现金股利、支付给其他投资单位的利润或用现金支付的借款利息、债券利息等。本项目可根据“应付股利（或应付利润)”、“财务费用”、“长期借款”、“应付债券”、“库存现金”、“银行存款”等账户的记录分析填列。

(6)“支付的其他与筹资活动有关的现金”项目，反映企业除上述各项目外，支付的其他与筹资活动有关的现金。如发行股票债券所支付的审计、咨询等费用。支付的其他与投资活动有关的现金项目中如有价值较大的，应单列项目反映。本项目可以根据“库存现金”、“银行存款”及其他有关账户的记录分析填列。

4. 汇率变动对现金的影响的编制方法

本项目反映企业的外币现金流量发生日所采用的汇率与期末汇率的差额对现金的影响数额。(编制方法略)

5. 现金及现金等价物的净增加额的编制方法

“现金及现金等价物的净增加额”，是将本表中“经营活动产生的现金流量净额”、“投资活动产生的现金流量净额”、“筹资活动产生的现金流量净额”和“汇率变动对现金的影响”四个项目相加得出的。

6. 期末现金及现金等价物余额的填列

本项目是将计算出来的现金及现金等价物净增加额加上期初现金及现金等价物金额求得。它应该与企业期末的全部货币资金与现金等价物的合计余额相等。

2.3.4　补充资料项目的内容和编制方法

除现金流量表反映的信息外，企业还应该在现金流量表附注中披露将净利润调节为经营活动的现金流量、不涉及现金收支的重大投资和筹资活动、现金及现金等价物净变动情况等信息。也就是要求按间接法编制现金流量表的补充资料。

1. 将净利润调节为经营活动的现金流量

现金流量表采用直接法反映经营活动的现金流量，同时，企业还应采用间接法反映经营活动产生的现金流量。间接法，是指以企业本期净利润为起算点，通过调整不涉及现金的收入和费用、营业外收支以及经营性应收应付等项目的增减变动，调整不属于经营活动的现金收支项目，据此计算并列报经营活动产生的现金流量的方法。现金流量表补充资料是对现金流量表采用直接法反映的经营活动现金流量进行核对和补充说明。

采用间接法列报经营活动产生的现金流量时，需要对四大类项目进行调整：①实际没有支付现金的费用；②实际没有收到现金的收益；③不属于经营活动的损益；④经营性应收应付项目的增减变动。

企业利润表中反映的净利润是以权责发生制为基础核算的，而且包括了投资活动和筹资活动的收入和费用。将净利润调节为经营活动的现金流量，就是要按收付实现制的原则，将净利润按各项目调整为现金净流入，并且要剔除投资和筹资活动对现金流量的影响。对这些项目的调整过程，就是按间接法编制经营活动现金流量表的过程。

将净利润调节为经营活动的现金流量是以净利润为基础的。因为净利润是现金净流入的主要来源。但净利润与现金净流入并不相等，所以需要在净利润基础上，将净利润调整为现金净流入。在净利润基础上进行调整的项目主要包括：

1）“计提的资产减值准备”项目

企业计提的各项资产减值准备，包括坏账准备、存货跌价准备以及各项长期资产的减值准备等已经计入了“资产减值损失”科目，期末结转到“本年利润”账户，从而减少了净利润。但是计提资产减值准备，并不需要支付现金，即没有减少现金流量。所以应将计提的各项资产减值准备，在净利润基础上予以加回。本项目应根据“资产减值损失”账户的记录分析填列。

2）“固定资产折旧”项目

企业计提的固定资产折旧，一部分增加了产品的成本，另一部分增加了期间费用（如管理费用、销售费用等），计入期间费用的部分直接减少了净利润，计入产品成本的部分，一部分转入了营业成本，也直接冲减了净利润；产品尚未变现的部分，折旧费用加到了存货成本中，存货的增加是作为现金流出进行调整的。而实际上全部的折旧费用并没有发生现金流出。所以，应在净利润的基础上将折旧的部分予以加回。本项目应根据“累计折旧”账户的贷方发生额分析填列。

3）“无形资产摊销”项目

企业的无形资产摊销是计入管理费用的，所以冲减了净利润。但无形资产摊销并没有发生现金流出。所以无形资产当期摊销的价值，应在净利润的基础上予以加回。该项目可根据“累计摊销”账户的记录分析填列。

4）“长期待摊费用摊销”项目

长期待摊费用的摊销与无形资产摊销一样，已经计入了损益，但没有发生现金流出，所以项目应在净利润的基础上予以加回。

5）“处置固定资产、无形资产和其他长期资产的损失”项目

处置固定资产、无形资产和其他长期资产发生的损益，属于投资活动产生的损益，不属于经营活动产生的损益，但却影响了当期净利润。所以在将净利润调节为经营活动现

金流量时应予以剔除。如为净损失，应当予以加回；如为净收益，应予以扣除，即以“—”号填列。本项目可根据“营业外收入”、“营业外支出”等账户所属明细账户的记录分析填列。

6）“固定资产报废损失”项目

本项目反映企业当期固定资产盘亏后的净损失（或盘盈后的净收益）。企业发生固定资产盘亏盘盈损益，属于投资活动产生的损益，不属于经营活动产生的损益，但却影响了当期净利润。所以在将净利润调节为经营活动现金流量时应予以剔除。如为净损失，应当予以加回；如为净收益，应予以扣除，即以“—”号填列。本项目可根据“营业外收入”、“营业外支出”等账户所属明细账户的记录分析填列。

7）“公允价值变动损失”项目

该项目反映企业持有的交易性金融资产、交易性金融负债、采用公允价值模式计量的投资性房地产等公允价值变动形成的净损失。因为公允价值变动损失影响了当期净利润，但并没有发生现金流出，所以应进行调整。如为净收益以“—”号填列。本项目可根据“公允价值变动损益”科目所属有关明细科目的记录分析填列。

8）“财务费用”项目

一般企业，财务费用主要是借款发生的利息支出（减存款利息收入）。财务费用属于筹资活动发生的现金流出，而不属于经营活动的现金流量。但财务费用作为期间费用，已直接计入了企业经营损益，影响了净利润。所以在将净利润调节为经营活动现金流量时应予以剔除。财务费用如为借方余额，应予以加回；如为贷方余额，应予以扣除。本项目应根据利润表“财务费用”项目填列。

9）“投资损失”项目

企业发生的投资损益，属于投资活动的现金流量，不属于经营活动的现金流量。但投资损失已直接计入了企业当期利润，影响了净利润。所以在将净利润调节为经营活动现金流量时应予以剔除。如为投资净损失，应当予以加回；如为投资净收益，应予以扣除，即以“—”号填列。该项目可根据利润表中“投资收益”项目的金额填列。

10）“递延所得税资产减少”项目

该项目反映企业资产负债表“递延所得税资产”项目的期初余额与期末余额的差额。递延所得税资产的减少增加了所得税费用，减少了利润。而递延所得税资产的减少并没有增加现金流出。所以应在净利润的基础上予以加回。相反，如果是递延所得税资产增加，则应用“—”填列。本项目可以根据“递延所得税资产”科目分析填列。

11）“递延所得税负债增加”项目

递延所得税负债的增加，增加了当期所得税费用，但并没有因此增加现金流出，所以应在净利润的基础上予以加回。相反，如果是递延所得税负债减少，则应以“—”号填列。

12）“存货的减少”项目

企业当期存货减少，说明本期经营中耗用的存货有一部分是期初的存货，这部分存货当期没有发生现金流出，但在计算净利润时已经进行了扣除。所以在将净利润调节为经营活动现金流量时应当予以加回。如果期末存货比期初增加，说明当期购入的存货除本期耗用外还剩余一部分。这部分存货已经发生了现金流出，但这部分存货没有减少净利润。所以在将净利润调节为经营活动现金流量时应予以扣除。即以“—”号填列。

总之，存货的减少，应视为现金的增加，应予加回现金流量；存货的增加，应视为现金的减少，应予扣除现金流量。该项目可根据资产负债表“存货”项目的期初、期末数之间的差额填列。

13)“经营性应收项目的减少”项目

经营性应收项目的减少（如应收账款、应收票据、其他应收款等项目中与经营活动有关的部分的减少），说明本期收回的现金大于利润表中确认的营业收入，即将上期实现的收入由本期收回了现金，形成了本期的现金流入，但净利润却没有增加。所以在将净利润调节为经营活动现金流量时，将本期经营性应收项目减少的部分应予以加回。

但上述各应收项目如果增加，即经营性各应收项目的期末余额大于期初余额，则表明本期的销售收入中有一部分没有收回，从而减少了现金的流入，在将净利润调节为经营活动现金流量时应予以扣除。本项目应根据各应收项目账户所属的明细账户的记录分析填列。

14)“经营性应付项目的增加”项目

经营性应付项目的增加（如应付账款、应付票据、应付职工薪酬、应交税费、其他应付款等项目中与经营活动有关的部分的增加），说明本期购入的存货中有一部分没有支付现金，净利润不变，但现金流出减少了，从而现金流量肯定增加了。所以在将净利润调节为经营活动现金流量时，本期经营性应付项目增加的部分应予以加回。

如果上述经营性应付项目减少，即期末余额小于期初余额，说明除将本期购入的存货全部付款以外，还支付了上期的应付款项，所以现金流出增加了，现金净流量减少了。在将净利润调节为经营活动现金流量时，本期经营性应付项目减少的部分应予以扣除。

本项目应根据各应付项目账户所属的明细账户的记录分析填列。

2. 不涉及现金收支的投资和筹资活动

不涉及现金收支的投资和筹资活动项目，反映企业一定期间内影响资产和负债但不形成现金收支的所有投资和筹资活动的信息。这些投资和筹资活动虽不涉及现金收支，但对以后各期的现金流量会产生重大影响，所以也应进行列示和披露。不涉及现金收支的投资和筹资活动的具体项目见现金流量表补充资料表中所列。

2.3.5 现金流量表编制的注意问题及举例

1. 注意总额法和净额法的应用

所谓现金流量表编制的总额法，是指编制现金流量中现金流入量、流出量分别以总额列示，收支互不相抵。净额法是指现金流量中按项目以收支相抵后的净额列示。现金流量表一般应当以总额反映，从而全面揭示现金流量的方向、规模和结构。但对于那些代客户收取或支付的现金以及周转快、金额大、期限短的项目的现金收入和支出应当以净额列示。

2. 几个项目的现金流量分类

项目的现金流量分类是指某一现金收支对应归属于经营活动、投资活动还是筹资活动及其再细分。经营活动、投资活动和筹资活动应当按照其概念进行划分，但有些交易或事项则不易划分。另外某些现金收支可能具有多类现金流量的特征，所属类别需要根据特定情况加以确定。例如，实际缴纳的所得税，由于很难区分缴纳的是经营活动产生的所得税，还是投资或筹资活动产生的所得税，通常将其作为经营活动的现金流量。因此，企业应当合理划分经营活动、投资活动和筹资活动，对于某些现金收支项目或特殊项目，应当根据特定情况和性质进行划分，并一贯性地遵循这一划分标准。以下几个具体项目在实践中可能遇到，有的准则未明确其分类，会计人员可根据经济活动的实质和重要性等原则进行分类，并遵循一致性原则。

3. 银行存款的利息收入

从银行存款本身的来源看，既有经营活动带来的，也有筹资和投资活动带来的，因此，银行存款的利息收入与三种活动都有关联；从银行存款利息收入的会计处理看，它不符合筹资或投资活动现金流量的定义。因此，对该项目的归属应考虑重要性原则，如果银行存款利息收入金额不大，则将其全部作为经营活动产生的现金流量；如果其金额较大且银行存款主要来源于某单一活动，则应将其归类为该类活动产生的现金流量；如果金额较大且各类活动产生的银行存款额相差不多，可将其按适当比例分别归为经营活动、筹资活动和投资活动产生的现金流量。

现举例说明现金流量表的计算：

（1）本期营业收入为 1 250 万元，应收账款期初数 120 万元，期末数 200 万元，预收账款期初数 100 万元，期末数 150 万元；

（2）本期营业成本为 700 万元，应付账款期初数 120 万元，期末数 170 万元，预付账款期初数 50 万元，期末数 160 万元，存货期初数 180 万元，期末数 80 万元；

（3）本期发放职工工资 100 万元，其中经营管理人员工资 70 万元，奖金 15 万元，在建工程人员的工资 12 万元，奖金 3 万元；

（4）公司的所得税费用按应付税款法处理，本期所得税费用为 160 万元，应交所得税的期初数 120 万元，期末数 100 万元；

（5）为建造固定资产，本期用银行存款购入工程物资 100 万元，支付增值税 17 万元。

要求：（1）销售商品提供劳务收到现金；（2）购买商品接受劳务支付现金；（3）支付给职工及为职工支付现金；（4）支付的所得税款；（5）购建固定资产、无形资产和其他长期资产支付现金；（6）经营活动产生现金净流量。

根据本节现金流量表编制过程中计算各科目现金流的方法，来求得本例题。

答案如下：

（1）销售商品提供劳务收到现金＝销售收入＋ 销项税额＋应收款减少 －应收款增加－发生坏账准备＋预收款增加－预收款减少　1250－80＋50＝1220

（2）购买商品接受劳务支付现金＝营业成本＋进项税额＋应付款减少－应付款增加－预付款减少＋ 预付款增加－存货减少 ＋存货增加　700－50＋110－100＝660

（3）支付给职工及为职工支付现金＝70＋15＝85 或 100－（12＋3）＝85

（4）支付的所得税款＝本期所得税费用＋应交所得税减少－应交所得税增加　160＋20＝180

（5）购建固定资产、无形资产和其他长期资产支付现金＝（12＋3）＋100＋17＝130

（6）经营活动产生现金净流量＝1220－660－85－180＝295

2.4 所有者权益变动表

2.4.1 所有者权益变动表的概念与结构

1. 所有者权益变动表的概念

《企业会计准则第30号——财务报表列报》规定，企业除了编制资产负债表、利润表、现金流量表之外，还必须编制所有者权益（或股东权益）变动表。《财务报表列报准则》的规定对我国财务报表体系产生了深远的影响，它宣告了我国第四张报表——所有者权益变动表的诞生，打破了我国长达半个多世纪之久由三张报表组成财务报表体系的局面，标志着我国财务报表的改革迈出了重要的一步。

所有者权益变动表是反映公司本期（年度或中期）内至截至期末所有者权益变动情况的报表，应当全面反映一定时期所有者权益变动的这些情况：①所有者权益总量的增减变动；②所有者权益增减变动的重要结构性信息；③直接计入所有者权益的利得和损失。

股东权益增减变动表全面反映了企业的股东权益在年度内的变化情况，便于会计信息使用者深入分析企业股东权益的增减变化情况，并进而对企业的资本保值增值情况做出正确判断，从而提供对决策有用的信息。

2. 所有者权益变动表的作用

1）将“全面收益表”与“利润分配表”合二为一

新准则体系下的所有者权益变动表主要依据所有者权益变动的性质，分别按照当期净利润、直接计入所有者权益的利得和损失项目、股东投入资本和向股东分配利润、提取盈余公积等情况分析填列。新准则指南中的所有者权益增减变动表包括三部分：全面收益、本期与投资者有关的增减变动、所有者权益项目的内部结转。可见，新的所有者权益变动表将“全面收益表”与“利润分配表”合二为一，并将所有者权益内部结转情况单独列示。这种安排使投资者能够更全面地掌握所有者权益的增减变动情况。

2）披露全面收益拓宽了会计计量属性，为公允价值的广泛运用创造了条件

新会计准则引入公允价值计量属性，从而使金融工具的确认和计量成为可能，然而受历史成本原则和实现原则的限制，金融工具带来的部分未实现利得和损失无法在利润表中列示，只能在所有者权益表中直接列示，这成为报告全面收益的直接动因。随着我国经济的发展，新的金融工具不断出现，绕过利润表在所有者权益表中列示的收益会越来越多，为了使报表使用者全面了解企业的收益情况，解决采用公允价值计量属性所造成的未实现利得或损失的确认和报告等问题，报告全面收益势在必行。

3）编制所有者权益变动表，增强了收益信息的相关性和透明度

收益是企业创造未来现金流的能力，全面收益包含了当期已确认而未实现但近期可实现的利得和损失，使用者能够准确、及时地预测所有未来现金流，增强了收益信息的相关性。为报表使用者提供更相关的决策信息，也是会计目标从受托责任观向决策有用观转变的内在要求。同时，全面确认、计量收益，增强了收益信息的透明度，减少了企业管理当局进行盈余管理、利润操纵的空间，保证了资本市场的健康发展。

3. 所有者权益变动表的结构与内容

所有者权益变动表包括表首、正表两部分。其中，表首说明报表名称、编制单位、编制日期、报表编号、货币名称、计量单位等；正表是所有者权益变动表的主体，具体说明所有者权益增减变动表的各项内容，包括股本（实收资本）、资本公积、法定和任意盈余公积、法定公益金、未分配利润等。每个项目中，又分为年初余额、本年增加数、本年减少数、年末余额四小项，每个小项中，又分别从具体情况列示其不同内容。所有者权益变动表各项目应根据“股本”、“资本公积”、“盈余公积”、“未分配利润”等科目的发生额分析填列。

所有者权益变动表的结构如表 2－11 所示。

表 2－11　所有者权益变动表

编制单位：××公司　　　　20××年×月×日　　　　单位：元

项　目	本年金额	上年金额			
实收资本（或股本）	资本公积	减：库存股	盈余公积	未分配利润	所有者权益合计
一、上年年末余额					
加：会计政策变更					
前期差错更正					
二、本年年初余额					
三、本年增减变动金额（减少以“—”号填列）					
（一）净利润					
（二）直接计入所有者权益的利得和损失					
1. 可供出售金融资产公允价值变动净额					
……					
上述（一）和（二）小计					
（三）所有者投入和减少资本					
1. 所有者投入资本					
……					
（四）利润分配					
1. 提取盈余公积					
……					
（五）所有者权益内部结转					
1. 资本公积转增资本（或股本）					
……					
四、本年年末余额					

2.4.2　所有者权益变动表的编制方法

1. 所有者权益变动表的一般编制方法

（1）摘抄其他合并报表、母公司同名报表有关数据。能够摘抄的指标尽量摘抄，如“上年年末余额”一行的各栏摘抄上年合并资产负债表的年末数；“本年年初余额”、“本年年末余额”两行的各栏摘抄本年合并资产负债表的年初数和年末数；“净利润”一行的“未分配利润、少数股东权益、其他的未确认投资损失（老制度专用）”三栏摘抄合并利润表中“归属于母公司的净利润”、“少数股东损益”、“未确认投资损失（老制度专用）”三个同名指标。

（2）计算“少数股东权益”栏的变动数。除了上述已经摘抄的数据之外，对以下子公司净资产和股权比例变动数计算少数股东的“份额”填入表内该栏的各有关行。

（3）“上年年末余额”至“本年年初余额”之间调整。“上年年末余额”至“本年年初余额”之间的调整，主要是将母公司的追溯调整或重述过程在上述与母公司有关的六栏填列。但是非全资子公司的追溯调整或重述除了引起母公司的追溯调整或重述外，还需要在“少数股东权益”按照比例调整或重述。此外，合并政策和合并差错的追溯也在该行内填列。

2. 所有者权益变动表的具体编制方法

（1）“上年年末余额”项目：与“上年金额”的最后一项“四、本年年末余额”相同。

（2）“会计政策变更”项目：按当期发生的会计政策变更的调整金额，填列“盈余公积”、“未分配利润”。其中，新会计准则首次执行日需要采用追溯调整法的项目有：预计的资产弃置费用，按当期发生的满足预计负债确认条件的、在首次执行日前尚未计入资产成本的弃置费用，按计提盈余公积的比例以负数填列“盈余公积”，其余部分以负数填列“未分配利润”。所得税：资产或负债按新会计准则调整后的账面价值与计税基础的差额，分别计算递延所得税资产与递延所得税负债，两者的差额填列“盈余公积”和“未分配利润”（差额大于零，调增；反之，调减）。采用纳税影响会计法的，还应冲销递延税款的余额，相应调整“盈余公积”和“未分配利润”。按首次执行日能够结转到以后年度的、很可能获得用来抵扣可抵扣亏损和税款抵减的递延所得税资产的金额，以负数填列“盈余公积”和“未分配利润”。

（3）“前期差错变更”项目：按当期发生的前期差错变更的调整金额，填列“盈余公积”和“未分配利润”。

（4）“本年年初余额”项目：为前三项的合计数。

（5）“净利润”项目：取自利润表的最后一项“净利润”。

（6）“直接计入所有者权益的利得和损失”项目为“可供出售金融资产公允价值变动净额”、“权益法下被投资单位其他所有者权益变动的影响”和“与计入所有者权益项目相关的所得税影响”以及其他项目总和。其他项目涉及的事项和交易主要有自用房地产和存货转换为采用公允价值模式计量的投资性房地产、可转换债券的发行和转换、同一控制下的企业合并等。

（7）“上述（一）和（二）小计”项目：为“净利润”和“直接计入所有者权益的利得和损失”的合计数。

（8）“所有者投入和减少资本”项目为“所有者投入资本”项目和“股份支付计入所有者权益的金额”项目及其他的合计数。“其他”项目涉及的事项和交易主要有归还投资者投资、回购股票和有效套期等。

（9）“所有者投入资本”项目：按当期所有者投入资本的金额填列“实收资本（或股本）”和“资本公积”。如果投入的资本是由债务重组中的债务转换的，当期按债务转成股份的面值总额填列“实收资本（或股本）”，按股份的公允价值总额与相应的实收资本（或股本）之间的差额填列“资本公积”。

(10)“利润分配”项目为“提取盈余公积”项目和“对所有者（或股东）的分配”项目及其他的合计数。“其他”项主要指按当期股东大会决议或类似机构决议，分配给股东或投资者的股票股利，面值部分填列“股本”，溢价部分填列“资本公积”，以分配的总金额按负数填列“未分配利润”。

(11)“提取盈余公积”项目：按当期实际提取的盈余公积，以正数填列“盈余公积”，以负数填列“未分配利润”。

(12)“所有者权益内部结转”项目为“资本公积转增资本（或股本）”项目、“盈余公积转增资本（或股本）”项目和“盈余公积弥补亏损”项目及其他的合计数。

(13)“资本公积转增资本（或股本）”项目：按当期股东大会决议或类似机构决议，用资本公积转增资本的金额，以正数填列“股本”，以负数填列“资本公积”。

(14)“本年年末余额”项目：为“二、本年年初余额”和“三、本年增减变动金额（减少以‘—’号填列）”项目的合计数。

2.4.3　所有者权益变动表编制的注意问题

1. 部分内容列示过细或缺失，对信息的重要性、可理解性和完整性产生不利影响

在“本年增减变动金额”部分，有些内容列示过细，如在“直接计入所有者权益的利得和损失”部分，具体列示了“可供出售金融资产公允价值变动净额”、“权益法下被投资单位其他所有者权益变动的影响”、“与计入所有者权益项目相关的所得税影响”及“其他”四个项目。

2. 缺少每股净资产指标，不利于会计信息使用者快速判断企业的投资价值和风险

现行会计准则在利润表中列示了基本每股收益和稀释每股收益指标，这极大地方便了会计信息使用者快速判断企业的投资价值和风险。而所有者权益变动表没有沿袭这一思路，没有向会计信息使用者直接提供每股净资产指标，不便于会计信息使用者直接利用该指标快速判断企业的投资价值和风险。

【案例分析】

1. 企业 2012 年 12 月 31 日结账后有关科目所属明细科目借贷方余额如表 2－12 所示。

表 2－12　案例分析 1 表格

科目名称	明细科目借方余额合计	明细科目贷方余额合计
应收账款	1 600 000	100 000
预付账款	800 000	60 000
应付账款	400 000	1 800 000
预收账款	600 000	1 400 000

讨论：

(1) 思考填写资产负债表中应收账款、预付账款、应付账款和预收账款这些科目的编制方法。

(2) 请计算出资产负债表中应收账款、预付账款、应付账款和预收账款各科目的金额。
(3) 写出每个科目金额的具体计算步骤。

2. 企业长期借款情况如表 2-13 所示。

表 2-13 案例分析 2 表格

借款起始日期	借款期限（年）	金额（元）
2012 年 1 月 1 日	3	1 000 000
2010 年 1 月 1 日	5	2 000 000
2009 年 6 月 1 日	4	1 500 000

通过表 2-13，分析企业 2012 年 12 月 31 日资产负债表中“长期借款”项目的金额。

3. 某企业 20××年 12 月 31 日有关资料如下（该企业利润表的编制采用多步法）：

	借方	贷方
营业收入		2 500 000
营业成本	1 500 000	
营业税金及附加	4 000	
营业费用	40 000	
管理费用	316 000	
财务费用	83 000	
投资收益		63 000
营业外收入		100 000
营业外支出	39 400	
所得税	204 798	

根据上述资料编写该公司 20××年度的利润表。

【课后练习题】

1. 简述资产负债表的编制原理。
2. 简单分析资产负债表、利润表和现金流量表的联系与区别。
3. 现金流量表的两种编制方法有什么区别？各有什么优缺点？

第3章 财务报表附注

【学习提示】

本章通过学习财务报表附注的编制，了解财务报表附注的概念及内容，认识财务报表附注的重要性，并掌握财务报表附注的编制方法，为以后分析报表附注问题奠定基础。

【中英文关键词】

财务报表附注	Financial Statement Footnotes
附属性	Ancillary
补充性	Complementary
完善建议	Suggestions for Improvement
解读和分析技巧	Interpretation and Analysis Skills

3.1 财务报表附注概念

附注是财务报表的有机组成部分，为达到财务报表有关决策有用和评价企业管理层受托责任的目标，一套完整的财务报告至少应当包括“四表一注”。财政部2006年企业会计准则强调附注是财务报表的重要组成部分，并对其披露的基本要求、内容和顺序等进行了明确而系统的规定，体现了充分披露的原则。附注便于财务报表使用者理解财务报表的内容而对财务报表的编制基础、编制依据、编制原则和方法及主要项目等所作的解释。其主要存在以下特性。

1. 附属性

财务报表与附注之间存在一个主次关系：财务报表是根，附注处于从属地位。没有财务报表的存在，附注就失去了依靠，其功能也就无处发挥；而没有附注恰当的延伸、说明，财务报表的功能就难以有效地实现。两者相辅相成，形成一个完善的有机整体。

2. 解释性

财务报表项目是被高度浓缩的会计信息，且由于经济业务的复杂性和企业在编制财务报表时可能选择了不同的会计政策，企业需要通过财务报表附注对财务报表的编制基础、编制依据、编制原则和方法及主要事项等进行解释，以此增进会计信息的可理解性，同时使不同企业的会计信息的差异更具可比性，便于进行对比分析。

3. 补充性

财务报表附注拓展了企业会计信息的内容。打破了三张主要报表内容必须符合会计要素的定义，又必须同时满足相关性和可靠性的限制，突破了揭示项目必须用货币加以计量的局限性。通过报表附注的文字说明，辅以某些统计资料或定性信息，可弥补财务信息的不足，从而能全面地反映企业面临的机会与风险，将企业价值充分体现出来，保证了信息的完整性，有助于信息使用者作出最佳的决策。

4. 建设性

财务报表附注除了解释和补充说明财务报表内容外，还要对其加以分析、评价，并有针对性地提出一些改进工作的建议、措施。如通过市场占有率、投入产出等信息，管理当局可以了解本企业在同行中的地位，发现自己的优势与不足，从而采取措施改进企业经营管理，提高生产效率和产品质量，扩大产品的市场占有率。此外，在附注中通过自愿披露企业在安排就业、员工培训、社区服务、环境治理等方面的信息，树立企业良好形象，促进企业健康发展。

3.2 财务报表附注的作用

1. 提高会计信息的相关性和可靠性

会计信息既要相关又要可靠，相关性和可靠性是会计信息的两个基本质量特征。由于财务会计本身的局限，相关性和可靠性的选择犹如鱼与熊掌的选择，很多时候都是不可兼得的。但是，财务报表附注披露可以在不降低会计信息可靠性的前提下提高信息的相关性，如或有事项的处理。或有事项由于发生的不确定性而不能直接在主表中进行确认，但等到完全可靠或基本能够预期的时候，又可能因为及时性的丧失而损伤了信息的相关性。为此，可以通过在财务报表附注中进行披露，揭示或有事项的类型和影响，以此来提高信息的相关性。

2. 增强不同行业和行业内部不同企业之间信息的可比性

会计信息是由多种因素综合促成的，经济环境的不确定性、不同行业的不同特点，以及各个企业前后各期情况的变化，都会降低不同企业之间会计信息的可比性，以及企业前后各期会计信息的一贯性。财务报表附注可以通过披露企业的会计政策和会计估计的变更等情况，向投资者传递相关信息，使投资者能够“看透”会计方法的实质，而不被会计方法所误导。

3. 缓解财务报表信息披露压力的考虑

信息需求方总是希望企业提供尽可能多的信息，以使他们作出各项正确决策，这无形当中增加了财务报表披露信息的压力。但信息的披露应当有一定限度，过多的披露可能会适得其反。这主要基于两点考虑。第一，成本效益原则的考虑。只有披露的效益大于成本，企业才有披露信息的动力，过多的披露信息一方面势必增加企业的披露成本，另一方面会有损企业的商业秘密，在竞争中处于劣势，不利于企业的经营运作；第二，重要性原则的考虑。重要性是指当一项会计信息不加以说明，即可能使财务报表使用者发生误解，从而足以影响或改变其决策。因此从披露目的出发，只有重要性的信息对于需求者来说才是有用的。信息需求者依赖重要性的信息了解企业的财务状况、经营成果等情况，从而为其所用做出合理判断。而过多地披露信息不仅不会起到决策有用的目的，反而会影响使用者的理解、判断和掌握，使其无所适从，甚至产生误导作用，造成使用者的利益受损。报表附注将那些不符合成本效益原则和重要性原则的信息收纳其中，缓解了财务报表信息披露的压力，解决了企业和使用者对于信息提供和需求之间的矛盾和冲突。

4. 增强财务报告体系的灵活性

财务报表由于其固有的格式、项目和填列方法，使得表内信息并不能完整地反映一个企业的综合素质。而报表附注相对来说比较灵活，可以弥补表内信息的局限性，使表内信息更容易理解，更加相关。具体说来，由于财务会计在确认计量上有严格的标准，使得一些与决策相关的信息不能进入财务报表，忽视它们的存在，势必影响到使用者作出正确的决策。而对报表附注目前尚无统一的规范，其可以借助于多种计量手段、计量属性及不同的格式，将那些无法进入表内的信息加以适当地披露，这有利于完整反映企业生产经营的全貌，提高财务报告体系的总体水平和层次。

3.3　财务报表附注披露的内容

财务报表附注主要用来补充和完善报表的披露信息，主要通过以下内容来向投资者反映。

1. 不符合会计核算前提的说明

一般认为，会计假设是会计核算的前提条件，基于会计核算而编制的财务报表一般也是以基本会计假设为前提的。由于公司所处的社会经济环境极其复杂，会计人员有必要对会计核算所处的变化不定的经济环境作出判断。只有规定了会计核算的前提条件，会计核算才得以正常进行下去，才能据以选择会计处理方法。会计核算的基本前提，即基本会计假设，包括会计主体假设、持续经营假设、会计分期假设和货币计量假设等四项。编制财务报表一般都以基本会计假设为前提，财务报表使用者不会有任何误解，所以在一般情况下不需要加以说明。但如果编制的财务报表未遵循基本会计假设，则必须予以说明，并解释这样做的理由。

2. 会计政策说明

其一，综合性会计政策。合并政策、外币核算、全面估价政策（历史成本、一般购买力、重置价值）、资产负债表日以后发生的事项、租赁、分期付款购买和有关利息、税务、长期合同、特许权。其二，资产。应收账款、存货和有关销货成本、应计折旧资产和折旧、生长中作物、开发用地及有关的开发费用、投资研究和开发费、专利权和商标权、商誉。其三，负债。预付保单、承诺事项和或有事项、退休金费用和退休办法、解职费及多余人员津贴。其四，损益。确认收入的方法、维护费、维修费和改良费，处理财产的损益。

3. 会计政策和会计估计变更说明

公司采用的会计政策应当前后一致，不应随意变动，以保持连续性，便于报表的使用者前后各期相互比较。若公司认为采用新政策能使公司财务报表中对事项或交易的编报更为恰当，则可以对以往采用的会计政策做出某些变更。按照国际会计准则，如果会计政策对本期或已列报的以前各期有重大影响，或可能对以后期间有重大影响，则公司应披露如下内容：变更的原因；已在本期净损益中确认的调整金额；已列报的资料各期所包括的调整金额以及有关前期已包括在财务报表中的调整金额。如果列报的资料不具有可操作性，这个事实应予披露。

4. 或有事项的说明

在公司持续经营期，经营会产生一些或有事项。所谓或有，是指公司的收益或损失并不确定，“或有或无”，只能在未来发生或不发生某个或某几个事件时，才能得到证实。比如公司现在正有一个未决诉讼，如果败诉，可能将赔款100万元，这就是或有事项。常见的或有事项有：①应收账款有可能无法收回；②公司对售后商品提供担保；③已贴现票据可能发生追索；④为其他企业债务提供担保；⑤待决诉讼；⑥公司因损坏另一方的财产而可能发生赔偿；⑦由于污染了环境而可能发生治污费或可能支付的罚金；⑧在发生税收争议时，有可能补交税款或获得税款返还。

公司在财务报表附注中对或有事项加以披露时，应当说明以下内容：①或有事项的性质；②影响或有事项未来结果的不确定因素；③或有损失和或有收益的金额。如果无法估计或有损失和或有收益的金额，则应当说明不能做出估计的原因。

5. 资产负债表日后事项的说明

资产负债表日后事项，是指自年度资产负债表日后至财务报表批准报出日之间发生的事项。资产负债表日后事项可分为两类：一是对资产负债表日存在的情况提供进一步证据的事项，可称为调整事项；二是资产负债表日后才发生的事项，可称为非调整事项。只有非调整事项才应在财务报表附注中加以说明。资产负债表日后事项中的调整事项必须是：在资产负债表日或以前已经存在，资产负债表日后得以证实的事项；对按资产负债表日存在状况编制的财务报表产生影响的事项。对于调整事项，不仅要调整财务报表上的有关数据，而且需做出有关的账务处理。资产负债表日后新发生的事项，其事项不涉及资产负债表日存在状况，这类事项作为非调整事项。资产负债表日后的非调整事项必须是：资产负债表日并不存在，完全是期后新发生的事项；对理解和分析财务报表有重大影响的事项。对于非调整事项，由于其与资产负债表日存在状况无关，故不应调整资产负债表日编制的财务报表，应在财务报表附注中说明事项的内容和对财务状况、经营成果的影响；如无法估计其影响，应当说明无法估计的理由。

6. 关联方关系及其交易的说明

关联方，国际会计准则中将其定义为“在财务或经营决策中，如果一方有能力控制另一方或对另一方施加重大影响，则认为他们是关联方”。按规定，当关联方之间存在控制和被控制时，无论关联方之间有无交易，均应在财务报表附注中披露企业经济性质、类型、名称、法定代表人、注册地、注册资本及其变化、企业的主营业务、所持股份或权益及其变化。当存在共同控制、重大影响时，在没有发生交易的情况下，可以不披露关联方关系；在发生交易时，应当披露关联方关系的性质。

7. 财务报表重要项目的说明

（1）应收账款（不包括应收票据，下同）及计提坏账准备的方法。说明坏账的确认标准，以及坏账准备的计提方法和计提比例，并重点说明如下事项：本年度全额计提坏账准备，或计提坏账准备的比例较大的（计提比例一般超过40%及以上的，下同），应单独说明计提的比例及其理由。以前年度已全额计提坏账准备，或计提坏账准备的比例较大的，但在本年度又全额或部分收回的，或通过重组等其他方式收回的，应说明其原因，原估计计提比例的理由，以及原估计计提比例的合理性。对某些金额较大的应收账款不计提坏账准备，或计提坏账准备比例较低（一般为5%或低于5%）的理由。还应披露本年度实际冲销的应收账款，其中，实际冲销的关联交易产生的应收账款应单独披露。

（2）存货核算方法。说明存货分类、取得、发出、计价以及低值易耗品和包装物的摊销方法，计提存货跌价准备的方法以及存货可变现净值的确定依据。

(3) 投资的核算方法。说明当期发生的投资净损益，其中重大的投资净损益项目应单独说明；说明长期股权投资和持有至到期投资的期末余额，其中长期股权投资中属于对子公司、合营企业、联营企业投资的部分，应单独说明；说明当年提取的投资损失准备、投资的计价方法；说明投资总额占净资产的比例；采用权益法核算时，还应说明投资企业与被投资单位会计政策的重大差异；说明投资变现及投资收益收回的重大限制；股权投资差额的摊销方法、长期投资减值准备的计提方法。

8. 收入

说明当期确认的下列各项收入的金额：①销售商品的收入；②提供劳务的收入；③利息收入；④使用费收入；⑤本期分期收款确认的收入。

9. 所得税的会计处理方法

所得税作为一种费用，应按费用会计的原则和方法来进行会计处理，为报表使用者提供最相关的信息。

10. 合并财务报表的说明

本项内容说明合并范围的确定原则。本年度合并报表范围如发生变更，企业应说明变更的内容、理由。

11. 有助于理解和分析财务报表需要说明的其他事项

3.4　附注披露存在的局限性及完善建议

(1) 报表附注披露存在虚假性。

附注中的虚假信息，报表使用人很难及时发现，所以容易被误导作出错误决策，造成投资者的经济损失。如对重要事项的说明，不少企业都有不符合实际情况的陈述。

(2) 报表附注披露不够充分甚至出现重大遗漏。

就目前的披露情况，很难令人满意。如对关联方交易的披露，有的企业“删繁就简”，有意回避；有的“点到为止”，模糊不清。对或有事项特别是预计负债方面揭示不明确或回避揭示。一些公司只披露为外单位担保的事项，而没有披露为子公司等关联方的担保事宜，没有披露或有事项产生的财务影响和补偿的可能性，也没有解释未披露的原因。

(3) 重要事项披露不详细。

多数公司虽然按规定格式发布了会计报表附注，但在报表附注中却没有披露公司最主要业务收入和利润的来源，而其他信息却作了大篇幅的列式，采取避重就轻的手法，故意夸大或隐瞒事实，背离了企业会计准则的重要性原则。

(4) 缺乏相关部门的监督评价信息。

良好的经营状况、产品质量、信用等级和纳税情况是企业维持经营的前提和保证。银行、工商、税务、质检等部门对企业的评价应成为会计报表附注披露的重要内容。目前只反映资本盈亏的会计报表及附注却不能提供这方面的信息，这违背了会计的相关性原则，不利于报表使用者准确完整地理解企业的相关信息。

(5) 有关规定缺乏可操作性。

现行会计法规对于会计报表附注披露内容的规定过于笼统，对企业经营成果、财务状况、人力资源状况、企业履行的社会责任、企业所利用的金融工具等信息的相关指标数据缺乏详细的统一标准，从而导致会计报表附注不具体、不详细、缺乏可操作性，对使用者帮助不大，失去其本来意义。

针对上述问题，应采取措施来适当地处理，可以从以下两个方面来完善财务报表附注。

（1）从内容方面看。

我国颁布的企业会计准则就财务报表附注应披露的内容做出了明确的规范，具体包括“不符合会计核算前提的说明”、“重要会计政策和会计估计的说明”等十三项内容。大多数企业也是以此为依据进行编制的。但面对经济的高速发展和社会环境的巨大变化，这些已不能满足人们对于信息的需求，因此应对报表附注的内容有所扩充。

首先，随着知识经济时代的到来，人才、知识和技术在社会生产和资源配置中发挥主导作用，企业最具价值和最重要的资源已不再是物质资本，而是人力资源，应考虑从定性或定性和定量相结合的角度对此进行披露；其次随着信息使用者对企业风险信息、不确定信息以及前瞻性信息需求的进一步扩大，应适当增加对财务预测的有关分析；最后，随着企业社会性的增强，为规范企业履行其社会责任，需要企业编制反映就业水平、报酬及福利、工作组织、保险与安全措施、环境及能源保护等方面的信息。此外，还有物价变动、市场分布、管理当局的讨论与分析等，应充分考虑使用者的需求、经济环境的变化而不断调整和补充。

（2）从形式方面看。

财务报表附注的编制应运用灵活多样的形式。首先，在计量手段上，采用货币化与非货币化相结合的方式。报表附注的发展趋势是将非财务信息以及不能在财务报表内列示的信息纳入其中，而这些信息如人力资源、社会责任等，在实际中往往难以货币化，应借助于其他一些非货币手段进行充分说明；其次，在计量属性上，允许多种形式并存。财务报表沿用的是以交易价格为基础的历史成本计量属性，随着市场一体化进程的加快，已逐渐暴露出局限性，而公允价值以其所具备的客观性将受到越来越多的认同，因此针对不同的项目，可以考虑在附注中以公允价值予以补充披露；另外，在编制格式上，可以借助旁注、脚注和附表等各种形式。

①旁注。指在财务报表的有关项目旁直接用括号加注说明，是最简单的报表注释方法。这种附注方式将补充信息直接纳入报表主体，不易为使用者所忽略，但这类附注不宜过长。②脚注。这种披露方式主要是对表内项目所采用的会计政策、方法等以及表内无法反映的重要事项所做的补充说明。其主要采用定性揭示并以文字表达为主，必要时也可采用表格的形式。③附表。指为了保持财务报表的简明易懂而另行编制一些反映其构成项目及年度内增减来源与金额的表格，其实际上是财务报表某些重要项目的明细表，如资产减值准备明细表、利润分配表和分部报表等。④其他。对于有关社会责任、人力资源及财务预测等方面的信息，可以参照国际惯例采用企业适用的报告格式进行反映。这些报告不受会计准则的限制，也不需要接受审计，在披露上较为灵活。

【案例分析】

某企业20××年12月31日应收账款坏账准备的科目如表3-1所示。

表 3-1　坏账准备明细表

编制单位：××企业　　　　20××年 12 月 31 日　　　　单位：元

项　目	年初余额	本年增加数	本年减少数	年末余额
坏账准备合计	2 700	2 562		5 262
应收账款	2 700	2 562		5 262
其他应收款	0	0		0

应收账款年初余额：50 000 元，应收账款年末余额：83 000 元。

讨论：

1. 本期应收账款实际增加数是多少？计提坏账准备的比例为多少。
2. 企业计提坏账准备应注意哪些问题？
3. 分析企业操纵坏账准备的目的，应如何杜绝？

【课后练习题】

1. 简述为何要编制财务报表附注。
2. 编制财务报表附注应注意哪些问题。
3. 你认为还有哪些措施来改进财务报表附注的漏洞。

第4章

报表编制案例

4.1 资产负债表编制案例

资料：天龙公司 2011 年 12 月 31 日的资产负债表以及 2012 年 12 月 31 日的科目余额表分别见表 4-1 和表 4-2。

表 4-1 资产负债表

编制单位：天龙公司　　2011 年 12 月 31 日　　单位：元

项　目	年初数	年末数	项　目	年初数	年末数
流动资产：	—	—	流动负债：		
货币资金		1 406 300	短期借款		300 000
交易性金融资产		15 000	应付票据		200 000
应收票据		246 000	应付账款		953 800
应收账款		299 100	预收账款		
预付账款		100 000	应付职工薪酬		110 000
应收股利			其中：应付福利费		92 600
应收利息			应交税费		36 600
其他应收款		5 000	应付利息		1 000
存货		2 580 000	应付股利		
一年内到期的非流动资产			其他应付款		50 000
其他流动资产		100 000	一年内到期的非流动负债		1 000 000
流动资产合计		4 751 400	其他流动负债		
非流动资产：			流动负债合计		2 651 400
可供出售金融资产			非流动负债：		
长期股权投资		250 000	长期借款		600 000
固定资产		1 100 000	应付债券		
在建工程		1 500 000	长期应付款		
工程物资			专项应付款		
固定资产清理			递延所得税负债		

续表

项　目	年初数	年末数	项　目	年初数	年末数
生产性生物资产			其他非流动负债		
油气资产			非流动负债合计		600 000
无形资产		600 000	负 债 合 计		3 251 400
商誉			所有者权益：		
长期待摊费用			实收资本（股本）		5 000 000
递延所得税资产			减：已归还投资		
其他非流动资产		200 000	实收资本净额		
非流动资产合计		3 650 000	资本公积		
			盈余公积		100 000
			未分配利润		50 000
			所有者权益合计		5 150 000
资产总计		8 401 400	负债和所有者权益总计		8 401 400

表 4－2 科目余额表　　单位：元

科目名称	借方余额	科目名称	贷方余额
库存现金	2 000	短期借款	50 000
银行存款	786 135	应付票据	100 000
其他货币资金	7 300	应付账款	953 800
应收票据	66 000	其他应付款	50 000
应收账款	600 000	应付职工薪酬	180 000
坏账准备	−1 800	应交税费	226 731
预付账款	100 000	应付股利	32 215.85
物资采购	275 000	长期借款	1 160 000
其他应收款	5 000	实收资本	5 000 000
原材料	45 000	盈余公积	124 770.40
库存商品	2 122 400	利润分配	190 717.75
周转材料	38 050		
材料成本差异	4 250		
其他流动资产	90 000		
长期股权投资	250 000		
固定资产	2 401 000		
累计折旧	−170 000		
固定资产减值准备	−30 000		
工程物资	150 000		
在建工程	578 000		

续表

科目名称	借方余额	科目名称	贷方余额
无形资产	600 000		
累计摊销	−60 000		
递延所得税资产	9 900		
其他长期资产	200 000		
合计	8 068 235	合计	8 068 235

根据上述材料编制天龙公司2012年12月31日的资产负债表，并写出所依据的理论。

答案解析：

根据2.1节所列示的资产负债表填制的具体方法，将每个科目对应地填入资产负债表项目里。如“货币资金”项目，反映企业库存现金、银行存款、外埠存款、银行汇票存款、银行本票存款、信用卡存款、信用证保证金存款等的合计数。本项目应根据“库存现金”、“银行存款”、“其他货币资金”科目的期末余额合计填列。

即期末余额＝2 000＋786 135＋7 300＝795 435。其他科目均按上述方法所示，分别列入后，编写资产负债表。2012年12月31日的资产负债表如表4-3所示。

表4-3　资产负债表

编制单位：天龙公司　　2012年12月31日　　单位：元

项目	年末数	年初数	项目	年末数	年初数
流动资产：	—	—	流动负债：		
货币资金	795 435	1 406 300	短期借款	50 000	300 000
交易性金融资产		15 000	应付票据	100 000	200 000
应收票据	66 000	246 000	应付账款	953 800	953 800
应收账款	598 200	299 100	预收账款		
预付账款	100 000	100 000	应付职工薪酬	180 000	110 000
应收股利			其中：应付福利费		92 600.00
应收利息			应交税费	226 731	36 600
其他应收款	5 000	5 000	应付利息		1 000
存货	2 484 700	2 580 000	应付股利	32 215.85	
一年内到期的非流动资产			其他应付款	50 000	50 000
其他流动资产	90 000	100 000	一年内到期的非流动负债		1 000 000
流动资产合计	4 139 445	4 751 400	其他流动负债		
非流动资产：			流动负债合计	1 592 746.85	2 651 400
可供出售金融资产			非流动负债：		
长期股权投资	250 000	250 000	长期借款	1 160 000	600 000
固定资产	2 201 000	1 100 000	应付债券		
在建工程	578 000	1 500 000	长期应付款		

续表

项目	年末数	年初数	项目	年末数	年初数
工程物资	150 000		专项应付款		
固定资产清理			递延所得税负债		
生产性生物资产			其他非流动负债		
油气资产			非流动负债合计	1 160 000	600 000
无形资产	540 000	600 000	负 债 合 计	2 752 746.85	3 251 400
商誉			所有者权益：		
长期待摊费用			实收资本（股本）	5 000 000	5 000 000
递延所得税资产	9 900		减：已归还投资		
其他非流动资产	200 000	200 000	实收资本净额		
非流动资产合计	3 928 900	3 650 000	资本公积		
			盈余公积	124 770.40	100 000
			未分配利润	190 717.75	50 000
			所有者权益合计	5 315 488.15	5 150 000
资产总计	8 068 235	8 401 400	负债和所有者权益总计	8 068 235	8 401 400

4.2　利润表编制案例

资料：天龙公司 2012 年度有关损益类科目本年累计发生净额如表 4 - 4 所示。

表 4 - 4　损益类科目累计发生净额

编制单位：天华股份有限公司　　2012 年　　单位：元

科目名称	借方发生额	贷方发生额
营业收入		1 250 000
营业成本	750 000	
营业税金及附加	2 000	
销售费用	20 000	
管理费用	157 100	
财务费用	41 500	
资产减值损失	30 900	
投资收益		31 500
营业外收入		50 000
营业外支出	19 700	
所得税费用	112 596	

要求：根据上述资料编制利润表。

答案解析：

根据2.2节所列示的利润表填制的具体方法，将借贷方金额填入相应的利润表项目里。如“营业收入”项目，反映企业主要经营业务所取得的收入总额。本项目应根据“营业收入”科目的发生额分析填列，即1 250 000。“营业成本”项目，反映企业主要经营业务发生的实际成本。本项目应根据“营业成本”科目的发生额分析填列，金额750 000元。“营业税金及附加”项目，反映企业主要经营业务应负担的营业税、消费税、城市维护建设税、资源税、土地增值税和教育费附加等。本项目应根据“营业税金及附加”科目的发生额分析填列，金额为20 000。以此类推，填入后，编制利润表。如表4-5所示。

表4-5 利润表

编制单位：天龙公司 2012年 单位：元

项目	上期金额	本期金额
一、营业收入		1 250 000
减：营业成本		750 000
营业税金及附加		2 000
减：营业费用		20 000
管理费用		157 100
财务费用		41 500
资产减值损失		30 900
加：公允价值变动收益		0
投资收益		31 500
二、营业利润（亏损以“—”号填列）		280 000
加：营业外收入		50 000
减：营业外支出		19 700
三、利润总额（亏损总额以“—”号填列）		310 300
减：所得税		112 596
四、净利润（净亏损以“—”号填列）		197 704

4.3 现金流量表编制案例

资料：沿用天龙公司资产负债表和利润表案例，附加以下资料：

资料一：

(1) 管理费用的组成：职工薪酬17 100元，无形资产摊销60 000元，摊销印花税10 000元，折旧费20 000元，支付其他费用50 000元。

(2) 财务费用组成：借款利息21 500元，支付应收票据贴现利息20 000元。

(3) 资产减值损失的组成：计提坏账准备900元，固定资产减值准备30 000元，上年末坏账准备余额900元。

（4）投资收益组成：收到股息收入 30 000 元，公允价值变动损益结转投资收益 1 500 元。

（5）营业外收入组成：处置固定资产净收益 50 000 元，假定不考虑与固定资产有关的税费。

（6）营业外支出的组成：报废固定资产净损失 19 700 元。

（7）所得税费用的组成：当前所得税费用为 122 496 元，递延所得税收益 9 900 元。

除上述项目外，利润表中的销售费用至期末尚未支付。

资料二：

（1）本期收回交易性股票投资本金 15 000 元，公允价值变动 1 000 元，同时实现投资收益 500 元。

（2）存货中生产成本和制造费用的组成：职工薪酬 324 900 元，折旧费 8 000 元。

（3）应交税费的组成：本期增值税进项税额 42 466 元，销项税额 212 500 元，已交增值税 100 000 元，应交所得税期末余额为 20 097 元，期初余额为 0，应交税费期末数里由在建工程负担的部分为 100 000 元。

（4）应付职工薪酬的期初数无应付在建工程人员的部分，本期支付在建工程人员职工薪酬 200 000 元，应付职工薪酬的期末数中应付在建工程人员的部分为 28 000 元。

（5）应付利息均为短期借款利息，其中本期计提利息 11 500 元，支付利息 12 500 元。

（6）本期用现金购买固定资产 101 000 元，购买工程物资 150 000 元。

（7）本期用现金偿还短期借款 250 000 元，偿还 1 年到期的长期借款 1 000 000 元，借入长期借款 400 000 元。

根据以上资料，采用分析填列法，编制天龙公司 2012 年度的现金流量表。

答案解析：

根据 2.3 节所列示的现金流量表具体编制方法，采用间接法填列现金流量表每个项目。例如：

销售商品，提供劳务收到的现金＝主营业务收入＋应交税费＋（应收账款年初余额－应收账款期末余额）＋（应收票据年初余额－应收票据期末余额）－当期计提的坏账准备－票据贴现的利息＝1 250 000＋212 500＋（299 100－598 200）＋（246 000－66 000）－900－20 000＝1 322 500；又如支付职工以及为职工支付的现金＝成产成本，制造费用和管理费用中职工薪酬＋（应付职工薪酬年初余额－应付职工薪酬年末余额）［应付职工薪酬（在建工程）年初余额－应付职工薪酬（在建工程）年末余额］＝324 900＋17 100＋（110 000－180 000）－（0－28 000）＝300 000；其余均按上述例子进行计算，并编制现金流量表，如表4－6所示。

现列出用直接法所编制的现金流量表的基本格式。

表 4－6　现金流量表

编制单位：天龙公司　　　　2012 年 12 月 31 日　　　　单位：元

项　目	本期金额	上期金额
一、经营活动产生的现金流量：		
销售商品、提供劳务收到的现金	1 322 500	

续表

项　目	本期金额	上期金额
……		
经营活动现金流入小计	1 322 500	
购买商品、接受劳务支付的现金	392 266	
支付职工以及为职工支付的现金	300 000	
支付的各项税费	204 399	
支付与经营活动有关的现金	70 000	
经营活动现金流出小计	966 665	
经营活动产生的现金流量净额	355 835	
二、投资活动产生的现金流量：		
收回投资收到的现金	16 500	
取得投资收益收到的现金	30 000	
处置固定资产，无形资产，长期资产收到的现金	300 300	
投资活动现金流入小计	346 800	
购建固定资产、无形资产和其他长期资产支付的现金	451 000	
投资活动现金流出小计	451 000	
投资活动产生的现金流量净额	－104 200	
三、筹资活动产生的现金流量：		
吸收投资收到的现金		
取得借款收到的现金	400 000	
筹资活动现金流入小计	400 000	
偿还债务支付的现金	1 250 000	
分配股息，利润和偿还利润支付的现金	12 500	
筹资活动现金流出小计	1 262 500	
筹资活动产生的现金流量净额	－862 500	
四、汇率变动对现金及现金等价物的影响		
五、现金及现金等价物净增加额	－610 865	
加：期初现金及现金等价物余额	1 406 300	
六、期末现金及现金等价物余额	795 435	

第2部分　企业财务报表分析

【学习提示】

本部分由 8 章构成，主要介绍了财务报表分析的意义、作用及方法，通过几个章节从几个角度详细介绍了财务报表单项分析与综合分析的方法和内容。通过学习本部分，应该了解财务报表分析的指标体系及整体框架，掌握财务报表分析的各种技巧。

【中英文关键词】

财务报表分析　Financial Statement Analysis

财务报表的目标　Objectives of Financial Reporting

财务报表　Financial Statements

第5章 财务报表分析的意义与方法

【学习提示】

本章以财务报表分析的必要性为起点，说明在实际需求中，财务报表分析的重要意义。然后针对不同的报表使用人，明确报表分析的目的。最后详细描述了财务报表分析过程中使用的方法。学习本章，应该了解财务报表分析的重要意义和目的，掌握报表的各种分析方法。

【中英文关键词】

财务比率分析　Financial Ratio Analysis
财务报告　Financial Reporting
比较分析法　Method of Comparative Analysis
因素分析法　Factor Analysis Method

财务报表是反映企业财务状况和经营成果的“晴雨表”，而财务报表分析就是以企业基本经济活动为对象，以财务报表为主要信息来源，采用科学的评价标准和适用的分析方法，遵循规范的分析程序，对企业的财务状况、经营成果和现金流量等重要指标进行分析、综合、判断、推理，进而系统地认识过去、评价现在和预测未来，帮助报表使用者进行决策的一项经济管理活动和经济应用学科。因此，进行财务报表分析之前必须要对财务报表分析的意义和方法有一个全面的了解。下面的一章将针对财务报表分析的意义和方法进行讲述。

5.1 财务报表分析的意义和目的

5.1.1 财务报表分析的意义

财务报表能够提供给使用者所需要的财务信息，但是仅仅粗略地反映了企业的财务状况、经营能力和现金流量情况，还不能直接或全面地反映企业的财务状况，特别是不能说明财务状况的好坏和经营能力的高低。为了更好地理解财务报表里面所列出的各项数据背后所代表的意义，还是必须将报表里面的数据进行有机的结合，用全面正确的方法来评价企业财务状况的好坏、经营能力的高低以及更深一层次的企业发展前景，从而使报表的使用者得出更加明智和正确的决策。如在对财务报表进行分析时所使用的有关企业盈利能力的数据，包括主营业务利润率、总资产报酬率、净资产收益率、资本收益率和营业成本率，这些比率更加明确地反映出企业的盈利能力，而不是在报表中看见的成本、收入、净利润等。当然财务报表分析的重要之处不仅仅表现为单个企业的经营好坏，在同行业之间，根据各种指标的对比，也能清楚地得出企业之间的差距，这样能使得财务报表的使用者做出更好的判断。

财务报表分析是以企业财务报告以及其他相关资料为主要依据，对企业的财务状况、经营成果和现金流量进行评价和剖析，反映企业在运营过程中的利弊得失和发展趋势，揭示企业未来的报酬和风险；可以检查企业预算的完成情况，考核经营管理人员的业绩，为建立健全合理的激励机制提供帮助，为改进企业财务管理工作和优化经济决策提供重要的财务信息。财务分析既是已完成的财务活动的总结，又是财务预测的前提，在财务管理的循环中起着承上启下的作用。做好财务分析工作具有以下重要意义。

1. 分析财务状况，评价工作业绩

通过对企业财务报表等核算资料进行分析，可以了解企业偿债能力、营运能力、盈利能力和发展能力，便于企业管理当局及其他报表使用人了解企业财务状况、经营成果和现金流量，并通过分析将影响财务状况和经营成果的主观因素与客观因素、微观因素和宏观因素区分开来，以划清经济责任，合理评价经营者的工作业绩，并据此奖优惩劣，以促使经营者不断改进工作。

2. 实现企业价值最大化

企业理财的根本目标是努力实现企业价值最大化。通过财务指标的设置和分析，能了解企业的盈利能力和资产周转状况，不断挖掘企业改善财务状况、扩大财务成果的内部潜力，充分认识未被利用的人力资源和物质资源，寻找利用不当的部分及原因，发现进一步提高利用效率的可能性，以便从各方面揭露矛盾、找出差距、寻求措施，促进企业经营理财活动按照企业价值最大化的目标实现良性运行。

3. 提供决策，规划未来

投资者及潜在投资者是企业重要的财务报表使用人，通过对企业财务报表的分析，可以了解企业偿债能力的强弱、营运能力的大小、获利能力的高低以及发展能力的增减，可以了解投资后的收益水平和风险程度，从而为投资决策提供必需的信息，同时科学地规划未来，采取有效的措施改善企业形象。

5.1.2 财务报表分析的目的

财务报表分析的总目的是评价和判断企业的财务能力，人们针对财务报表的分析一般情况下表现为对企业获利能力、偿还能力、扩展经营能力和经营效率的关注。其中企业的获利能力主要是指企业利润的多少以及利润增长率的大小，偿还能力强调了企业资金的流动情况，扩展经营能力注重企业的成长性分析，而经营效率则讲求企业资产的周转情况。

尽管在对财务报表进行分析时主要是对上述能力和指标进行相应的检测，但是不同的财务报表需求者由于特定的决策目标不同，其审视财务信息的角度也不尽相同。财务报表的需求者主要包括权益投资者与中介机构、债权人、治理层和管理层、雇员、顾客、政府及相关监管机关、注册会计师和其他财务信息使用者。

1. 投资者

投资者关注的是投资的内在风险和投资报酬。投资者可能面临的投资决策问题包括股票的买进、持有、卖出，以及买卖时点、买卖组合的确定等。为决定是否投资，潜在股东与中介机构需要分析公司的未来盈利能力和经营风险；为决定是否转让股份，现有股东与中介机构需要分析盈利状况、股价变动和发展前景；为考查经营者业绩，需要分析资产盈利水平、破产风险和竞争能力；为决定股利分配政策，需要分析筹资状况。因此，投资者对财务报表分析的主要要求是：股票的市场价值、企业的盈利能力和营运能力。

2. 债权人

债权人关注的是其提供给企业的资金是否安全，自己的债权和利息是否能够按期收回。债权人指银行、债券持有者和其他一些贷款给公司的机构或人员。在短期债务中，债权人主要考查企业资产的变现质量和营业现金流量；在长期债务中，债权人还需要分析企业资本结构、利息支付能力、资产营运能力等。

3. 政府部门

政府部门关注的是国家资源的分配和运用情况。政府部门兼具多重身份，既是宏观经济管理者，又有国有企业的所有者和重要的市场参与者，主要包括工商管理部门、税收征管部门和业务指导与监管部门。它们一般要求全面地了解企业的财务状况和经营能力，掌握经济动态、社会就业和职工收入情况，考查企业遵守政府法规情况，维护市场秩序，保证国家税收。

4. 企业管理者

企业管理者关注的是企业自身的财务状况的好坏、经营业绩的大小和现金的流动情况。企业的管理层负责公司的经营和战略决策，是财务报表分析的最主要的内部使用者。为了满足不同利益需要，协调各方面的利益关系，管理层必须对公司经营理财的各个方面予以详尽的了解和掌握，及时发现问题，采取对策，规划和调整市场定位目标、策略，进一步挖掘潜力，为经济效益的持续稳定增长奠定基础。

5. 其他财务信息使用者

其他财务信息使用者包括企业职工、业务相关联企业、顾客和并购分析师等方面。

企业职工关注的是企业为其所提供的就业机会及其稳定性、劳动报酬高低和职工福利好坏等方面的资料。因此，职工需要分析企业经营的持续性和盈利能力，分析其工资和工作环境和公允性，分析退休金的保障程度。

业务相关联企业关注的是企业的信用状况。企业从事生产经营活动，必然与其他企业发生业务联系，这些企业出于保护自身利益的需要，也关心往来企业的财务状况和经营状况，从而判断企业的支付能力和债务清偿能力来确定交易的好坏。

顾客关注的是企业的售后服务以及今后的优惠。这就需要分析企业的财务实力、发展趋势和持续供货能力等。

并购分析师关注的是分析确定潜在兼并对象的经济价值和评估其在财务上和经营上的兼容性。

5.1.3 财务报表分析的局限性

1. 财务报表本身的局限性

财务报表里面的数据是财务报表分析的基础，财务报表数据本身就具有局限性，这样就导致了分析时不可避免的局限性。其中数据的局限性主要有以下几点。

(1) 财务人员的从业素质对财务报表质量的影响。会计报表的结果来源于基层生产部门和其他部门基础数据的采集、统计和计算。有时候各部门会为了达到本部门的利益，完成公司规定的各项生产指标，虚报、瞒报数据，再加上会计人员的会计水平，使会计报表的质量大打折扣。

（2）会计政策和会计处理方法对财务报表的影响。根据《企业会计准则》规定，企业可以自由选择会计政策与会计处理方法。企业存货发出计价方法、固定资产折旧方法、坏账的计提方法、对外投资的核算方法、所得税会计的核算方法等，都可以有不同的选择。从而造成即使是两个同样的企业，也会得出不同的财务分析结果。

（3）会计估计的存在对财务报表的影响。由于会计核算过程中存在会计估计，因此，会计报表中的某些数据并不是十分精确的，如固定资产的折旧年限、折旧率、净残值率，这些都含有人为主观估计因素。由于会计程序方法的使用具有很大的选择性，则企业财务报表之间的可比性较差。

（4）通货膨胀对财务报表的影响。其一，通货膨胀影响资产负债表的可靠性。由于通货膨胀，对货币性资产而言，当物价上涨，其实际购买力下降；实物资产的情况则相反。从负债方面来看，货币性负债在物价上升时可为企业带来利润；而非货币性负债由于需要在将来以商品或劳务偿还，物价上涨时会给企业造成损失。其二，通货膨胀同样影响着损益表的可靠性。损益的确定是按照权责发生制原则，而不是收付实现制，这样损益也不可避免地会受到通货膨胀的影响。

（5）财务报表的编制重结果。财务报表通常反映企业在一定时期的经营成果，而不能具体反映其经济内容的实现过程。

（6）财务报表缺乏一定的可靠性和有效性。财务报表中一些应该反映的内容没有得到有效的反映，从而影响报表使用者对企业的分析评价。

2. 财务指标的主观局限性

财务指标体系是为了帮助财务报表的使用者能更好地了解、掌握一个企业的生产经营情况。但由于财务报表是由企业的财务人员根据有关的法规、制度、准则等编制，不可避免地会出现一些人为的差错和失误，甚至恶意隐瞒，直接影响着分析的结果。

1）分析者分析能力的局限性

对企业财务报表进行分析与评价通常是由报表分析者来完成的。然而，不同的财务分析人员对财务报表的认识度、解读力与判断力以及掌握财务分析理论和方法的深度与广度等方面都存在着差异，理解财务分析计算指标的结果就有所不同。如果缺乏实践经验，就很可能出现理解偏差，这样必定会影响财务指标的分析结果。

2）分析者有意操纵财务指标的行为

财务报表数据的信息质量受制于企业管理当局的职业道德。众所周知，企业就是为了盈利。然而，盈利的方法和途径却是多种多样的。有的人通过正当的经营来谋取利润，也有人通过其他操作来谋取利益。

3. 财务指标的客观局限性

在实际的经营过程中，常用的指标主要是评价企业的短期偿债能力、企业营运能力及企业收益能力。

1）短期偿债能力指标的局限性

企业短期偿债能力是指企业在短期债务到期前资产可以变现用于偿还流动负债的能力。

短期偿债能力指标分为流动比率和速动比率指标。由于流动资产一般在短期内能够转化为现金，所以用流动比率和速动比率反映企业短期偿债能力具有一定的合理性。然而，若单纯根据这两个比率指标对企业短期偿债能力做出判断，难免有失偏颇，它们不能作为衡量企业短期变现能力的绝对标准。即使企业偿还短期债务的流动资产保证程度强，并不说明企业已有足够的偿债资金，这也是短期偿债能力固有缺陷之所在。

2）营运能力重要财务指标的局限性

营运能力指标中最常用的应收账款周转率与存货周转率。应收账款周转率反映了某一时期的周转情况，只有到期末才能根据年销售额、应收账款平均占用额计算出来。另外，存货水平高、存货周转率低，未必表明资产使用效率低。存货增加可能是经营策略的结果，如对因短缺可能造成未来供应中断而采取的谨慎性行为、预测未来物价上涨的投机行动、满足预计商品需求增加的行动等。此外，对很多实施存货控制、实现零库存的企业，在对其进行考核时，存货周转率将失去意义。其他营运能力指标或多或少也有其本身的局限性。

3）收益能力重要财务指标的局限性

对于上市公司来说，最重要的财务指标是每股收益、每股净资产和净资产收益率。但人们在使用这几个财务指标时也应注意其存在的局限性。例如，净资产收益率指标有以下局限性：一是“年末净资产”项目中由于已经剔除向股东派发现金股利的数额，导致采取不同股利政策的公司“净资产收益率”的计算口径存在差异；二是由于“年末净资产”项目中包括公司年度内增加的净资产，而这部分增加的净资产是在报告年度内逐步取得的，而公司对该部分新增净资产的使用自然是在取得以后，一般情况下在计算该指标时没有考虑到这部分净资产的使用时间，导致“净资产收益率”的计算结果不尽合理。

针对上述的种种缺陷，在进行财务分析时应当采取如下弥补措施：

(1) 提高财务报表分析人员的综合能力和素质；

(2) 采用多种分析方法全面评价企业的财务状况和经营成果，采取定量分析和定性分析相结合、动态分析和静态分析相结合、个别分析和综合分析相结合以及全面分析和重点分析相结合等方法。

5.2　财务报表分析的基本方法

财务报表分析方法是完成财务评价目标的手段和方式，财务报表的分析应当客观公正地反映和评价企业的财务状况、经营业绩和现金流量。财务报表分析的基本方法主要包括比较分析法、趋势分析法、比率分析法和因素分析法。

5.2.1　比较分析法

比较分析法是财务报表分析中最常用的一种分析方法，也是最基础的一种方法。

比较分析法是通过主要项目或指标数值的变化对比，确定出差异，并进行差异分析或趋势分析的一种分析方法。通过比较，发现差距，寻找产生差异的原因，进一步判定企业的经营成绩和财务状况；通过比较，要确定企业生产经营活动的收益性和企业资金投向的安全性，说明企业是否在健康地向前发展；通过比较，既要看到企业的不足，也要看到企业的潜力。

比较分析法按照其比较基数的不同，有实际与计划比较、不同时期比较、同类企业间比较等形式。将财务指标实际数据与计划数值比较，能够检查财务指标的计划完成情况；将不同时期的指标数据比较，能够考查财务指标的变动趋势，将同类企业之间的相同财务指标数据比较，能够洞悉企业的发展前景。由于所考察的对象和分析要求不同，比较分析法分为横向分析法和纵向分析法。

1. 横向分析法

横向分析法，又称为水平分析法，是指将企业当期（分析期）财务状况信息（特别指会计报表信息资料）与反映企业前期或历史上某一时期（基期）财务状况的信息进行对比，以观察企业各项经营业绩或财务状况的发展变动情况的一种分析方法。水平分析法所进行的对比，不是单个指标的对比，而是对反映某方面情况的报表的全面、综合对比分析，所以在会计报表项目分析中应用较多。

水平分析法的基本要点是，将报表资料中不同时期的同项数据进行对比，对比的方式有以下几种：

（1）绝对值增减变动，其计算公式为

$$\text{绝对值变动数量}=\text{分析期某项指标实际数}-\text{基期同项指标实际数}$$

（2）增减变动率，其计算公式为

$$\text{变动率（\%）}=\frac{\text{变动绝对值}}{\text{基期实际数值}}\times 100\%$$

（3）变动比值率，其计算公式为

$$\text{变动比值率（\%）}=\frac{\text{分析期实际数值}}{\text{基期实际数值}}\times 100\%$$

以上三个式子中所说的基期，可指上年度，也可指以前某会计年度。应当指出，水平分析法通过将企业报告期的财务会计资料与前期资料进行对比，揭示了各方面存在的问题，为全面深入分析企业财务状况奠定了基础，因此水平分析法是会计报表分析的基本方法。另外，水平分析法还可用于一些可比性较高的同类企业之间的对比分析，以便找出企业间存在的差距。但是，水平分析法在不同企业应用时，一定要注意其可比性问题，即使在同一企业应用，对于差异的分析、评价也应考虑其对比基础。另外，水平分析过程中，应将两种对比方式结合应用，仅用变动量，或仅用变动率都可能得出片面的，甚至是错误的结论。

例 5-1　A 公司 2011 年的净利润为 60 万元，2012 年的净利润为 90 万元，2012 年与 2011 年比较，净利润增加了 30 万元，或者说，A 公司 2012 年的净利润为 2011 年的 150%，增长了 50%。

这是一种比较简单的横向比较，常用于差异分析。

横向比较分析经常采用的一种形式是编制比较会计报表。这种比较会计报表可以选择最近两期的数据并列编制，也可以选取数期的数据并列编制。前者一般做差异分析用，后者则可作趋势分析用，通常就是我们所说的趋势分析法，在下一部分里面将更加详细地介绍趋势分析法。

例 5-2　光华公司 2011 年和 2012 年的资产负债表的部分数据如下，如表 5-1 所示。

表 5－1　资产水平分析表

光华公司　　　　　　　　　　2012 年 12 月 31 日　　　　　　　　　　金额单位：元

项　目	2012 年	2011 年	变动额	变动率（%）
货币资金	1 259 569 873.95	1 046 591 825.60	212 978 048.35	20.35
应收账款	16 767 088.25	17 723 793.34	−956 705.09	−5.40
预付账款	262 038 971.25	200 655 937.66	61 383 033.59	30.59
其他应收款	477 100 601.83	380 901 984.92	96 198 616.91	25.26
存货	1 478 132 929.95	1 046 885 184.68	431 247 745.27	41.19
流动资产合计	3 493 609 465.23	2 692 758 726.20	800 850 739.03	29.74
长期股权投资	12 733 052.59	12 633 052.59	100 000.00	0.79
投资性房地产	41 423 469.60	18 819 970.83	22 603 498.77	120.10
固定资产	4 042 248 147.17	3 738 458 204.15	303 789 943.02	8.13
在建工程	167 267 109.94	73 272 619.13	93 994 490.81	128.28
无形资产	944 501 706.46	964 432 799.45	−19 931 092.99	−2.07
商誉	112 333 160.99	102 678 364.45	9 654 796.54	9.40
长期待摊费用	211 697 208.36	153 846 240.95	57 850 967.41	37.60
递延所得税资产	63 578 558.51	64 316 633.96	−738 075.45	−1.15
非流动资产合计	5 595 782 413.62	5 128 457 885.51	467 324 528.11	9.11
资产总计	9 089 391 878.85	7 821 216 611.71	1 268 175 267.14	16.21

如表 5－1 所示，我们可以得到：

（1）光华公司 2012 年末货币资金数与 2011 年末货币资金数相比，增加了约 2 亿元。

（2）光华公司 2012 年末货币资金数与 2011 年末货币资金数相比，增加了 20.35%。

（3）光华公司 2012 年末货币资金是 2011 年末货币资金的 120.35%。

2. 纵向分析法

纵向分析法，又称垂直分析法。垂直分析与水平分析不同，它的基本点不是将企业报告期的分析数据直接与基期进行对比求出增减变动量和增减变动率，而是通过计算报表中各项目占总体的比重或结构百分比，反映报表中的项目与总体关系情况及其变动情况。会计报表经过垂直分析法处理后，通常称为度量报表，或称总体结构报表、共同比报表等。如同度量资产负债表、同度量利润表、同度量成本表等，都是应用垂直分析法得到的。垂直分析法的一般步骤是：

（1）确定报表中各项目占总额的比重或百分比，其计算公式为

$$某项目的比重=\frac{该项目金额}{各项目总金额}\times 100\%$$

（2）通过各项目的比重，分析各项目在企业经营中的重要性。一般项目比重越大，说明其重要程度越高，对总体的影响越大。

（3）将分析期各项目的比重与前期同项目比重相比，研究各项目的比重变动情况。也可将本企业报告期项目比重与同类企业的可比项目比重进行对比，研究本企业与同类企业的不

同，以及取得的成绩和存在的问题。

资产负债表的共同比报表通常以资产总额为基数。利润表的共同比报表通常以营业收入总额为基数。

共同比会计报表也可用于几个会计期间的比较，为此编制的会计报表称为比较共同比会计报表。通过报表中各项目所占的百分比比较，不仅可以看出其差异，通过数期比较，还可以看出其变化趋势。

例 5－3 现仍以例 5－1 光华公司 2011 年和 2012 年的资产负债表中的部分数据为例，编制共同比资产负债表，如表 5－2 所示。

表 5－2 资产垂直分析表

光华公司 2012 年 12 月 31 日 金额单位：元

项 目	2012 年	2011 年	期末（%）	期初（%）
货币资金	1 259 569 873.95	1 046 591 825.60	13.86	13.38
应收账款	16 767 088.25	17 723 793.34	0.18	0.23
预付账款	262 038 971.25	200 655 937.66	2.88	2.57
其他应收款	477 100 601.83	380 901 984.92	5.25	4.87
存货	1 478 132 929.95	1 046 885 184.68	16.26	13.39
流动资产合计	3 493 609 465.23	2 692 758 726.20	38.44	34.43
长期股权投资	12 733 052.59	12 633 052.59	0.14	0.16
投资性房地产	41 423 469.60	18 819 970.83	0.46	0.24
固定资产	4 042 248 147.17	3 738 458 204.15	44.47	47.8
在建工程	167 267 109.94	73 272 619.13	1.84	0.94
无形资产	944 501 706.46	964 432 799.45	10.39	12.33
商誉	112 333 160.99	102 678 364.45	1.24	1.31
长期待摊费用	211 697 208.36	153 846 240.95	2.33	1.97
递延所得税资产	63 578 558.51	64 316 633.96	0.70	0.82
非流动资产合计	5 595 782 413.62	5 128 457 885.51	61.56	65.57
资产总计	9 089 391 878.85	7 821 216 611.71	100.00	100

（1）光华公司 2012 年末流动资产占总资产的 38.44%。

（2）表 5－2 中固定资产的比重为 47.80%，高于其他资产，流动资产中的存货和货币资金达到了总资产的 13%以上，对于企业来说，是非常重要的资产。

共同比会计报表分析的主要优点是便于对不同时期报表的相同项目进行比较，如果能对数期报表的相同项目作比较，可以观察到相同项目变动的一般趋势，有助于评价和预测。但无论是金额、百分比或共同比的比较，都只能作出初步分析和判断，还需要在此基础上作进一步的分析，才能对变动的有利或不利因素做出较明确的判断。

3. 运用比较分析法应注意的问题

运用比较分析法应注意相关指标的可比性，具体来说有以下几点。

（1）指标内容、范围和计算方法的一致性。比如在运用比较分析法时，必须大量运用资产负债表、利润表、现金流量表等财务报表中的数据，必须注意这些项目的内容、范围以及使用这些项目数据计算出来的经济指标的内容、范围和计算方法的一致性，只有一致才具有可比性。

（2）会计计量标准、会计政策和会计处理方法的一致性。财务报表中的数据来自账簿记录，而在会计核算中，会计计量标准、会计政策和会计处理方法都有变动的可能，若有变动，则必然要影响数据的可比性。因此，在运用比较分析法时，对由于会计计量标准、会计政策和会计处理方法的变动而不具可比性的会计数据，就必须进行调整，使之具有可比性才可以进行比较。

（3）时间单位和长度的一致性。在采用比较分析法时，不管是实际与实际的对比、实际与预定目标（或计划）的对比还是本企业与先进企业的对比，都必须注意使用数据的时间及其长度的一致，包括月、季、年度的对比，不同年度的同期对比，特别是本企业的数期对比或本企业与先进企业的对比，选择的时间长度和选样的年份都必须具有可比性，这样可以保证通过比较分析所作出的判断和评价具有可靠性和准确性。

（4）企业类型、经营规模和财务规模以及目标大体一致。这主要是指本企业与其他企业对比时应当注意之处，只要大体一致，企业之间的数据才具有可比性，比较的结果才具有实用性。

5.2.2　趋势分析法

趋势分析法是将根据企业连续几年或几个时期的分析资料，运用直属或完成率的计算，确定分析期各相关项目的变动情况和趋势的一种财务分析方法。趋势分析法是水平分析法中的一种，它主要适用于多期数据进行比较从而得到财务状况和经营成果的趋势，能够更好地为报表使用者提供帮助，得到更加准确的财务信息。趋势分析法可以对某些主要指标的发展趋势进行分析，也可以用于对会计报表的整体分析，即研究一定时期报表各项目的变动趋势。

趋势分析法运用的方式有几下几种。

1. 重要财务指标的比较

将不同时期财务报表总的相同指标或比率进行比较，直接观察其增减变动情况及变动幅度，考察其发展趋势，预测其发展前景。对不同时期财务指标的比较，可以有以下两种方法。

1）定基动态比率

定基动态比率是以某一时期数额为固定基期数额而计算的动态比率。其计算公式为

$$\text{定基动态比率}=\frac{\text{分析期数额}}{\text{固定基期数额}}\times 100\%$$

例如：B公司在 2007 年实现销售收入为 1 000 万元，2008 年实现销售收入 1 200 万元，2009 年实现销售收入 1 100 万元。而 2007 年为固定基期数额。

2）环比动态比率

环比动态比率是以每一分析期的前期数额为基期数额而计算的动态比率。其计算公式为

$$\text{环比动态比率}=\frac{\text{分析期数额}}{\text{前期数额}}\times 100\%$$

2. 财务报表的比较

将连续数期的财务报表金额并列起来，比较其相同指标的增减变动金额和幅度，据以判断企业财务状况、经营成果和现金流量发展变化的一种方法。财务报表的比较，具体包括资产负债表比较、利润表比较和现金流量表比较等。比较时，既要计算表中有关项目增减变动的绝对值，又要计算该增减变动的百分比。

在实际操作中，首先，选择一个年度为基年，将该年度财务报表的各项目均设定为“100”，然后，将以后各年报表项目的实际金额除以基年报表相关项目的实际金额，并将该比值乘以 100 以表示其于基年报表项目的各年报表项目。

例 5-4 某公司 2009—2012 年的销售收入、销货成本、营业及管理费用、净利润及啤酒销售收入和销售数量的趋势财务报表如表 5-3 所示。

表 5-3 趋势财务报表

金额单位：万元

项 目	2009 年	2010 年	2011 年	2012 年
销售收入	100	110.8	119.0	157.7
其中：啤酒销售	100	111.3	119.8	162.8
销货成本	100	111.9	118.4	155.9
经营及管理费用	100	112.5	130.7	176.1
净利润	100	116.0	131.6	164.3
啤酒销售桶数（万）	100	105.2	109.4	132.2

该公司经营成果的变化趋势表现出两个重要特征：一是经营及管理费用的增长速度远远超过销售收入及销货成本的增长速度。2009—2012 年间，经营及管理费用增长 76.1%，而同期销售收入和销货成本则分别增长 57.7%和 55.9%。经营及管理费用增长可能意味着该公司为维护或扩大自己的市场份额，不得不增加广告支出等方面的投入。二是该公司啤酒的销售收入增长了 62.8%，而啤酒的销售量只增加了 32.2%。这可能意味着该公司啤酒的销售收入增长，不仅来自销售量的扩大，也来自销售价格的上涨。

趋势分析法有助于对不同规模的企业进行财务报表比较分析，并避免因“规模”差异而产生的误导。同时这种方法比前述两种方法更能准确地分析企业活动的发展趋势，既可用于同一企业不同时期的纵向比较，又可用于同一时期不同企业的横向比较；同时能消除不同时期（或不同企业）之间规模差异的影响，有利于分析企业的资本结构、耗费水平和盈利状况。

趋势分析法的优点是简便、直观。但在采用时，应注意以下问题：

(1) 用于对比的不同时期（或不同企业）的指标，在计算口径上必须一致；

(2) 剔除偶发性项目的影响，使用分析的数据反映正常的经营状况；

(3) 运用例外原则，重点分析某项有显著变动的指标，研究其变动原因，以采取对策，趋利避害。

5.2.3 比率分析法

比率是两数相比所得的值。任何两个数字都可以计算出比率，但是要使计算的比率具有意义，计算比率的两个数字就必须具有相互联系。比如一个工厂的产品年产量和职工人数有关系，通过年产量和职工人数两个数字计算出的比率，就可以说明这家工厂的劳动生产率。在财务报表中这种具有重要联系的相关数字比比皆是，可以计算出一系列有意义的比率。这种比率通常叫做财务比率。利用财务比率，包括一个单独的比率或者一组比率，以表明某一方面的业绩、状况或能力的分析，就称为比率分析法。

比率分析法与比较分析法虽然都是将两个数据进行对比，但是比较分析法一般主要是对同质的指标进行比较，而比率分析法主要是将不同质但相关的不同指标进行比较。而且比较分析法的分析结果只要强调绝对差异的大小，相对差异只是绝对差异的辅助说明；比率分析法的分析结果则纯粹以相对数值表示，以说明指标数值之间的相互关系。

比率分析法是会计报表分析的最基本和最重要的方法。比率指标可以有不同的类型，主要有以下三类。

1. 构成比率

构成比率又称结构比率，它是某项财务指标的各组成部分数值占总体数值的百分比，反映部分与总体的关系，其计算公式为

$$\text{构成比率}=\frac{\text{某个组成部分数值}}{\text{总体数值}}\times 100\%$$

比如，企业资产中流动资产、固定资产和无形资产占资产总额的百分比（资产构成比率），企业负债中流动负债和非流动负债占负债总额的百分比（负债构成比率）。利用构成比率，可以考查总体中某个部分的形成和安排是否合理，以便协调各项财务活动。

2. 效率比率

效率比率是某项财务活动中所费与所得的比例，反映投入与产出的关系。利用效率比率，可以进行得失比较，考查经营成果，评价经济效益。例如，将利润项目与营业成本、营业收入、资本金等项目加以对比，可以计算出成本利润率、营业净利率以及资本金利润率等利润率指标，可以从不同角度观察比较企业盈利能力的高低及其增减变化情况。

3. 相关比率

相关比率是将某个项目和与其相关但又不同的项目进行对比得出的比率，反映有关经济活动的相互关系。利用相关比率，可以考查企业彼此关联的业务安排得是否合理，以保障运营活动顺畅进行。比如，将流动资产与流动负债加以对比，计算流动比率，据以判断企业的短期偿债能力。

比率分析法的优点是计算简便，计算结果也比较容易判断，而且可以是某些指标在不同规模的企业之间进行比较，甚至也能在一定程度上与相同行业间的企业进行差异分析。但在采用时，应注意以下问题。

（1）正确计算比率。由于财务报表的期间不同，采用比率指标来对比资产负债表和利润表数据存在一些不可比因素。这是因为利润表是期间会计报表，反映整个会计年度的经营成果，而资产负债表只是反映某个时点的财务状况，反映不出各项目的全年平均数据。例如，用利润表中营业收入与资产负债表中应收账款相比较，来反映应收账款的周转速度，这需要一种合理的方法计算出营业收入所涉及的全年平均应收账款。对于企业外部的分析者来说，不容易甚至不可能获得该企业每月应收账款的余额数字。因此，在这种情况下，外部分析者只好用期初和期末的应收账款余额简单地平均。这种方法实际上是假定在会计年度内各月的

应收账款余额相等，没有考虑营业的季节性和营业周期的变化，也没有解决在整个会计年度内不均衡变动的问题。如果实际上确实变化不大，其计算结果是较准确的；如果变化较大，计算结果会有一定的差距。分析者对此要慎重对待，需要结合其他有关比率指标分析才能得到有说服力的结论。

此外，在比率分析中，经常会遇到带负号的数据，分子或分母带负号所计算的比率是没有意义的。如果要计算，必须附有详细的说明资料。

(2) 不同企业的会计政策和经营方针会影响不同企业间财务比率的可比性。因为在会计准则中有许多会计处理方法可供选择，不同的会计处理方法会产生不同的资产、负债、所有者权益以及当期损益，进而影响财务比率的数值及可比性。而且，同行业不同企业采用的经营方式不同，也会造成财务比率数值的不同，从而影响可比性。例如，企业固定资产是采用租赁方式还是自己购置方式对财务比率的影响相当大。

(3) 在进行行业比较时，多元化大公司很难找到一个行业作为标准，最好的比较对象是主要竞争对手。在判断许多财务比率合理性方面，行业平均水平不是理想的标准。如盈利能力比率应该以行业的优秀者作为比较的标准。在同行业水平进行比较时，要注意通货膨胀对行业的影响与对企业的影响程度和影响时间是否一致。

(4) 财务比率分析应注意分析比率之间说明问题的一致性。分析人员最重要的是要通过财务比率分析了解企业的全貌，不应仅仅根据某一个比率来作出判断。比如高的固定资产周转率可能说明企业固定资产使用效率高，也可能说明企业固定资产的不足或固定资产更新太慢。再如，企业的流动性比率可能有些问题，但是获利能力非常强，则流动性问题最终会因较强的获利能力而得到解决。

5.2.4 因素分析法

在企业经济活动中，一些综合性经济指标往往是由于受多种因素的影响而变动的。比如，在生产性企业中，产品生产成本的降低或上升，直接材料和动力耗费、人力耗费、生产设备的优劣等多种因素的影响。利润的变动，更是受到产品生产成本、销售数量和价格、销售费用和税金等多种因素的影响。在分析这些综合性经济指标时，就可以从影响因素入手，分析各种影响对经济指标变动的影响因素，并在此基础上查明指标变动的原因。这是对企业作出正确的经营决策和改进管理都极为有用的。由此可见，因素分析法是指为深入分析某一指标，而将该指标按构成因素进行分解，分别测定各因素变动对该项指标影响程度的一种分析方法。因素分析法根据其分析特点可以分为连环替代法和差额计算法两种。

1. 连环替代法

连环替代法是因素分析法的基本形式，为了正确地理解连环替代法，首先应明确连环替代法的一般程序或步骤。

(1) 确定分析指标与其影响因素之间的关系。确定分析指标与其影响因素之间关系的方法，通常是用指标分解法，即将经济指标在计算公式的基础上进行分解或扩展，从而得出各影响因素与分析指标之间的关系式。下面以总资产报酬率为例，来分析它与影响因素之间的关系，可按下式进行分解：

$$总资产报酬率=\frac{息税前利润}{平均资产总额}\times 100\%$$
$$=\frac{销售净额}{平均资产总额}\times\frac{息税前利润}{销售净额}\times 100\%$$
$$=\frac{总产值}{平均资产总额}\times\frac{销售净额}{总产值}\times\frac{息税前利润}{销售净额}\times 100\%$$
$$=总资产产值率\times 产品销售率\times 销售（息税前）利润率$$

分析指标与影响因素之间的关系式，既说明了哪些因素影响分析指标，又说明了这些因素与分析指标之间的比例关系及排列顺序。如上式中影响总资产报酬率的有总资产产值率、产品销售率和销售利润率三个因素，它们都与总资产报酬率成正比例关系，它们的排列顺序是：首先是总资产产值率，其次是产品销售率，最后是销售利润率。

（2）根据分析指标的报告期数值与基期数值列出两个关系式（或指标体系），确定分析对象。如对于总资产报酬率而言，两个指标体系是：

基期总资产报酬率=基期资产产值率×基期产品销售率×基期销售利润率

实际总资产报酬率=实际资产产值率×实际产品销售率×基期销售利润率

分析对象=实际总资产报酬率－基期总资产报酬率

（3）连环顺序替代，计算替代结果。所谓连环顺序替代，就是以基期指标体系为计算基础，用实际指标体系中的每一个因素的实际数依次替代相应的基期数，每次替代一个因素，替代后的因素被保留下来。所谓计算替代结果，就是在每次替代后，按关系式计算其结果。有几个因素就替代几次，并相应确定计算结果。

（4）比较各因素的替代结果，确定各因素对分析指标的影响程度。比较替代结果是连环进行的，即将每次替代所计算的结果与这一因素被替代之前的结果进行对比，二者的差额就是替代因素对分析对象的影响程度。

（5）检验分析结果。即将各因素对分析指标的影响额相加，其代数和应等于分析指标实际数与基期数差额，如果二者相等，说明分析结果可能正确，否则，则说明分析结果一定错误。

连环替代法的程序和步骤是紧密相连、缺一不可的，尤其是前四个步骤，任何一步出现错误，都会出现错误结果。

例 5－5　某企业生产某产品耗用材料上年为 80 000 元，本年为 102 000 元，具体资料如表 5－4 所示。

表 5－4　某企业生产资料指标

项目	单位	上年数	本年数	差异
产品产量	件	1 000	1 200	200
材料单耗	千克/件	20	17	－3
材料单价	元/千克	4	5	1
材料费用	元	80 000	102 000	22 000

本例中分析指标为材料费用，它受产量、单耗和单价三个因素的影响，分析关系式为：

材料费用=产品产量×材料单耗×材料单价

（1）分析对象

材料费用差异=102 000－80 000=22 000（元）

(2) 因素替代

基期材料费用　1 000×20×4=80 000（元）
替代产量因素　1 200×20×4=96 000（元）
替代单耗因素　1 200×17×4=81 600（元）
替代单价因素　1 200×17×5=102 000（元）

(3) 因素测算

产量因素影响=96 000−80 000=16 000（元）
单耗因素影响=81 600−96 000=−14 400（元）
单价因素影响=102 00−81 600=20 400（元）

(4) 因素影响汇总=16 000−14 400+20 400=22 000（元）

通过上述测算，可知本年材料费用上升 22 000 元的原因是：产量扩大 200 件，使材料费用客观上升 16 000 元，这是正常的；材料耗用水平降低 3 千克/件，使材料费用节约 14 400元，这是生产中的成绩；材料单价上升 1 元/千克，使材料费用上升 20 400 元，这是材料采购供应部门的缺点，也是造成材料费用上升的主要因素。

2. *差额计算法*

差额计算法是连环替代法的一种简化形式，当然也是因素分析法的一种形式。差额计算法作为连环替代法的简化形式，其因素分析的原理与连环替代法是相同的。区别只是在于分析程序上，差额计算法比连环替代法更简化，即它可直接利用各影响因素的实际数与基期数的差额，在其他因素不变的条件下，计算各个因素对分析指标的影响程度。或者说差额计算法是将连环替代法的第三步骤和第四步骤合并为一个步骤来进行操作的。

这个步骤的基本点就是：确定各因素实际数与基期数之间的差额，并在此基础上乘以排列在该因素的实际数和排列在该因素后面各因素的基期数，所得出的结果就是该因素变动对分析指标的影响数。

因素分析法的优点是既可以全面分析各因素对经济指标的影响，又可以单独分析某种因素对经济指标的影响，在财务分析中应用颇为广泛。但在采用时，应注意以下问题。

1) 因素分解的关联性

确定经济指标的构成因素，必须客观上与经济指标存在因果关系，能够反映该指标差异的内在构成原因，否则就失去了其存在价值。

2) 因素替代的顺序性

替代各因素时，必须按照各因素的依存关系，按一定顺序依次替代，不可随意加以颠倒，否则会得出不同的计算结果。一般而言，确定正确排列因素替代程序的原则是，按分析对象的性质，从诸因素相互依存关系出发，并使得分析结果有助于分清责任。

3) 顺序替代的连环性

因素分析法在计算每个因素的变动影响时，都基于前一次计算的基础进行，并采用连环比较的方式确定因素变化对结果的影响。因为只有保持计算程序上的连环性，才能使各个因素影响之和等于分析指标变动的差异，以全面说明分析指标变动的原因。

4) 计算结果的假定性

由于因素分析法计算的各因素变动影响数会因替代顺序的不同而有所差异，因而计算结果不免带有假定性，即它不可能使每个因素计算的结果都绝对准确。它只是在某种假定前提下的影响结果，离开了这种假定前提，就不会是这种影响结果。为此，分析时应该力求这种假定是合乎逻辑的假定，是具有实际经济意义的假定。这样，计算结果的假定性才不至于妨碍分析的有效性。

【案例分析】

十年前，王鹏和丁山创办了金桥制衣公司。两人最初的合作关系非常融洽。王鹏极富创造力，在产品和潮流预测方面很有天赋，正由于他的天才，金桥商标已成为高质量和时尚服装的代名词。丁山善于交际，性格坚强，主要负责生产和销售策划，已成为公司的实际领导者。

王鹏本来对公司的财务没有兴趣，他更乐于设计新款服装。然而几个月前，他觉得有必要更多地了解公司的财务状况。

首先，王鹏考虑卖掉他在金桥公司百分之五十的股份。尽管他非常喜欢这份富有创造性的工作，但已被公司近年来遭遇的现金困难搞得疲惫不堪。金桥公司的零售商周期性地面临财务困难，此时，他们纷纷推迟货款的支付，从而导致金桥公司的现金短缺。王鹏知道，如果要卖掉股份，一定会卷入关于公司价值的烦琐谈判。尽管他已经聘请了一个财务顾问帮他谈判，但他觉得最好还是亲自了解一下公司的财务状况。

王鹏对公司财务感兴趣的另一个原因是他想更好地评价丁山的管理技巧。当金桥公司规模很小时，王鹏认为丁山做得很好，但随着金桥公司规模的扩大，他怀疑丁山是否具有足够的能力管理这样一家大公司。事实上，如果他认为丁山是一个能干的管理者，他不会考虑卖掉股份。因为他还是非常希望做一家服装公司的股东的。但是，王鹏认为服装业在未来的几年中将面临更加严峻的形势，他怀疑丁山是否能够成功地迎接挑战。

1. 关于借款

丁山事实上制定了公司的全部经营和财务决策。由于对公司经营风险上升的担心，丁山三年前决定收回全部长期欠款。他把这一决定通知了那些顽固的零售商，希望他们支持他的要求。丁山还担心像金桥这样的公司在保持与银行的稳固关系上存在困难。由于日益严格的产业政策，一些银行已经开始收回在制衣这些低技术行业的贷款，许多新贷款的发放也要仔细检查。丁山认为银行贷款“不可靠”，并且觉得负责贷款的银行职员简直是在浪费他的时间。

王鹏并不确切了解这些财务问题，但他担心过分逃避债务筹资会明显地降低公司经营的灵活性，因为这意味着所有的投资需求都要由所有者提供。事实上，过去五年里公司从未发放过任何股利，所有的利润都用于再投资。两年前，两位股东还各自贡献了 15 万元的现金以满足公司的现金需求。按照历史标准，公司目前的现金状况依旧比较糟糕，需要注入新的股本（见表 5 - 5）。

然而更为重要的是，王鹏认为公司没有充分利用负债的财务杠杆效应，这损害了公司两位股东的获利能力。

2. 关于营运资本

王鹏怀疑金桥公司的存货过多，没有必要把资本都挂在存货上。丁山则认为高水平的存货对于迅速满足顾客的要求是必要的。

王鹏对此表示怀疑，他想知道是否还有其他办法来实现对顾客的快捷服务。一位部门经理提出，建立一个服装潮流发布中心。这个机构可以使金桥减少存货占用，而且能够获得许多大零售商的大笔订单。但丁山拒绝了这个建议，他认为 50 万元到 80 万元的投资成本太高了。

王鹏还向丁山询问了公司的信用标准和收账政策。他认为丁山在延期付款方面过于大方，公司几乎百分之四十的应收账款均已经过期九十天以上，而且丁山仍向那些显然没有支付能力的零售商供货。丁山认为这样做的目的是不想减少销售额，而零售商面临的困境只是暂时的。

王鹏还怀疑公司在采购时拒绝现金折扣是否明智。通常的信用条件为“1/10，n/30”，就是说，十天内付款可以享受百分之一的现金折扣，三十天内付款则要支付全部款项。丁山很少获得现金折扣，因为他总想“尽可能长时间地控制现金”，并且认为这一折扣条件并不慷慨，因为百分之九十九的货款仍然要支付出去。

3. 最终意见

尽管王鹏有如此多的担心，两位股东的关系总的来看还是比较融洽的，王鹏想也可能是自己低估了丁山的管理能力，毕竟他们有过非常良好的合作。

另外，王鹏已和他的财务顾问讨论过卖掉股份的问题。由于金桥公司没有公开上市，因此公司的股票价值必须经过评估。财务顾问评估的结果是每股价值在 55 元到 65 元之间。王鹏对此表示满意。

问题：

1. 计算表 5-6 中金桥公司 2012 年的各项比率指标。

2. 王鹏拥有股份的价值部分取决于表 5-6 中公司各项指标与行业平均指标的对比。

（1）讨论这种方法的局限性。

（2）既然存在这些局限，为什么还要经常作这些行业比较?

3. 王鹏认为公司的获利能力由于丁山不愿利用大量附息债务而受到损害。原因何在?请说明。

4. 王鹏怀疑丁山不能胜任公司的管理工作，请用你自己的话并结合案例说明理由。

5. 丁山认为他已经有效地管理了公司，请用你自己的话并结合案例说明理由。

6. 如果你是仲裁者，能否根据公司的比率分析和案例中的其他信息来评价丁山的管理能力，请说明理由。

7.（1）这些比率你是根据市场价值还是账面价值计算出来的？请说明。

（2）你计算比率的基础应该是市场价值还是账面价值？

表 5-5　金桥制衣公司资产负债表：2009—2012（单位：万元）

	2009	2010	2011	2012
资产				
现金	40.4	51.9	38.6	10.6
应收账款	153.2	158.9	175.1	224.8
存货	117.0	121.1	193.4	191.9
其他流动资产	5.9	6.2	7.4	7.8

续表

	2009	2010	2011	2012
流动资产合计	316.5	338.0	414.5	435.1
固定资产原值	44.8	58.9	78.1	96.4
减：累计折旧	(12.0)	(23.4)	(37.0)	(51.4)
固定资产净值	32.8	35.5	41.1	45.0
资产合计	349.3	373.5	455.5	480.1
负债和所有者权益				
应付账款	53.8	54.7	86.2	84.2
到期长期借款	10.0	10.0	10.0	10.0
其他应付款	19.7	26.0	24.7	26.1
流动负债合计	83.5	90.7	120.9	120.3
长期借款	60.0	50.0	40.0	30.0
普通股股本（含资本公积）	150.0	150.0	180.0	180.0
留存收益	55.8	82.8	114.6	149.8
负债和所有者权益合计	349.3	373.5	455.5	480.1

表 5-6　金桥制衣公司的财务比率：2009—2012

	2009	2010	2011	2012 目前	2009—2012 行业平均值注1		
					上限	中间	下限
流动性比率							
流动比率	3.8	3.7	3.4		2.6	1.7	1.3
速动比率	2.4	2.4	1.8		1.6	0.8	0.6
杠杆比率							
资产负债率（%）	41.1	37.7	35.3		41	57	71
利息周转倍数	8.0	8.5	11.6		7.4	3.9	1.3
周转比率							
存货周转率	6.4	6.4	4.8		8.1	6.0	3.5
固定资产周转率	30.0	29.3	30.1		40	25	12
总资产周转率	2.8	2.8	2.7		3.5	2.8	2.0
平均收账期	56	55	51		41	50	68
平均付款期注2	25	22	31		18	25	32
盈利能力比率							
销售毛利率（%）	24.0	25.5	24.9		28	26	24
销售净利率（%）	3.0	2.6	2.6		4.2	3.1	1.2
净资产报酬率（%）	14.3	11.6	10.8		27.3	19.5	7.8

续表

	2009	2010	2011	2012 目前	2009—2012 行业平均值注1		
					上限	中间	下限
总资产报酬率（%）	8.4	7.2	7.0		11.8	8.7	3.4
营业毛利率（%）注3	6.8	6.0	6.1		9.9	7.2	3.1

注 1：每个比率下面的三个数字的计算方法如下：该行业所有公司的比率指标从好到坏排列，中间的数据代表中间比率，就是说，行业中一半公司的比率好于该指标，而另一半公司的比率比这个指标坏。第一个数据代表上限指标，即百分之二十五的公司其比率好于该指标，第三个数据表示下限指标，即百分之二十五的公司其比率坏于该指标。

注 2：计算公式为：应付账款÷（销售成本/360）

注 3：计算公式为：（息税前盈余＋折旧）/销售成本

【课后习题】

1. 运用比较分析法分析财务报表时，应注意哪些问题？
2. 财务报表分析的方法有哪些？各有什么优缺点？

第6章 资产负债表的分析

【学习提示】

本章主要从整体的角度对资产、负债和所有者权益进行了分析。在分析总资产、负债和所有者权益时统统采用了结构分析、规模分析等方法详细解释。学习本章，应该掌握财务报表分析方法在资产、负债和所有者权益各项目中的运用。了解到资产负债表对报表使用者的重要作用，运用适合的方法更好地为报表使用者提供有用的信息。

【中英文关键词】

资产负债表	Balance Sheet
资产	Assets
负债	Liabilities
所有者权益	Owners' Equity
结构分析	Structure Analysis
规模分析	Scale Analysis

资产负债表是企业对外提供的一张基本报表，是报表使用者借以了解企业情况、作出相应决策的重要工具。资产负债表的作用主要体现在：第一，提供企业拥有或控制的经济资源及其情况的信息；第二，反映企业资金来源和占用构成情况的信息；第三，提供财务报表分析的资料；第四，可据此解释、评价和预测企业的财务弹性。正是由于资产负债表的重要性，我们在本章针对资产负债表中的资产、负债和所有者权益进行分析。

6.1 资产的分析

在分析企业的资产时，我们应该先认识到：

(1) 资产实质上体现了企业的获利能力或产生经济利益的能力。从这个意义上讲，企业控制的资产应当是越多越好。企业资产的经济规模越大，企业的获利能力或者效益就越好。国际上的大公司所独立控制的资产通常有几千亿美元甚至更多的道理就在这里。过去我们的企业资产规模过小，经济效益较差。近年来，国家提倡企业间的并购和联合，以扩大企业的资产规模，提高经济效益，就是因为资产从某种程度来说体现了未来的经济效益。

(2) 资产体现了企业独立的控制权，但不体现企业的所有权。这至少有三层含义。一是资产不是以所有权为前提的，也就是说资产不体现企业的所有权，在资产上看不到所有权的影子。因此，严格地说，“国有资产”的说法是不准确的，应该称作“国有资本”，国家投入的仅仅是资本，其控制权仅仅体现在资本上。二是企业资产应当是由企业的管理者通过建立合理的法人治理结构来控制和管理。按照《公司法》的要求，公司应当设立完整的法人治理结构，这个治理结构的基本框架是董事长领导下的“三会”制。所谓“三会”，是指公司董事会、监事会和以经理为首的经理会。公司的资产由“三会”分工协作负责管理，其中董事会拥有对资产及其运作的决策权，经理会负责具体实施对资产的经营管理和日常控制，监事会负责监督资产的决策和使用。三是资产的使用和控制不受所有者的直接干预。据此，政府尽管是出资人和所有者，但对于国有企业的经营和运作也不应该直接干预。只有在企业经营管理行为违反国家的经济和社会政策，违反法律和社会公德时，政府才有权干预企业对自身资产的决策和使用。

(3) 会计上的资产只体现了企业控制的一部分资源，而不是企业控制的全部资源。企业实际上控制的资源有很多，比如硬资源和软资源，有形资源和无形资源，人力资源和非人力资源，单独辨认资源和不可单独辨认资源，现实资源与潜在资源等。但是，按照会计上的要求，列入资产负债表的资产必须是可以用货币计量的那部分资产。至于那些无法用货币计量的或者现在还没有找到理想的计量方法予以计价的资源（如人力资源），并没有在资产负债表中体现或反映。

6.1.1 资产总括分析

企业资产按流动性分为流动资产和非流动资产。除流动资产外，其他几种资产的形成往往需要投入大量的资金，并且发挥作用的时间也较长，它一旦形成就不易调整或变换。因此，应根据各类资产的特点和作用及其构成比重作细致的分析。通过分析，使得我们认识企业生产经营与管理的优势与不足，并为进一步分析这些优势和不足形成的原因提供资料。

1. 资产结构分析

资产结构，是指企业的流动资产、长期投资、固定资产、无形资产等占资产总额的比重。资产结构分析，对财务报表使用者来说，可以深入地了解企业资产的组成状况、盈利能力、风险大小及弹性高低等方面的信息，从而为其合理地作出决策提供强有力的支持；对企业管理者而言，有助于其优化资产结构，改善财务状况，使资产保持适当的流动性，降低经营风险，加速资金周转；对债权人而言，有助于其了解债权的物资保证程度或安全性；对企业的关联企业而言，可以了解企业的存货状况和支付能力，从而对合同的执行前景心中有数；对企业的所有者而言，有助于对企业财务的安全性、资本的保全能力以及资产的收益能力作出合理的判断。

企业的资产结构主要受以下因素影响。

(1) 企业所处行业的特点和经营领域。不同的行业、不同的经营领域，往往需要不同的资产结构。生产型企业固定资产的比重往往要大于流通性企业；机械行业的存货比重则一般要高于食品行业。

(2) 企业的经营状况。企业的资产结构与其经营状况紧密相连。经营状况好的企业，其存货资产的比重相对可能较低，货币资金则相对充裕；经营状况不佳的企业，可能由于产品积压，存货资产所占的比重会较大，其货币资金则相对不足。

(3) 市场需求的适应性。若市场需求具有较强的季节性，则要求企业的资产结构具有良好的适应性，即资产中临时波动的资产应占较大比重，耐久性固定资产应占较小比重，反之亦然。旺季和淡季的季节转换也会对企业的存货数量和货币资金的持有量产生较大影响。

（4）宏观经济环境。宏观经济环境制约着市场的机会、投资风险，从而直接影响企业的长期投资数额。通货膨胀效应往往直接影响到企业的存货水平、货币资金和固定资产所占的比重。一些法律或行政法规、政策，也会影响到企业的资产结构。

通过资产结构分析，可以看出企业的行业特点、经营特点和技术装备特点。

（1）行业特点。工业企业的非流动资产往往大于流动资产，而商业企业的情况正好相反。

（2）经营特点。在同一行业中，流动资产、长期资产所占的比重反映出企业的经营特点。流动资产和负债较高的企业稳定性较差，却较灵活；而那些长期资产和负债占较大比重的企业底子较厚，但掉头难；长期投资较高的企业，金融利润和风险要高。

（3）无形资产增减和固定资产折旧快慢反映企业的新产品开发能力和技术装备水平。无形资产持有多的企业，开发创新能力强；而那些固定资产折旧比例较高的企业，技术更新换代快。

分析资产结构与变动情况通常采用垂直分析法。在上一章介绍财务报表分析的方法中有过详细的介绍。垂直分析法的要点是通过计算报表中的各项目占总体的比重，反映报表中的项目与总体关系情况及其变动情况。对资产结构变动的分析，还应对流动资产、长期投资、固定资产、无形资产及其他资产分项目进行具体比较、分析，以便进一步查明原因，判断企业资产结构变动的合理性。在判断企业资产各项目结构变动合理性时，应结合企业生产经营特点和实际情况。

（1）流动资产构成比重的计算与分析。

流动资产构成比重是指流动资产占资产总额的百分比，计算公式为

$$流动资产资产构成比重=\frac{流动资产}{资产总额}\times 100\%$$

流动资产比重高的企业，其资产的流动性和变现能力就较强，企业的抗风险能力和应变能力也就强，但由于缺乏雄厚的固定资产作后盾，一般而言其经营的稳定性则会较差。流动资产比重低的企业，虽然其底子较厚，但灵活性却较差。流动资产比重上升，则说明：企业应变能力提高，企业创造利润和发展的机会增加，加速资金周转的潜力较大。

分析时应注意把流动资产比重的变动与销售收入和营业利润的变动联系起来。如果营业利润和流动资产比重同时提高，说明企业正在发挥现有经营潜力，经营状况好转；如果流动资产比重上升而营业利润并没有增长，则说明企业产品销路不畅，经营形势不好；如果流动资产比重降低而销售收入和营业利润呈现上升趋势，说明企业资金周转加快，经营形势优化；如果流动资产比重和营业利润、销售收入同时下降，则表明企业生产萎缩、沉淀资产增加。

由于各行业生产经营情况不一样，流动资产在资产总额中的比重就不一样，合理的程度应根据具体行业、企业判断分析。

（2）长期资产构成比重的计算与分析。

长期资产构成比重是指除流动资产之外的其他资产（包括长期投资、固定资产、无形资产及其他资产）占资产总额的百分比，其计算公式为

$$长期资产构成比重=\frac{固定资产+长期投资+无形资产及其他资产}{资产总额}$$

长期资产的比重过高首先意味着企业长期资产周转缓慢，变现力低，势必会增大企业经营风险；其次，使用长期资产会产生一笔巨大的固定费用，这种费用具有刚性，一旦生成短期内不易消除，这样也会加大企业的经营风险；再次，长期资产比重过高会削弱企业的应变能力，一旦市场行情出现较大的变化，企业可能陷入进退两难的境地。

长期资产比重的合理范围应结合企业的经营领域、经营规模、市场环境以及企业所处的市场地位等因素来进行确定，并可参照行业的平均水平或先进水平。

2. 资产规模分析

企业资产规模是指企业所拥有的资产存量。它既是保证企业生产经营管理活动正常进行的物质基础，又是关系到企业能否持续经营的重要前提和条件。一个企业的资产必须保持合理的规模，因为资产规模过大，将形成资产资源的闲置，造成资金周转缓慢，影响资产的利用效果；资产规模过小，将难以满足企业生产经营的需要，导致企业生产经营活动难以正常运行。

对资产规模的分析，就是利用水平分析法从数量上了解企业资产的变动情况，分析变动的具体原因。利用水平分析法的基本要点就是将企业资产负债表中不同时期的资产进行对比，对比的方式有两种：一种确定其增减变动数量；二是确定其增减变动率。应用水平分析法，可以观察资产规模以及各个资产项目的增减变化情况，发现重要或者异常的变化，对这些变化再做进一步分析，找出其变化的原因，并判断这种变化是有利的还是不利的。判断一个企业资产规模变化是否合理，要联系企业生产经营活动的发展变化，即将资产规模增减比率同企业产值、销售收入等生产成果指标的增减比率相对比，判断增资与增产、增收之间是否协调，资产运营效率是否提高。

3. 资产结构优化分析

企业资产结构优化就是研究企业的资产中各类资产如何配置能使企业取得最佳经济效益。固定资产与流动资产之间的结构比例通常称之为固流结构。在企业资产结构体系中，固流结构是最重要的内容。因此，资产结构优化分析，主要是指固流结构优化分析。

在企业经营规模一定的条件下，如果固定资产存量过大，则正常的生产能力不能充分发挥出来，造成固定资产的部分闲置或生产能力利用不足；如果流动资产存量过大，则又会造成流动资产闲置，影响企业的盈利能力。无论以上哪种情况出现，最终都会影响企业资产的利用效果。

对一个企业而言，主要有以下三种类型的固流结构。

(1) 适中的固流结构，是指企业在一定销售量的水平上，使固定资产存量与流动资产存量的比例保持在平均、合理的水平上。

这种资产结构可在一定程度上提高资金的使用效率，但同时也增大了企业的经营风险和偿债风险，是一种风险一般、盈利水平一般的资产结构。

(2) 保守的固流结构，是指企业在一定销售水平上，维持大量的流动资产，并采取宽松的信用政策，从而使得流动资产处于较高的水平。

这种资产结构由于流动资产比例较高，可降低企业偿债或破产风险，使企业风险处于较低的水平。但流动资产占用大量资金会降低资产的运转效率，从而影响企业的盈利水平。因此，该种资产结构是一种流动性高、风险小、盈利低的资产结构。

(3) 冒险的固流结构，是尽可能少地持有流动资产，从而使得企业流动资产维持在较低水平上。

这种资产结构流动资产比例较低，资产的流动性较差。虽然固定资产占用量增加而相应提高了企业的盈利水平，但同时也给企业带来较大的风险。这是一种高风险、高收益的资产结构。

在实际工作中，通常根据下列标准来评价企业固定资产与流动资产的结构比例是否合理。

（1）盈利水平与风险。企业将大部分资金投资于流动资产，虽然能够减少企业的经营风险，但是会造成资金大量闲置或固定资产不足，降低企业生产能力，降低企业的资金利用效率，从而影响企业的经济效益；反之固定资产比重增加，虽然有利于提高资产利润率，但同时也会导致经营风险的增加。企业选择何种资产结构，主要取决于企业对风险的态度。如果企业敢于冒险，就可能采取冒险的固流结构；如果企业倾向于保守，则宁愿选择保守的固流结构策略，而不会为追求较高的资产利润率而冒险。

（2）行业特点。不同的行业，因经济活动内容不同，技术装备水平也有差异，其固流结构也会有较大差异。一般来说，创造附加值低的企业，如商业企业，需要保持较高的资产流动性；而创造附加值高的企业，如制造业企业，需要保持较高的固定资产比重。同一行业内部，因其生产特点、生产方式的差异较小，所以其固流结构就比较接近，行业的平均固流结构比例应是本企业固流结构的主要参照标准。

（3）企业经营规模。企业经营规模对固流结构有重要影响。一般而言，规模较大的企业，固定资产比例相对高些，因其筹资能力强，流动资产比例相对低些。

企业在分析和评价目前固流结构合理性的基础上，必须对固流结构进一步优化。固流结构优化必须以企业采取的固流结构策略所确定的标准为根据。固流结构优化的步骤一般是：首先，分析企业的盈利水平和风险程度，判断和评价企业目前的固流结构；其次，根据盈利水平与风险、行业特点、企业规模等评价标准，按照企业选择的固流结构策略确定符合本企业实际情况的固流结构比例的目标标准；最后，对现有的固流结构比例进行优化调整。调整时，既可以调整流动资产存量，也可以调整固定资产存量，还可以同时调整固定资产存量和流动资产存量以达到确定的目标标准。

6.1.2　流动资产总括分析

流动资产是企业生产经营活动中的主要资产，是企业资产的重要组成部分。企业在财务管理活动中，必须根据自身的特点，对流动资产的性质及运动规律，进行深入细致的研究，并且按照财务制度的规定，加强流动资产的管理，提高对流动资产的使用效果。

流动资产是指可以在一年内或者超过一年的一个营业周期内，变现或者运用的资产。其特点可以概括为以下三个方面。

（1）流动性大。流动资产是企业资产中最具有流动性的一类，它在企业再生产过程中是不断循环着的，其循环表现在流动资产各种占用形态的统一。了解认识流动资产的流动性大的特点，有助于合理配置各种流动资产占用形态，提高流动资产的变现能力，加速流动资产的周转。

（2）波动性大。流动资产在企业再生产过程中，随着供产销的变化，占用的数量有高有低，起伏较大，具有波动性特点。研究流动资产的这一特点，有利于企业综合考虑流动资产的资金来源和供应方向，合理安排资金的供需，做到供需平衡。

（3）流动资产的循环与生产经营周期具有一致性。流动资产随着企业生产经营过程的进行，不断地由一种形态转化为另一种形态，完成一次生产经营周期，流动资产也完成一次循环。认识到流动资产这一特点，有助于人们通过合理组织生产经营过程，来加速实现流动资产的周转，充分发挥流动资产流动性大的特点，促进生产经营活动的顺利进行。

1. 流动资产结构分析

流动资产结构是指企业的货币资金、交易性金融资产、应收账款、存货等占流动资产总额的比重。流动资产结构分析就是分析流动资产内部各项目发生了哪些变化，根据这些变化来分析流动资产的好坏，从而得到对企业更好的决策。对流动资产的分析一般情况采用垂直分析法，意义同方法与总资产的结构分析类似。对流动资产结构的分析可以通过编制流动资产结构及增减变动分析表来进行，如表 6－1 所示。

表 6－1　流动资产结构及增减变动表

项　目	年初数		年末数		差异	
	金额	比重	金额	比重	金额	比重
货币资金						
交易性金融资产						
应收票据						
应收账款						
其他应收款						
预付账款						
存货						
流动资产合计						

通过编制流动资产结构及增减变动表，可以了解年初、年末的货币资金、应收账款、存货等项目在流动资产总额中所占比重的增减变化，进而可以分析出流动资产构成比重与变化趋势是否合理，对企业的生产销售等有什么影响。

保持流动资产的合理结构是加强流动性和应变能力的重要方面，加强流动性和应变能力是增强企业偿债能力的关键。

2. 流动资产规模分析

流动资产的流动性强，是企业在日常生产经营活动中不可缺少的重要资产。持有流动资产，可以满足企业的日常支付，预防不测风险，储备必要的原材料和产成品等，可以保证生产原料供应，有利于销售，并可以通过延长付款或增加应收账款等信用资产数量，扩大销售量，提高市场占有率，实现规模经济。但流动资产过多，也会带来不利影响，资金闲置，获利能力低，存货成本增加，市场风险增大；应收账款管理费用上升，坏账增多，企业资产风险增加等。因此，保持合理的流动资产，并在流动资产内部形成合理比例，是企业生存发展的前提条件。

6.1.3　长期资产总括分析

长期资产包括长期投资、固定资产、无形资产、递延资产和其他长期资产。

（1）长期投资。长期投资是指将资金投入不可能或不准备在一年内变现的资产，包括长期股权投资、持有至到期投资和其他投资。

（2）固定资产。固定资产是指使用期限在一年以上，单位价值在规定的标准以上，并在使用过程保持原来物质形态的资产，包括房屋及建筑物、机器设备、运输设备、工具器具等。

（3）无形资产。无形资产是指不具有实物形态的非货币性资产，如专利权、商标权、著作权、土地使用权、非专利技术以及商誉等。

（4）递延资产。递延资产是指不能全部计入当年损益的应当在以后年度内分期摊销的各项费用，包括开办费、租入固定资产的改良及大修费用支出等。

（5）其他资产。公司的其他资产是指除流动资产、长期股权投资、可持有至到期投资、固定资产、无形资产、递延资产以外的长期资产。

1. 长期资产结构分析

长期资产的结构分析就是指长期投资、固定资产、无形资产、递延资产和其他长期资产在长期资产中所占的比重分析。根据各项目的比重分析企业长期资产的结构是否合理，对企业的经营作出决策，为企业今后的发展提供有利的依据。下面分别对各项长期资产的比重进行讲述。

1）长期投资比重的计算与分析

长期投资比重是指长期投资与长期资产总额的百分比，它反映企业依赖外部发展的程度。其计算公式为

$$长期投资比重=\frac{长期投资总额}{长期资产总额}\times 100\%$$

判断长期投资比重是否合理，首先要看资金对外投资，有没有影响企业生产资金周转，能不能获得较高收益。长期投资比重较高的企业，有可能是企业资金来源充足，在不影响生产的情况下，对外长期投资以取得更多的收益。但其所面临的金融风险也较大。一般而言，企业长期投资比重上升表明：第一，企业内部发展受到限制，或投资于企业内部的收益率较低，前景不乐观；第二，企业有多元化经营的意图。长期投资比重高，风险也高。因为被投资项目的利润是个不确定数。长期投资比重也不宜过高，以免因投资风险过大危及企业自身的发展，或因主营业务不足而丧失竞争优势。企业管理者应根据投资项目作具体分析研究，慎重行事，以便回避风险，提高投资的安全性。

2）固定资产构成比重的计算与分析

固定资产构成比重是指固定资产占长期资产总额的百分比，其计算公式为

$$固定资产比重=\frac{固定资产总额}{长期资产总额}\times 100\%$$

判断固定资产比重是否合理，要根据各企业自身的特点确定。有什么样的固定资产，就有什么样的产品和经营业务。固定资产比重在一定程度上体现着企业经营性质、行业特点、经营规模和生产潜力。企业必须持有一定的固定资产，以保证经营的稳定性。一般来说工业企业固定资产构成比重较高，商品流通企业较低。因此，在研究分析固定资产在长期资产总额中比重是否合理，首先要弄清企业自身生产经营特点，制定相适应的比重标准。否则，比重过高，造成资金浪费，使得企业承担过重的经营风险，降低企业资产的流动性；过低了又

影响到生产经营业务的发展。

3）在建工程构成比重的计算与分析

在建工程比重是指在建工程与长期资产的比率，它反映了企业正在进行结构调整的规模，其计算公式为

$$在建工程比重=\frac{在建工程总额}{长期资产总额}\times 100\%$$

在建工程构成比重是否合理，应结合企业的具体情况进行分析。

4）无形资产构成比重的计算与分析

无形资产构成比重是指无形资产占长期资产总额的百分比，其计算公式为

$$无形资产比重=\frac{无形资产}{长期资产总额}\times 100\%$$

无形资产一般不具有实物形态，虽然无形资产可以为企业带来一定的收益，但具有不确定性，而另一方面，对企业而言，借助无形资产比重指标，可以观察企业知识化和高新技术化的程度，可以分析企业可持续发展的潜力和综合竞争能力的强弱。它对于企业的经营正起着愈来愈大的作用，成为决定企业竞争力的重要因素之一，因此应使其保持一定规模。

5）其他资产构成比重的计算与分析

其他资产构成比重是指其他资产占长期资产总额的百分比，其计算公式为

$$其他资产比重=\frac{其他资产}{长期资产总额}\times 100\%$$

其他资产一般不具有实物形态，如开办费或长期待摊费用，这些都属于支出性资产，不能带来收益。因此，其他资产的比重不宜过高，以免影响企业的资信。

2. 长期资产规模分析

在介绍总资产的规模分析时，已经说明规模分析就是利用水平分析法将各项目的增减变化表现出来，从而来判断企业的资产规模是否合理，是否需要改进以及往哪个方面进行改进。同样在长期资产规模分析当中，也是利用水平分析法将长期资产中的各个项目，即长期投资、固定资产、无形资产、递延资产和其他长期资产的增减变动用长期资产及增减变动表表示出来，观察各长期资产项目的增减变化情况，发现重要或者异常的变化，对这些变化做进一步的分析，找出变化原因，判断这种变化是有利的还是不利的。

在做长期投资、固定资产、无形资产、递延资产和其他长期资产的分析时，还可以利用水平分析法将长期资产的各个项目单独进行规模分析。进行分析的目的就是为管理者提供更加清楚明白的数据对比，从而作出相应的决策。

6.2 负债的分析

6.2.1 负债总括分析

1. 负债结构分析

1）负债结构

负债结构是指各项负债占总负债的比重。通过对负债结构的分析，可了解各项负债的性质和数额，进而判断企业负债主要来自何方，偿还的紧迫程度如何，揭示企业抵抗破产风险

和融资的能力。

(1) 流动负债构成比重的计算与分析。

流动负债比重是指流动负债与负债总额的百分比，其计算公式为

$$流动负债占负债总额比重=\frac{流动负债}{负债总额}\times 100\%$$

分析流动负债占总负债的比重，可以反映一个企业依赖短期债权人的程度。流动负债占负债总额比率越高，说明企业对短期资金的依赖性越强，企业偿债的压力也就越大，这必然要求企业营业周转或资金周转也要加快，企业要想及时清偿债务，只有加快周转。相反，这个比率越低，说明企业对短期资金的依赖程度越小，企业面临的偿债压力也就越小。

对这个比率的分析，短期债权人最为重视。如果企业持有太高的流动负债与总负债的比率，有可能会使短期债权人面临到期难以收回资金的风险，因而使得短期债权人的债权保障程度越低；对企业所有者来说，在企业不会遇到因短期债务到期不能还本付息而破产清算时，企业保持较高的流动负债与总负债的比率，可以使所有者获得财务杠杆利益，同时，对企业来讲则可以降低融资成本。

对流动负债与总负债的比率应确定一个合理的水平。其衡量标志是在企业不发生偿债风险的前提下，尽可能多地利用短期负债融资，因为短期负债的融资成本通常低于长期负债。同时，还应考虑资产的周转速度和流动性。如果企业的流动资产的周转速度快，从而资金回收快，可融通的短期负债就可以多些；相反，短期负债融资则应该少一些。

(2) 长期负债比重的计算与分析。

长期负债比重是指长期负债与负债总额的比率，用以反映企业负债中长期负债的份额，其计算公式为

$$长期负债比重=\frac{长期负债}{负债总额}\times 100\%$$

长期负债比重的高低反映了企业借入资金成本的高低和筹措长期负债成本的能力。长期负债具有期限长、成本高、风险性低、稳定性强等特点。在资本需求量一定的情况下，长期负债占负债总额的比重越高，表明企业在经营过程中借助外来长期资金的程度越高；反之，该比重越低，说明企业经营过程中借助于外来资金的程度越低，从而减轻企业偿债的压力。

2) 分析负债结构应考虑的因素

(1) 经济环境。

企业生产经营所处的环境，特别是资本市场状况，对企业负债结构产生重要影响。当宏观银根紧缩时，企业取得短期借款可能较为困难，其长期负债的比重则相对提高；反之，企业相对较容易取得短期借款，流动负债比重稍大。当然，企业负债结构主要是因为企业内部的相关因素加上外部条件配合而造成。

(2) 筹资政策。

企业负债结构受许多主观、客观因素的影响和制约，筹资政策是较为重要的主观因素，企业根据其不同时期的经营目标，进行资产配置，制定筹资政策，这对负债结构有重大影响，或者说起着决定性作用。当企业流动资产规模较大时，决定着将采取短期筹资方式时，流动负债的比重就会大些；反之，当企业长期资产规模较大时，长期负债的

比重就会大些。

(3) 财务风险。

连续性短期负债的风险往往要高于长期负债。

(4) 债务偿还期。

企业负债结构合理的重要标志，是在负债到期日与企业适量的现金流入量相配合，企业应根据负债偿还期限来安排企业的负债结构。

2. 负债成本分析

负债成本是企业使用债权人资本而付出的代价。不同的负债方式所取得的资本成本往往不同，一般而言，债权成本高于银行借款成本，长期银行借款成本高于短期借款成本，企业在筹资过程中往往希望以较低的代价取得资本。所以，资本成本的权衡，会影响到企业的负债结构。

负债成本的计算公式为

$$负债成本=\sum(各负债项目的资本成本\times该负债项目占负债总额的比重)$$

3. 负债性质分析

负债从性质来看表现为两方面：一是向外单位的借入款项，如短期借款；二是所欠的款项，如未交利润。借入的款项有明确的偿还期，到期必须偿还，具有法律上的强制性；而所欠的款项，大多没有明确的支付期，何时支付，支付多少，并不具有强制性。因此，企业应根据负债的性质及自身的支付能力，妥善安排好负债的支付，保护企业自身的信用和形象。

6.2.2 流动负债总括分析

流动负债，是指将在1年（含1年）或者超过1年的一个营业周期内偿还的债务，包括短期借款、应付票据、应付账款、预收账款、应付职工薪酬、应付股利、应交税费、其他暂收应收款项和1年内到期的长期借款等。

流动负债有以下特点。

(1) 利率低。一般来说，流动负债利率较低，有些应收款项甚至无须支付利息，因而筹资成本较低。

(2) 期限短。流动负债的期限一般都在1年以下，有时为半年、3个月、1个月，还有的仅为10天甚至更短。

(3) 金额小。流动负债金额一般不会太大。

(4) 到期必须偿还。流动负债发生的频率最高，一般到期必须偿还，否则将会影响企业信用，以后再借将会发生困难。

流动负债一般只适合企业流转经营中短期的、临时性的资金需要，不适合固定资产等非流动资产。因为企业流转经营中的存货等能在流转中很快变现，用于偿还流动负债，而固定资产等非流动资产则不然，一旦投入需要在较长时期后才能一次性或分期收回，短期内无法变现，无法按期偿还。即使用企业流动资产偿还，也会减少营运资金，从而使得企业的日常流转经营活动发生困难。流动负债如果运用得当，可以节约自有资金用于把握更有利可图的投资机会，也会有助于加大经营规模，加速经营流转，取得更多的经营利润。但由于流动负债期限短，必须按期偿还，因此如果流动负债总额过大，比重过高，一旦经营流转发生困难，存货销售不出去，就会发生债务危机，影响企业信用，甚至危及企业生存。

1. 流动负债结构分析

流动负债结构就是指企业的短期借款、应付票据、应付账款、其他应付款等占流动负债总额的比重。流动负债结构分析，就是分析流动负债内部各项目发生了哪些变化。

流动负债的结构分析就是利用垂直分析法来判断各项目比重是否处于合适的状态，同时分析变化原因，从而作出相应的决策。

2. 流动负债规模分析

流动负债的规模分析，就是分析流动负债内部各项目发生了哪些变化，分析时从期初、期末的短期借款，应付票据，应付账款，其他应付款等在流动负债总额中所占比重的增减变化，来分析判断流动负债构成比重与变化趋势是否合理，对企业的生产经营活动有什么影响。

3. 流动负债时间构成分析

在流动负债中，应付账款所占的比重较大。所以，时间构成分析主要是对应付账款的分析。时间构成分析是根据应付账款的时间长短进行分类，然后计算各时间段的应付账款占全部应付账款的比重，以此为基础评价企业应付账款的偿还情况。进行时间段分析，不但可以了解企业信用的履行情况，而且还有利于维护企业的信誉，具有十分重要的意义。

6.2.3　长期负债总括分析

长期负债，是指偿还期在 1 年或者超过 1 年的一个营业周期以上的负债，包括长期借款、应付债券、长期应付款等。

长期负债具有如下特点。

(1) 利率高。一般来说，长期负债的利率都比较高。

(2) 期限长。长期负债的期限都在 1 年以上，有时为 3 年、5 年、8 年，有时可长达 10 年、20 年。

(3) 金额大。一般来说，长期负债每次筹集的资金数额都较大。

由于长期负债的利率高，期限长，一般适用于购建固定资产，进行长期投资等，不适用于流转经营中的资金需要。因为固定资产等周转周期较长，有时资金紧张，需要通过举债来筹集，有时资金又会闲置，会使资金成本上升，得不偿失。利用长期负债来购置固定资产，可以扩大企业的生产能力，提高产品质量，降低产品成本，提高企业的市场竞争能力，从而为企业带来更多的利润。在资产报酬率高于长期利率的前提下，适当增加长期负债可以增加企业的获利能力，提高投资者的投资报酬率，同时负债具有节税作用，从而使得投资者得到更多的回报。但是在资产报酬率下降甚至低于负债利率的情况下，举债长期负债将加大企业还本付息负担，在企业盈利不多时还会导致亏损，因而使得企业的风险增大。企业的长期负债会对企业的财务状况发生重大影响。企业举债长期负债，使得企业当期营运资金增加，而企业偿还长期负债，使企业当期营运资金减少。在进行报表分析时，应对长期负债的增减变动及其对企业财务状况的严重影响给予足够的重视，对于其中发现的异常情况及时进行研究和处理。

1. 长期负债的结构分析

长期负债结构是指企业长期负债各项目金额占长期负债总额的比重，反映长期负债的分布情况。

2. 长期负债的规模分析

长期负债的规模分析是指长期负债各项目在长期负债总额中所占比重的增减变动情况，反映了长期负债的变动趋势。

3. 长期负债会计政策分析

由于企业长期负债会计政策和会计方法有很强的可选择性，采用的政策和方法不同，企业长期负债额就会有差异。比如对应付债券的溢折价摊销，采用直线法和实际利率法计算的摊销额就不同。在摊销初期，采用实际利率法计提的摊销额高。如果是溢价发行债券，采用实际利率法将降低应付债券的账面价值。分析时应注意会计方法的影响，特别是会计期间里变更会计方法时，往往说明企业想借助会计方法调节负债账面价值。

6.3 所有者权益的分析

所有者权益主要分为两部分，一部分是投资者投入资本，包括实收资本和资本公积；另一部分是生产过程中资本积累形成的留用利润，包括盈余公积和未分配利润。所有者权益具有以下特点。

（1）所有者权益的性质不同于负债。

对企业来说，负债的成本相对较低，可以随借随还，能满足企业临时性的短期资金周转的需要。但是负债却使企业面临还债压力，风险较大；而所有者权益成本虽然较高，但能供企业长期使用，投资者只能依法转让，不能抽回其投资。因此，所有者权益无需偿还，风险小，能满足企业长期资金占用的需要。

（2）所有者权益是企业风险承担的基础。

企业在生产经营活动中，必然面临种种风险，这就要求企业具备相应的承担风险的能力。只有有了主权资本，才能以本负亏，维护债权人的利益也是法定要求。由此可见，企业所有者权益的数额，可以反映企业承担经营风险和财务风险，应付来自市场和突发事件冲击的能力。

（3）所有者权益是衡量企业经济实力的依据。

对企业经济实力的衡量不能以总资产为尺度，因为总资产中有一部分是由负债形成的。负债不是企业本身的能力，而是债务人借助债权人的能力进行经营的。

所以，要衡量一个企业的经济实力，应以净资产，也就是所有者权益为依据。所有者权益可以从两个方面反映企业的经济实力：一是实收资本和资本公积的多少，表明了企业生产经营的基础规模；二是盈余公积和未分配利润，展示了企业潜在的发展能力。

总之，所有者权益属于企业的自有资金，它实际上可以由企业长期地以至于是无限期地（只要企业不解散）使用。相对于长期负债而言，实收资本的资金成本较高，但其利率并不固定，在企业盈利不多或者没有盈利的情况下，企业可以不分配股利；而盈余公积既无期限又无利息，所以在企业有盈利的情况下，企业应该多提盈余公积，这样既可以提高企业的偿债能力，也能提高企业的获利能力。企业所有者权益的增减变动，对企业的财务状况有着重大影响。企业投资者通过追加投入资本，使得营运资金增加；企业提取盈余公积以及资本公积和盈余公积转增资本等虽然不影响营运资本，但对企业当期和未来的财务状况有重大影响。因此，在进行报表分析时，应对所有者权益的金额、增减变动及其企业财务状况的影响引起足够的重视。

1. 所有者权益结构分析

所有者权益结构分析是指所有者权益的各项目金额占所有者权益总额的比重，它反映了企业所有者各项目的分布情况，揭示了企业的经济实力和风险承担能力。此外，由于所有者权益中的盈余公积和未分配利润属于留存收益，是企业税后利润分配的结果。因此，所有者权益结构分析也能反映出企业的内部积累能力，间接反映企业的经营状况。

影响所有者权益结构的因素主要有：①利润分配政策；②所有者权益规模；③企业控制权；④权益资本成本；⑤外部因素。

2. 所有者权益的增减变动分析

引起所有者权益增减变动的主要原因有：增加（或减少）注册资本，资本公积发生增减变化、留存收益的增加（或减少）等。通过对所有者权益构成及增减变动分析，可进一步了解企业对负债偿还的保证程度及企业自己积累资金和融通资金的能力与潜力。

【案例分析】

某医药集团股份有限公司，是一家同时有A股和B股的上市公司，是具有品牌优势的大型综合性药品生产企业，其目前拥有的批文产品超过100种，而且每年都有在研在报的新药诞生，发展形势非常乐观。其主打产品在全国消化道领域制剂产品中独领风骚。近年来一直保持着25%以上的市场占有率，而心脑血管药物、中药和生物药类产品也呈现强劲的发展态势，公司近3年的营业收入均保持着两位数的快速增长。

公司为进一步培育核心竞争力，通过积极出售或清理非战略控股企业以及非药业资本投资项目，积极收购符合公司战略发展需求的优质制药企业，从而达到资本效率的最大化。2011年，公司实现净利润9 220.06万元，每股收益达到了0.3元。

公司以医药（中西成药、医药原料药、医药中间体、中药材、中药饮片、保健滋补品、保健食品、保健饮品、化妆品、卫生材料、卫生用品、生物制品、生化试剂、医疗器械等）为主；兼营化工、食品、房地产、旅游业、信息等。

以下是集团2009—2011年的资产负债表（见表6-2）。

表6-2　某集团2009—2011年资产负债表

项　目	2011年	2010年	2009年
货币资金	424 072 106.29	295 276 726.93	232 803 179.28
短期投资	68 621 154.70	29 675 045.97	20 234 588.29
短期投资跌价准备	8 156 819.40	12 797 470.69	5 279 105.42
短期投资净额	60 464 335.30	16 877 575.28	15 955 482.87

续表

项　目	2011 年	2010 年	2009 年
应收票据	27 458 613.56	17 773 368.58	7 305 369.84
应收股利	0.00	0.00	4 680 000.00
应收利息	500 888.89	0.00	0.00
应收账款	400 569 036.00	426 686 634.92	341 664 864.00
其他应收账款	94 653 974.43	129 452 258.76	191 037 954.34
减：坏账准备	168 415 225.53	159 483 817.77	113 203 288.00
应收账款净额	326 807 784.90	396 655 075.91	419 499 530.34
预付账款	34 869 380.23	45 429 546.72	33 413 698.69
应收补贴款	453 006.68	2 661 314.41	304 488.88
存货	196 887 736.38	207 174 698.17	201 519 089.09
存货跌价准备	8 886 364.50	7 841 149.39	3 948 367.93
存货净额	188 001 371.88	199 333 548.78	197 570 721.16
交易性金融资产	467 230.71	1 304 587.14	206 797.83
待处理流动资产净损失	0.00	0.00	0.00
一年内到期的非流动资产	0.00	0.00	0.00
其他流动资产	0.00	0.00	0.00
流动资产合计	1 063 094 718.44	975 311 743.75	911 739 268.89
长期股权投资	69 058 360.10	48 264 158.01	72 961 531.48
持有至到期投资	146 480 765.00	6 680 765.00	0.00
长期投资合计	215 539 125.10	54 944 923.01	72 961 531.48
减：长期投资减值准备	6 480 765.00	6 680 756.00	24 301 500.49
合并价差	22 551 580.43	12 790 713.65	0.00
长期投资净额	231 609 940.53	61 654 871.66	48 660 030.99
固定资产原值	1 045 861 246.51	990 264 815.97	827 333 435.90
累计折旧	402 122 224.61	361 281 915.47	282 486 115.59
固定资产净值	643 739 021.90	628 981 900.50	544 847 320.31
减：固定资产减值准备	27 668 400.59	33 275 905.19	28 473 084.75
固定资产净额	616 070 621.31	595 706 995.31	516 374 235.56
工程物资	1 383 718.44	6 842 137.34	0.00
在建工程	60 066 373.65	60 501 587.49	76 797 500.66
固定资产清理	0.00	0.00	0.00
待处理固定资产净损失	0.00	0.00	0.00
固定资产合计	677 520 713.40	663 050 720.14	593 171 736.22
无形资产	108 275 990.22	109 022 225.59	72 953 095.32

续表

项　目	2011 年	2010 年	2009 年
开办费	0.00	0.00	0.00
长期待摊费用	5 913 047.15	2 641 329.88	1 988 918.64
其他长期资产	42 838 270.78	45 358 270.78	47 678 270.78
无形资产及其他资产合计	157 027 308.15	157 021 826.25	122 620 284.74
资产总计	2 129 252 680.52	1 856 439 161.80	1 676 191 320.84
短期借款	492 500 000.00	182 616 867.56	251 650 000.00
应付票据	38 159 341.18	123 420 582.46	6 585 495.00
应付账款	95 990 027.51	104 953 199.67	105 524 537.78
预收账款	18 717 218.81	18 281 163.77	24 353 567.55
代销商品款	0.00	0.00	0.00
应付职工薪酬	25 916 869.40	17 204 786.71	20 690 092.42
应付股利	35 034 655.54	36 460 402.33	28 247 509.39
应交税费	43 445 985.37	45 098 350.98	40 675 205.76
其他应付款	117 039 559.27	62 730 565.87	60 240 008.78
交易性金融负债	60 194 149.10	53 298 371.22	50 884 932.17
一年内到期的非流动负债	0.00	550 000.00	49 970 000.00
其他流动负债	0.00	0.00	0.00
职工奖励及福利基金	0.00	0.00	0.00
流动负债合计	926 997 806.18	644 614 290.57	638 821 349.05
长期借款	25 000 000.00	71 500 000.00	550 000.00
应付债券	0.00	0.00	0.00
长期应付款	33 301 430.81	10 937 623.84	0.00
住房周转金	0.00	0.00	0.00
其他长期负债	0.00	0.00	0.00
长期负债合计	58 301 430.81	82 437 623.84	550 000.00
负债合计	985 299 236.99	727 051 914.41	639 371 349.05
少数股东权益	129 999 080.54	179 978 551.77	117 848 210.97
股本	306 035 482.00	306 035 482.00	306 035 482.00
资本公积金	4 251 733 414.42	422 642 384.45	420 461 344.45
盈余公积	242 015 162.53	204 564 979.05	173 500 807.19
其中：公益金	46 591 700.28	45 153 889.19	34 683 235.75
未分配利润	40 222 224.21	16 165 850.12	18 974 127.18
外币报表折算差额	508 179.83	0.00	0.00
股东权益合计	1 143 953 443.53	1 129 387 247.39	1 036 819 917.79

续表

项　目	2011 年	2010 年	2009 年
负债和股东权益总计	2 129 252 680.52	1 856 439 161.80	1 676 191 320.84

就以上资料回答以下问题：

1. 从上述所给的资产负债表评价其资产、负债以及所有者权益的结构是否合适。
2. 就上述的资产负债表，指出该医药集团存在哪些问题。

【课后练习题】

1. 简述是否有必要对企业的资产总额进行分析。
2. 为什么说留存收益的资金成本较高？
3. 对企业的流动资产分析时应注意什么问题？
4. 企业的负债分析有哪些方法？

第7章 偿债能力分析

【学习提示】

本章主要针对企业的偿债能力展开描述。企业的偿债能力包括短期偿债能力和长期偿债能力。学习本章，应该掌握各种有关偿债能力的比率分析方法，其中短期主要包括营运资金流动比率、速动比率和现金比率，长期则包括资产负债率、产权比率、有形净值债务率、长期负债与营运资金的比率、长期资本负债率和已获利息倍数。

【中英文关键词】

短期偿债能力比率	Liquidity Ratios
长期偿债能力比率	Long-term Liquidity Ratios
营运资本	Working Capital
流动比率	Current Ratio
速动比率	Quick Ratio
资产负债率	Debt Ratio
产权比率和权益乘数	Debt-to-equity Ratio/Equity Multiplier
长期资本负债率	Debt-to-long Capital Ratio
利息保障倍数	Time of Interest Earned Based on Earnings (TIE)
	Earnings-based Interest Coverage Ratio

企业的偿债能力，是指企业用其资产偿还长短期债务的能力。企业偿债能力是反映企业财务状况和经营能力的重要标志，是企业偿还到期债务的能力或保证能偿还债务的程度，它是债权人最关心的一项指标，同时也受到股东和潜在股东的普遍关注。举债经营可以有效地提高股东权益报酬率，但与此同时，债务也会给公司带来破产的风险。对公司的偿债能力进行分析，是预测风险、保护债权人利益和股东利益的一种有效方法。

一般地说，由于负债可以分为流动负债和长期负债，资产可以分为流动资产和非流动资产，因此偿债能力分析通常可以分为短期偿债能力分析和长期偿债能力分析。

7.1 短期偿债能力

短期偿债能力是指企业用其流动资产偿付流动负债的能力，它反映企业偿付即将到期债务的实力。企业能否及时偿付到期的流动负债，是反映企业财务状况好坏的重要标志。对债权人来说，企业只有具有充分的短期偿债能力，才能保证其债权的安全，即按期收取利息，到期收回本金。对投资者来说，如果企业的短期偿债能力发生问题，就会牵制企业经营管理人员的大量精力去筹措资金应付还债，还会增加企业筹资的难度，或加大临时性紧急筹资的成本，影响企业的生产经营和盈利能力。有时一个效益不错的企业，会由于资金周转不灵，无法偿还短期债务而导致破产。

所以，对短期偿债能力的分析只要侧重于研究企业流动资产与流动负债的关系，以及资产的变现速度的快慢。因为大多数情况下，短期债务需要用货币资金来偿还，因而各种资产的变现速度也直接影响到企业的短期偿债能力。

反映企业短期偿债能力的财务指标可以分为两类：一类是差额的比较；另一类是比率比较，主要有营运资金、流动比率、速动比率和现金比率。

7.1.1 营运资金

营运资金是指流动资产超过流动负债的部分，是企业在某一时点以流动资产归还和抵偿流动负债后的剩余。其计算公式为：

营运资金＝流动资产－流动负债

可以看出，营运资金越多，说明企业可用于偿还流动负债的资金越充足，企业的短期偿债能力越强，债权人收回债权的可能性越大。对营运资金指标进行分析，可以评价企业当期的偿债能力状况和不同时期的偿债能力变动情况。

例 7－1 光华公司 2012 年流动资产为 3 493 639 465.23 元，流动负债为 5 366 604 515.05元，则

营运资金＝3 493 639 465.23－5 366 604 515.05＝－1 872 965 049.82 元

从动态上分析企业的短期偿债能力，就是要将 2011 年年末（即 2012 年年初）的营运资金与 2012 年年末的营运资金进行对比，以反映企业的偿债能力变动情况。2011 年年末的营运资金为

营运资金＝2 692 758 726.20－4 657 711 614.26＝－1 964 952 888.06 元

从以上计算结果可以看出，不管是 2012 年还是 2011 年的营运资金都是负数，就可以说明企业流动资产不足以抵补流动负债，但是 2012 年公司的资金缺口状况相比 2011 年要好。从绝对值来看，企业的偿债能力有所上升，可用于日常经营需要的资金增加。

正是为了便于分析短期偿债能力，才要求财务报表将“流动资产”和“流动负债”分别列示，并按流动性排序。营运资金是用于计量企业短期偿债能力的绝对指标。企业能否偿还短期债务，要看有多少债务，以及有多少可以变现偿债的流动资产。当流动资产大于流动负债时，营运资金为正，说明营运资金出现溢余。此时，与营运资金对应的流动资产是以一定数额的长期负债或所有者权益作为资金来源的。营运资金数额越大，说明不能偿债的风险越小。反之，当流动资产小于流动负债时，营运资金为负，说明营运资金出现短缺。此时，企业部分长期资金以流动负债作为资金来源，企业不能偿债的风险很大。

我们分析营运资金，还需要分析营运资金的合理性。所谓营运资金的合理性，是指营运资金的数量以多少为宜。短期债权人希望营运资金越多越好，这样就可以减少贷款风险。因为营运资金的短缺，会迫使企业为了维持正常的经营和信用，在不适合的时机和按不利的利率进行不利的借款，从而影响利息和股利的支付能力。但是过多地持有营运资金，也不是什么好事。高营运资金，意味着流动资产多而流动负债少。流动资产跟长期资产相比，流动性

强、风险小，但是获利性差，过多的流动资产不利于企业提高盈利能力。除了短期借款以外的流动负债通常不需要支付利息，流动负债过少说明企业利用无息负债扩大经营规模的能力较差。因此，企业应当保持适当的营运资金规模。

没有一个统一的标准用来衡量营运资金保持多少是合理的。不同行业的营运资金规模有很大差别，一般说来，零售商的营运资金较多，因为他们除了流动资产外没有什么可以偿债的资产；而信誉好的餐饮企业营运资金很少，有时甚至是一个负数，因为其稳定的收入可以偿还同样稳定的流动负债。制造业一般有正的营运资金，但是其数额差别很大。由于营运资金与经济规模有联系，所以同一行业不同企业之间的营运资金也缺乏可比性。

营运资金是一个绝对数，不便于不同企业间的比较，因此在实务中很少直接使用营运资金作为偿债能力的指标。

例 7－2　B 公司和 C 公司的营运资金相同，但是偿债能力显然不同（见表 7－1）。

表 7－1　B 公司和 C 公司资料

单位：万元

项　目	B 公司	C 公司
流动资金	300	1 200
流动负债	100	1 000
营运资金	200	200

因此，营运资金的合理性要通过流动资产和流动负债的相对比较，即流动比率来评价。

7.1.2　流动比率

流动比率是流动资产总额与流动负债总额之比。这是一个用得最普遍的，也是投资者、债权人和企业管理部门普遍关心的反映企业短期偿债能力的比率。其计算公式为：

$$流动比率=\frac{流动资产}{流动负债}$$

流动比率说明了企业每 1 元流动负债有多少流动资产可以作为支付的保障。我们已经知道，流动资产是企业短期内变现的主要资产，而流动负债则是企业在近期将要偿还的债务。因此流动比率可以反映企业的短期偿债能力，即企业用可以在短期内转变为现金的流动资产偿还到期的流动负债的能力。一般认为，企业正常的流动比率是 2，下限是 1.25，低于该数值时，企业的偿债风险加大。该比率越高，说明企业偿还流动负债的能力越强。流动比率低，说明企业对流动负债的偿付能力弱，容易产生周转资金短缺的现象。流动比率的强弱反映了企业从事生产经营活动的活力及应变能力的强弱，但是流动比率也不是越大越好，企业的流动比率能够说明其有能力偿还短期债务就行，如果流动比率过高则表明企业流动资产占用的资金较多，这会影响企业资金的使用效率和获利能力；企业流动比率过高还可能是因为存货积压、应收账款过多且收账期延长等原因，而真正可以用于偿还债务的资金和存款却严重短缺。

通常认为，流动资产和流动负债是同比例增长的，利润总额也随之增长是企业比较理想的状况，这说明企业的生产规模在发展较快的前提下，暂时不存在无法偿还债务的风险。如果流动负债的增长速度大于流动资产的增长速度，则说明企业的生产经营发展过快，资金明显不足，企业有可能无法偿还到期债务。

例 7-3 A公司有关资料及流动比率的计算如表7-2所示。

表 7-2 A公司有关资料及流动比率的计算

项目	2011年	2012年
流动资产/万元	315 221.40	184 221.80
流动负债/万元	141 235.20	187 916.60
流动比率	2.23	0.98

该公司2011年的流动比率高于一般公认标准，但是2012年该公司的流动比率比2009年的减少了1.25，减少率为56.05%，表明该公司的短期债务的偿还能力在降低，而且这种降低的速度还很快。

运用流动比率指标分析评价企业的短期偿债能力时，应注意几个问题。

(1) 判断偿债能力时要结合具体情况进行分析。首先将企业本身的历史各期流动比率进行比较，这有利于发现问题，吸取历史的经验和教训，改善企业的偿债能力，并可以对短期偿债能力的变动趋势作出分析。其次还要将企业的流动比率跟同行业的平均流动比率进行比较，行业平均水平代表的是行业标准。不同的行业因资产、负债占用情况不同，流动比率会有较大差别。一般来说，食品加工等生产周期短的行业，无须大量存货，应收账款周转期也较短，流动比率可以较低。相反，钢铁等生产周期长的企业，流动比率要求较高。最后企业的流动比率还要考虑经济环境的标准。经济环境好的时候，企业信用比较好，即使流动比率低一点，偿债能力也有保障；经济环境不好的时候，企业纷纷倒闭，即使流动比率很高，企业照样可能无法偿还到期的债务。

(2) 注意流动资产的结构状况来进行分析。有时候流动比率很高，并不意味着企业有足够的现金或存款可用来归还短期债务。因为流动资产除了货币资金、银行存款和短期投资等变现能力较强的资产以外，还包括变现能力较差的存货、无法变现的待摊费用、容易发生呆账的应收账款等。大量呆账积压的存货、长时间无法收回的应收账款和大量的预付账款等的存在，都会使流动资产增加，流动比率提高，而真正用来偿还债务的现金、银行存款等并没有增加，有时反而减少。因此作为债权人除了注意流动比率的数值之外，还应注意企业现金流量的变化。一般情况下，营业周期、流动资产中的应收账款数额和存货的周转速度是影响流动比率的主要因素。

(3) 注意人为因素对流动比率指标的影响。由于债权人注重以流动比率来衡量企业的短期偿债能力，所以有的企业为了筹措资金，有意在会计期末采用推迟购货，允许存货跌价，抓紧收回应收账款，尽可能在偿还债务以后再商借等方法，粉饰其流动资产和流动负债状况，提高流动比率。因此，作为债权人在进行报表分析时，除了观察流动比率和现金流量的变化之外，还应当对不同的会计期间流动资产和流动负债状况的变化进行对比分析。

根据以上有关流动比率的局限性，为了能更加真实地揭示企业的短期偿债能力，还可以使用速动比率这一指标。

7.1.3　速动比率

速动比率是企业流动资产中速动资产与流动负债的比率，反映企业对日常经营债务支付能力的迅速性，其计算公式是：

$$速动比率=\frac{速动资产}{流动负债}$$

速动资产的计算有两种方法：

（1）将流动资产中扣除存货后的资产统称为速动资产，其计算公式为

$$速动资产=流动资产-存货$$

计算速动比率时，之所以要扣除存货的原因是：①在流动资产中存货的变现速度最慢；②由于某种原因，部分存货可能已经损失报废还没做处理；③部分存货已经抵押给某债权人；④存货估计还存在着成本与合理市价相差悬殊的问题。综上所述，从谨慎的角度来看，把存货从流动资产总额中减去而计算出的速动比率反映的短期偿债能力更加令人信服。

但是这个指标也有其局限性：①速动比率只是揭示了速动资产与流动负债的关系，是一个静态指标；②速动资产中包含了流动性较差的应收账款，使得速动比率所反映的偿债能力受到怀疑；③各种预付款及预付费用的变现能力也很差。

（2）将变现能力较强的货币资金、短期投资、应收票据、应收账款净额等加总称为速动资产。其计算公式为

$$速动资产=货币资金+短期投资+应收票据+应收账款净额$$

在企业不存在待摊费用、待处理流动资产损失及其他流动资产项目时，这两种方法的计算结果是一致的。否则，第二种速动资产的计算方法要比前一种准确。用这种方法计算出来的速动比率，称之为保守速动比率。

通常认为企业正常的速动比率为 1，即在无须动用存货的情况下，也可以保证对流动负债的偿还；如果速动比率小于 1，则表明企业必须变卖部分存货才能偿还短期负债。对于短期债权人来说此比率越大，对债务的偿还能力就越强；但是如果速冻比率过高，又说明企业因拥有过多的货币性资产，而可能失去一些有利的投资和获利机会。这个比率应该在企业不同会计年度之间、不同企业之间以及参照行业标准进行比较，方能得出较佳的判断。

影响速动比率的可信性的重要因素是应收账款的变现能力。账面上的应收账款不一定都能变成现金，实际坏账可能比计提的准备要多；季节性的变化，可能使得报表的应收账款数额不能反映平均水平，所以，在评价速动比率指标时，还应结合应收账款周转率指标分析应收账款的质量。

在分析时需注意的是，尽管速动比率较之流动比率更能反映出流动负债偿还的安全性和稳定性，但并不能认为速动比率较低的企业的流动负债到期就绝对不能偿还。实际上，如果企业存货流转顺畅，变现能力较强，即使速动比率较低，只要流动比率好，企业仍然有望偿还到期的债务本息。相反的是，由于速动资产包括货币资金、短期投资、应收票据、应收账款等项目，而应收票据和应收账款并不能保证按期收回，有些应收账款的回收期可能超过 1 年，应收票据虽然可以随时向银行贴现，但当开票方到期不能承付时，实际上等于增加了企业的负债，因此，即使企业的速动比率达到 1，也不一定有足够的能力偿还短期债务。

例 7-4　光华公司有关资料及速动比率的计算如表 7-3 所示。

表 7-3　光华公司有关资料及速动比率的计算

单位：元

项　目	2011 年	2012 年
流动资产	2 692 758 726.20	3 493 639 465.23
存货	1 046 885 184.68	1 478 132 929.95
速动资产	1 645 873 541.52	2 015 506 535.28
流动负债	4 657 711 614.26	5 366 604 515.05
速动比率	0.35	0.38

从表 7-3 的计算结果可以看出，光华公司年末短期偿债能力强于年初，但年初、年末的两项速动比率均小于 1。2012 年年末，公司拥有的速动资产如果能够及时变现，就能偿还流动负债的 38%，当然，该公司要想偿付所有的流动负债，还必须使企业的存货销售顺利，资金快速周转，同时有较为丰厚的利润，才能保障全部流动负债的偿还。否则，就必须使得一部分非流动资产变现，用以偿还短期债务。

7.1.4　现金比率

在有应收账款长期挂账和存货大量积压的情况下，按照流动资产和速动资产账面价值为依据计算出的流动比率和速动比率都有可能使得投资者高估企业的短期偿债能力，解决这一问题的方法就是采取更为保守的态度来计算和分析企业的偿债能力。在企业的流动资产中，现金及其现金等价物的流动性最好，可以直接用于偿还企业的短期债务。从稳健的角度出发，现金比率用于衡量企业的偿债能力最为保险。现金比率，是指企业的现金类资产与流动负债之间的比率。在这里，现金类资产主要包括货币以及现金等价物，其计算公式为

$$现金比率=\frac{现金及其现金等价物}{流动负债}$$

现金比率反映了企业的即刻变现能力，它比速动比率所反映的及时支付能力更迅速。一般来说，现金比率越高，企业的偿债能力越强。不过，这个比率太高，也不一定是好现象，这一比率太高，表明企业通过负债方式所筹集的流动资金没有得到充分利用，企业失去的投资获利的机会越大，所以并不鼓励企业保留更多的现金类资产。所以，一般认为该比率应在 20%以上，在这一水平上，企业的直接支付能力不会有太大的问题。

例 7-5　光华公司有关资料及现金比率的计算如表 7-4 所示。

表 7-4　光华公司有关资料及现金比率的计算

单位：元

项　目	2011 年	2012 年
货币资金	1 046 591 825.60	1 259 569 873.95
流动负债	4 657 711 614.26	5 366 604 515.05
现金比率	0.22	0.23

从表 7-4 的计算结果可以看出，光华公司期末现金比率比期初现金比率有所增长，这种变化表明企业的直接支付能力略有提高。与批发零售行业的同类企业相比较，企业的现金

比率适中。

总体来看，光华公司的短期偿债压力较大。因此，企业必须保证存货的快速周转，并且必须保持较好的利润率，才能化解短期债务风险。否则，企业将面临财务危机。

在某些行业中，现金比率是相当重要的。例如，企业的存货和应收账款周转时期很长，而且经营活动又具有高度的投机性和风险性，对于这类企业来说，应重视分析其现金比率指标。不过，现金比率只把货币资金、短期有价证券和一年内到期的长期投资与流动负债对比，在评价企业变现能力中，这个比率重要程度不大。这是因为，在大多数情况下，不可能要求企业只用货币资金和有价证券来偿付流动负债，企业也没有必要保持这些流动资产的数额。一般来说，只有在企业财务发生困难时，才能用现金比率衡量企业最坏情况下的短期偿还能力。所以，现金比率只是速动比率指标的辅助比率。

7.1.5　影响变现能力的其他因素

1. 增强变现能力的因素

1）尚未使用的银行授信额度

在企业长期业务往来中、银行基于对客户多年来信用状况的考察和“与客户共同成长”的理念，通常会给予优质客户以一定的授信额度。在这个额度之内．企业可以随时向银行提出申请取得贷款，从而提高企业现金支付的能力。正是因为银行给予企业的授信额度有助于改善企业的财务形象。增强企业的现金支付能力，所以那些有幸得到银行授信的企业都会迫不及待地向市场宣布这一好消息。例如，2002 年 5 月 28 日，首创股份（600008）发布董事会临时公告，披露福建省兴业银行中关村支行继续给予企业 2 亿元授信额度、招商银行继续给予公司 3 亿元授信额度、上海浦东发展银行雅立路支行继续给予公司 4 亿元授信额度。除了及时宣布好消息以外，公司还会在定期财务报告、附注和财务状况说明书当中予以说明。

2）准备变现的长期资产

企业依据本身的经营战略往往在特定时期准备将一些长期资产变现，例如，由于机器设备使用的年限较长，企业准备将其清理出售，这无疑会增强企业以后会计期间资产的流动性。分析时应谨慎处理此类情况，因为长期资产一般是企业的生产资料，是经营活动中所必需的，即使是过剩的长期资产在短期内也不易变现。在分析这项潜在现金流时，要注意固定资产变现的速度、变现的金额。固定资产新旧程度、专用化程度（通用设备还是专用设备）都会影响固定资产的变现能力。

3）良好的商业信用

企业良好的商业信用主要表现在：一是企业拥有著名品牌，与债权人关系良好，在出现短期债务偿还困难的时候通常比较容易通过与债权人的协商达成延期付款或者取得较为宽松的贷款，以新债还旧债，当然，这种增强偿债能力的潜在因素具有高度不确定性，容易受整体资金环境的影响；二是具备发行企业股票或企业债券的能力，增强企业资产的流动性。良好的长期融资能力往往是缓解短期偿债危机的重要保证。此外，还应当参考查阅政府有关机构（如工商行政管理局）列示的企业信用档案。

2. 减弱变现能力的因素

1）担保责任、已贴现的商业汇票引起的债务

担保责任、已贴现的商业汇票引起的债务，会计上称之为“或有负债”。根据我国《票

据法》规定，债务担保人负有连带偿债责任。一旦被担保人无法偿还债务，就将由担保人偿付。可见，对担保人而言，提供担保时就形成了对金融机构的或有负债，此项或有负债最终是否转变为一笔实际的负债，取决于到期时被担保人能不能偿还债务，此项或有负债也只有在被担保人到期偿还了债务后才消失。目前，我国企业互为债务担保的很多，而由此造成企业破产的也时有发生，如郑州亚细亚集团；另外，企业已向银行贴现的商业汇票，银行仍对企业拥有资金追索权，即如果票据到期出票人无力还款给贴现银行，银行将向贴现人收取款项。因此，企业担保责任和已贴现的商业汇票引起的债务必然减弱企业的短期偿债能力。

2）未作记录的或有负债

未作记录的或有负债范围较广，如有纠纷的税款、尚未了结的诉讼案件、有争议的财产纠纷、销售创新（如企业许诺顾客如果全年累计消费 10 000 元，企业返给顾客 500 元的现金）、大件商品的售后服务等均会对企业短期偿债能力产生负面影响。例如，未决的诉讼，这种情况是指在资产负债表日诉讼已经发生，但其最后结果有赖于法院的判决。在涉及赔偿的案子中，若法院判决败诉，企业就必须赔偿，具体赔偿多少是个未知数。按照《会计法》规定："单位提供的担保、未决诉讼等或有事项，应当按照国家统一的会计制度的规定，在财务会计报告中予以说明。"

对于影响企业短期偿债能力的其他因素，可以侧重于对企业的会计报表附注和财务状况说明书的相关内容进行分析、评价。

7.2 偿债能力

长期偿债能力是企业偿还长期债务的能力，用于衡量企业偿还债务本金与支付债务利息的现金保证程度，是评价企业财务状况的重点。企业的长期债务是指偿还期在 1 年或者超过 1 年的一个营业周期以上的负债，包括长期借款、应付债券、长期应付款等。

长期偿债能力分析对于债权人来说，可以判断债权的安全程度，即是否能按期收回本金及利息；对于企业经营者来说，有利于优化资本结构，降低财务风险；对于投资者来说，可以判断其投资的安全性及盈利性；对于政府及相关管理部门，可以了解企业经营的安全性；对于业务关联企业，可以了解企业是否具有长期的支付能力，借以判断企业信用状况和未来业务能力，并做出是否建立长期稳定的业务合作关系的决定。企业对一笔债务一般总是同时负担着偿还债务本金和支付债务利息两种责任，分析一个企业长期偿债能力，主要是为了确定该企业偿还债务本金和支付债务利息的能力。影响企业长期偿债能力的因素有企业的资本结构和企业的获利能力两个方面。

长期偿债能力分析主要是通过财务报表中的有关数据来分析权益与资产之间的关系，分析不同权益之间的内在关系，进而计算出一系列的比率，从而对企业的长期偿债能力、资本结构是否健全合理等作出客观评价。反映企业长期偿债能力的财务指标主要有资产负债率、产权比率、有形净值债务率和已获利息倍数等。

7.2.1 资产负债率

资产负债比率也称负债比率，是企业全部负债总额与全部资产总额的比率，表示在企业全部资金来源中，从债权人方面取得数额的比重。该指标用于衡量企业利用负债融资进行财务活动的能力，也是显示企业财务风险的重要指标。其计算公式如下：

$$资产负债率=\frac{负债总额}{资产总额}$$

资产负债率是衡量企业负债水平及风险程度的重要标志。资产负债率越低，说明以负债取得的资产越少，企业运用外部资金的能力较差。资产负债率越高，说明企业通过借债筹资的资产越多，风险越大。因此，资产负债率应保持在一定的水平上为佳。

一般认为，资产负债率的适宜水平在 40％到 60％。

我国《公司法》规定，公司公开上市，其净资产与资产总额的比例必须在 30％以上，即负债占资产总额的比例不得高于 70％。

各利益主体（如债权人、所有者、经营者）往往因不同的利益驱动而从不同的角度来评价资产负债比率。

（1）对企业债权人而言，他们最为关心的就是所提供的信贷资金的安全性，期望能于约定时间收回本息。这必然决定了债权人总是要求资产负债比率越低越好，希望企业的每一元债务有更多的资产作后盾。如果企业的主权资本较少，表明投资者投入的份额不足，经营过程中创造和留存收益的部分较少，债权人就会感到其债权风险较大，因此作出提前收回贷款、转移债权或不再提供信贷的决策。

（2）对企业所有者来说，首要目标就是要提高投资收益水平，并将投入的资本维持在适度的风险水平上。由于负债能为投资者带来杠杆收益，而且不会稀释其股权，因此投资者希望利用债务提高企业的盈利水平。但债务同时也会给投资者带来风险，因为债务的成本是固定的。如果企业经营不善或遭受意外打击而出现经营风险时，由于收益大幅度滑坡，贷款利息还需要照常支付，损失必然由所有者负担，由此增加了投资风险。对此，投资者往往用预期资产报酬率与借款利率进行比较判断，若前者大于后者时，表明投资者投入企业的资本将获得双重利益，即在获得正常利润的同时，还能获得资产报酬率高于借款利率的差额，这时，资产负债比率越大越好；反之，若前者小于后者时，则表明借入资本利息的一部分，要用所有者投入资本而获得的利润数额来弥补，此时，投资者希望资产负债比率越小越好。

（3）从企业经营者角度来看，应将资产负债比率控制在适度水平上。由于债务成本的税前扣除和杠杆收益功能，任何企业均不可避免地要利用债务，但负债超出某一程度时，则不能为债权人所接受，企业的后续贷款难以为继。随着负债的增加，企业的财务风险不断加大，进而危及主权资本的安全和收益的稳定，也会动摇投资者对经营者的信任。因此，经营者利用债务时，既要考虑其收益性，又要考虑由此而产生的风险，审时度势，作出最优决策。

例 7-6　光华公司有关资料及资产负债率的计算如表 7-5 所示。

表 7-5　光华公司有关资料及资产负债率的计算

单位：元

项　目	2011 年	2012 年
负债总额	5 028 981 931.81	6 105 339 199.64
资产总额	7 821 216 611.71	9 089 421 878.85
资产负债率	0.64	0.67

光华公司 2012 年年初的资产负债率为 0.64，年末上升至 0.67，表明该公司债务负担加

重。一个主要的原因是年末长期借款比年初大量增加，增幅达到120%。企业资产负债率高于0.5，说明企业整体债务风险较高。但是，如果与行业同类企业相比较，光华公司的资产负债并不算很高。

在对该比率进行计算和分析利用时，应当注意如下问题。

（1）结合营业周期分析。营业周期是指从付款购买存货开始到销售存货并收回现金为止的这段时间，它包括存货周转天数和应收账款周转天数两个部分。相对而言，营业周期短的企业（如商业企业等），其资产周转快、变现能力强。此外，营业周期短使得特定数量的资产在一定期间的获利机会多，当其他条件确定时，企业一定期间的利润总额必然增加，进而使得企业流动资产和股东权益额相应增加。因此，这类企业可以适当扩大负债规模，维持较高的资产负债率。相反，对于营业周期长的企业（如房地产企业等），其存货周转慢，变现能力差，获利机会少，因此，负债比率不宜过高，否则将会影响到期债务的清偿。

（2）结合资产构成分析。这里的资产构成是指在企业资产总额中流动资产与固定及长期资产各自所占的比例。相对而言，资产总额中流动资产所占比重大的企业，其短期偿债能力较强，不能支付到期债务的风险较小，因此，这类企业的资产负债率可以适当高些。相反，资产总额中固定及长期资产所占比重大的企业，其流动比率低，短期偿债能力较差，不能支付到期债务的风险较大，从而决定了这类企业的资产负债率不宜过高。结合各主要行业分析，商业企业的总资产中存货所占比重相对较大，而且其存货的周转一般也快于其他行业，因此，其资产负债率可适当高过其他行业；工业企业相对于其他行业而言，资产总额中固定及长期资产所占比重较大（特别是技术密集型企业），因而其资产负债率不宜维持过高；虽然房地产行业的资产总额中存货所占比重较大，但是因为其生产周期长，存货周转慢，资产负债率也不宜过高。

（3）结合企业经营状况分析。当企业经营处于兴旺时期，其资产报酬率不仅高于市场利率，而且也往往高于同行业的平均利润率水平。在这种情况下，债务本息的按期清偿一般不会发生困难，债权投资的风险较小，对于企业来说，也有必要借助负债经营的杠杆作用增加企业盈利。因此，处于兴旺时期的企业可以适当扩大举债规模，维持较高的资产负债率。相反，若企业的经营状况不佳，资本报酬率低于同行业平均利润率水平，特别是当负债经营的收益不足抵偿负债成本时，债务本息的清偿将会发生困难，债权投资的风险较大，对企业来说，此时举债愈多，损失就会愈大。因此，对于经营状况不佳的企业，应控制负债规模，降低资产负债率。

（4）结合客观经济环境分析。首先，应结合市场利率分析。一般而言，当市场利率较低或预计贷款利率将上升时，企业可以适当扩大负债规模，具体说，目前贷款利率低意味着举债成本低，企业除了维持正常经营所必需的负债规模外，还可以举借新债来偿还旧债，以减少过去负债的利息；而在预计贷款利率上升的情况下扩大举债规模，则可以减少未来负债的利息开支。当市场利率较高或贷款利率将下降时，企业不仅不宜扩大举债规模，相反应缩减负债规模，以降低未来的负债成本。其次，应结合通货膨胀率分析。在持续通货膨胀或预计物价上涨的情况下，可以适当扩大举债规模，因为此时举债能为企业带来购买力利得；相反，在通货紧缩或预计物价下跌的情况下，应控制甚至缩减负债规模，因为此时负债会给企业造成购买力损失。

（5）结合企业的会计政策、资产质量等进行分析。与短期偿债能力分析一样，长期偿债能力同样应考虑企业采用的会计政策和资产的质量状况，只不过对长期偿债能力而言，除需要考虑有关流动资产的会计政策和质量状况外，更主要的是应考虑各项长期资产（如固定资产、长期资产、无形资产等）的会计政策选择和质量状况。

7.2.2　产权比率

产权比率是企业负债总额与所有者权益总额的比率，它反映投资者对债权人的保障程度。其计算公式为

$$产权比率=\frac{负债总额}{所有者权益总额}$$

该指标反映由债权人提供的资本与股本提供的资本的相对关系，反映企业基本财务结构的稳定性。产权比率也是衡量企业长期偿债能力的一个重要指标，它反映了企业清算时，所有者权益对债权人利益的保障程度。从偿债能力或债权人的角度看，该指标越低越好，因为净资产负债率越低，所有者权益对负债的保障程度就越大，债权人就越安全。但从企业所有者和经营者的角度看，为了扩大生产经营规模和取得财务杠杆利益，适当的负债经营是有益的。一般认为该指标为 1 比较合适。

根据经验标准，产权比率可分为五类，如表 7－6 所示。

表 7－6　产权比率分类

类　别	理想型	健全型	资金周转不灵	危险	关门清算
产权比率	1	2	5	10	30

例 7－7　光华公司有关资料及产权比率的计算如表 7－7 所示。

表 7－7　光华公司有关资料及产权比率的计算

单位：元

项　目	2011 年	2012 年
负债总额	5 028 981 931.81	6 105 339 199.64
所有者权益	2 792 234 679.90	2 984 042 679.21
产权比率	1.80	2.05

从表 7－7 的计算结果可以看出，2012 年年末企业股东 1 元钱的投入，要为偿还 2.05 元的负债进行担保，显然企业的负债过重，若不能在今后的经营中盈利，企业的财务风险将会很大。

运用产权比率衡量企业长期偿债能力时，还应注意以下几点。

（1）产权比率与资产负债率都是用于衡量长期偿债能力的指标，具有共同的经济意义，两者可以互相补充。因此，对产权比率的分析可以参考对资产负债率的分析。对资产负债率分析时应注意的问题，在产权比率分析中也应引起注意。例如，将本企业产权比率与其他企业对比时，应注意计算口径是否一致。

（2）尽管产权比率与资产负债率都是用于衡量长期偿债能力的，但两个指标之间还是有区别的。产权比率侧重于揭示债务资本与权益资本的相互关系，说明企业财务结构的风险

性，以及所有者权益对偿债风险的承受能力；资产负债率侧重于揭示总资本中有多少是靠负债取得的，说明债权人权益的受保障程度。

（3）所有者权益就是企业的净资产，产权比率所反映的偿债能力是以净资产为物质保障的。但是，净资产中的某些项目，如无形资产、递延资产、待处理财产损益等，其价值具有极大的不确定性，且不易形成支付能力。因此，在使用产权比率时，必须结合有形净值债务率指标，作进一步分析。

7.2.3 有形净值债务率

有形净值债务率是企业负债总额与有形净值的百分比。有形净值是将商誉、商标、专利权以及非专利技术等无形资产从净资产中扣除，这主要是由于无形资产的计量缺乏可靠的基础，不可能作为偿还债务的资源。其计算公式为

$$有形净值债务率=\frac{负债总额}{所有者权益-无形资产净值}$$

有形净值债务率指标实质上是产权比率指标的延伸，是评价企业长期偿债能力更为保守和稳健的一个财务比率，它将企业偿债安全性分析建立在更加切实可靠的物质保障基础之上，在企业陷入财务危机、面临破产等特别情况下，使用该指标衡量企业的长期偿债能力更有实际意义。从长期偿债能力来讲，比率越低越好。

例 7-8 ABC 公司有关资料及有形净值债务率的计算如表 7-8 所示。

表 7-8 ABC 公司有关资料及有形净值债务率的计算

单位：万元

项　目	2011 年	2012 年
负债总额	521 501.0	523 254.3
所有者权益	774 485.6	836 316.9
无形资产净值	6 266.7	5 873.4
有形净值	768 218.9	830 443.5
有形净值债务率	0.68	0.63

从表 7-8 的计算结果可以看出，2012 年年末与 2011 年年末相比，有形净值债务率降低了，说明公司的长期偿债能力在不断提高，债权人利益的受保障程度较高。

7.2.4 已获利息倍数

已获利息倍数又称为利息保障倍数，是指企业经营业务收益与利息费用的比率，用以衡量企业偿付借款利息的能力，其计算公式为：

$$已获利息倍数=\frac{息税前利润}{利息费用}$$

其中，息税前利润＝营业性收入－经营性成本

或者 息税前利润＝税前利润总额＋利息费用

该比率反映企业息税前利润为所需支付利息的多少倍，用于衡量企业偿付借款利息的能力。公式中的“利息费用”不仅包括计入当期财务费用的利息费用，而且还应包括资本化的

利息，因为利息作为企业对债权人的一项偿付义务，其性质并不因为企业的会计处理不同而变更。也就是说，无论是计入财务费用的利息，还是包括在长期资产价值中的利息，到期均须企业偿付，并且在正常情况下，这种偿付的资金来源不是现实的存量资产，而是与经营利润相对应的增量资产。

相对而言，该比率值愈高（低），表明企业的承息能力愈强（弱）。从长远看，该比率值至少应大于 1，也就是说，企业只有在息税前利润至少能够偿付利息的情况下，才具有负债的可行性，否则就不宜举债经营。但在短期内，即使该比率值低于 1，企业也可能仍有能力支付利息，因为用于计算的某些费用项目不需要在当期支付现金，如折旧费、摊销费等，这些非付现却能从当期的销售收入中获得补偿的费用，是一种短期的营业现金流入，可用于支付利息。然而这种支付是暂时的，随着时间的推延，企业如果不能改观其获利状况或缩减负债规模，则在计提折旧、摊销的资产须重置时，势必会发生支付困难。因此，从长期看，企业应连续比较多个会计年度（一般选择 5 年以上）的利息保障倍数，以说明企业付息能力的稳定性。

应当注意，在测算已获利息倍数时，公式中的“税前利润总额”不包括非常损益及会计政策变更的累积影响等项目，因为这些项目的损益与公司的正常经营无关，且不属于经常性项目。

例 7－9　光华公司有关资料及已获利息倍数的计算如表 7－9 所示。

表 7－9　光华公司有关资料及已获利息倍数的计算

单位：元

项　目	2011 年	2012 年
利润总额	485 298 076.52	578 005 835.16
利息费用	93 169 393.38	121 501 657.23
息税前利润	578 467 469.90	699 507 492.39
已获利息倍数	6.21	5.76

从该指标的计算结果来看，企业的正常息税前营业利润足以保障企业的利息支出。因此，企业的长期偿债能力较强。总体来看，光华公司在同行业中的债务水平并不是很高，如果企业能够保证在未来几年内维持盈利的话，其长期偿债能力还是较强的。

此外，结合这一指标，企业可以测算长期负债与营运资金的比率，它是用企业的长期债务与营运资金相除计算的。其计算公式为

$$长期债务与营运资金比率=\frac{长期负债}{流动资产-流动负债}$$

一般情况下，长期负债不应超过营运资金。长期负债会随时间延续不断转化为流动负债，并需动用流动资产来偿还。保持长期负债不超过营运资金，就不会因这种转化而造成流动资产小于流动负债，从而使得长期债权人和短期债权人感到贷款有安全保障。

7.2.5　影响长期偿债能力的其他因素

分析公司长期偿债能力时，除了对上述直接表达长期偿债能力的指标进行分析评价之外，还应注意未在财务报表上充分披露的如下其他因素。

1. 资产价值的影响

资产负债表上的资产价值主要是以历史成本为基础确认计量的，这些资产的账面价值与实际价值往往有一定差距，表现在以下方面。

（1）资产的账面价值可能被高估或低估。如前所述，资产的账面价值是历史数据，而市场处于不断变化之中，对于某些资产的账面价值已经不能完全反映其实际价值，如企业处于城市中心地段的厂房会发生大幅度增值，而一些技术落后的设备其账面价值又会大大低于市场价值。

（2）某些入账的资产毫无变现价值。这类项目包括待摊性质的预付账款、长期待摊费用以及某些人为制造的应收账款、存货等，前者已作为费用支出，只是因为会计上的配比原则才作为资产保留在账面上的；而后者是“粉饰”的结果，这类资产的流动性几乎为零，对于企业的偿债能力毫无意义。

（3）尚未全部入账的资产。按照现行企业会计准则，企业的资产并非全部在资产负债表中得到反映，往往一些非常重要的项目未被列作资产入账，如企业自行开发的、成本较低而计入期间费用的商标权、专利权等，其商用价值是不容忽视的。又如一些企业的衍生金融工具是以公允价值披露在会计报表附注中的，这种揭示有助于使用者分析与之相关的企业的重大盈利机会或重大潜在风险。

2. 长期经营性租赁的影响

当企业急需某项设备而又缺乏足够的资金时，可以通过租赁方式解决。财产租赁有融资租赁与经营租赁两种形式，融资租赁的设备可视同企业的自有资产。相应的租赁费作为长期负债处理；而企业经营租赁的设备则不包括在固定资产总额中，如果该设备被长期占用，形成了一项长期固定的租赁费用，实际上是一种长期筹资行为，但其租赁费用又不能作为长期负债处理。因此，需要偿还的债务和用作偿债保障的资产两方面都出现了特殊情况，若被忽略就会对企业的长期偿债能力产生负面影响。

3. 或有事项和承诺事项的影响

或有事项是指企业现存的一种状态或处境，其最终结果是否发生损失或收益，依其未来不确定事项是否发生而定。按照谨慎性原则，企业应尽量预计可能发生的损失和负债，而不得预计可能发生的收益和资产（如预计合同方的违约罚款收入）。目前，我国已出台了《企业会计准则第 13 号——或有事项》，要求企业在资产负债表内确认“预计负债”，在表外披露已贴现的应收票据及为其他企业的贷款担保、未决诉讼等或有负债。此外，中国证监会要求股份有限企业在招股说明书中披露或有负债及重大未决诉讼事项。

承诺事项是指企业由具有法律效力的合同或协议的要求而引起义务的事项。例如，与贷款有关的承诺、信用证承诺、售后回购协议下的承诺。又如，企业在与职工签订的劳动合同中，承诺对企业职工聘用期间及解聘或退休时，可以享受一定的待遇等。这些往往构成企业的一种长期负担，但又没有出现在财务报表上。在未来的特定期间内，只要达到特定条件，即发生资产减少或负债增加。目前，我国企业会计准则要求企业在会计报表附注中详细披露承诺事项。

由此可见，无论是或有事项，还是承诺事项，均有可能减弱企业长期偿债能力，必须对此严加观察和分析，以防患于未然。

【案例分析】

猴王股份有限公司于 1993 年 11 月在深圳证券交易所上市，是全国最早的上市公司之一，也是焊材行业较少的一家上市公司。在 2000 年 1 月之前，猴王股份拿给股东们的成绩单一直都不错。1998 年年报，它还保有配股资格。但是，2001 年 2 月，上市公司猴王股份第一大股东猴王集团被裁定破产。经中国证监会调查，短短几年间，猴王集团拖欠上市公司 8.9 亿元，猴王股份还为猴王集团提供担保金额为 2.44 亿元，两项合计 11.3 亿元。猴王股份的总资产才 9.34 亿元，这意味着猴王股份已被大股东掏空，资不抵债戴上 ST 帽子。

针对以上案例，不由得引发我们的思考。为什么猴王股份会落到如此地步？分析以下问题：

1. 根据上述案例说明企业偿债能力的重要性，以及为什么要分析企业的偿债能力。
2. 对于不同的利益相关者，偿债能力的分析是否有不同之处？

【课后练习题】

1. 为什么要进行企业偿债能力分析？
2. 如何进行流动比率分析？流动比率的局限性有哪些？
3. 如何理解流动比率、速动比率和现金比率的相互关系？
4. 如何对影响短期偿债能力的其他要素进行分析？
5. 如何进行产权比率分析？产权比率与有形净值债务比率的关系如何？
6. 运用利息保障倍数进行分析与评价时应注意哪些问题？

第8章 营运能力分析

【学习提示】

本章主要讲述了企业营运能力分析的内涵、企业营运能力的结构分析和企业营运能力的比率分析。重点掌握各种有关企业营运能力的比率分析，其中对流动资产营运能力、非流动资产营运能力和总资产营运能力要有系统的认识。各种周转率和周转天数要重点记忆。了解企业营运能力的重要性。

【中英文关键词】

企业营运能力分析　Analysis of Enterprises' Operating Capacity

应收账款周转率/应收账款周转天数　Accounts Receivable Turnover/Days Sales Outstanding (DSO)

存货周转率　Inventory Turnover

流动资产周转率　Current Assets Turnover

非流动资产周转率　Non-current Assets Turnover

固定资产周转率　Fixed Assets Turnover

总资产周转率　Total Assets Turnover

营运能力，主要是指企业营运资产的效率。企业营运资产的效率主要是指资产的周转率或周转速度。企业资产营运能力的实质，就是要以尽可能少的资产占用，尽可能短的时间周转，生产尽可能多的产品，实现尽可能多的销售收入，并创造尽可能多的纯收入。也就是要看企业利用了多少资产，生产出多少产品，用的资源越少，产出越多，说明企业的效益越好。

8.1 营运能力分析的内涵

一般来说，营运能力就是指企业充分利用现有资源创造社会财富的能力。其实质就是要以尽可能少的资产占用，尽可能短的时间周转，生产尽可能多的产品，创造尽可能多的销售收入。因此，企业营运能力分析是影响企业财务状况稳定与否和获利能力强弱的关键环节。

1. 有利于企业管理当局改善经营管理

企业经营者受业主或股东的委托，对其投入企业的资本负有保值增值的责任。他们负责企业的日常经营活动，必须确保公司支付给股东与风险相适应的收益，并能使企业的各项经济资源得到有效的利用。因此，虽然他们也关心盈利能力，但在财务分析中他们关心的不仅仅是盈利的结果，而是盈利的原因及过程。如资产结构分析、资产利润率分析、营运状况与效率分析等。通过资产结构分析，可发现和揭示与企业经营性质、经营时期不相适应的资产结构比例，并及时加以调整，形成合理的资产结构，使资产保持足够的流动性，提高资金周转速度，改善财务状况，以赢得外界对企业的信心。特别是对于低质量资产或虚拟资产进行分析，摸清存量资产结构，并迅速处理有问题的资产，可以有效防止或消除资产经营风险，提高盈利能力，使企业现有资源盈利更多，而且保持持续增长。同时，通过营运能力分析，还可为财务决策和财务预算指明方向，为预测财务危机提供必要信息。

2. 有助于投资者进行投资决策

企业的投资者包括企业所有者和潜在投资者，他们进行财务分析的目的是看企业的盈利能力和财务安全性，只有投资者认为企业有良好的发展前景才会保持或增加投资。企业营运能力分析恰恰有助于判断企业财务的安全性、资本的保全程度以及评估企业的价值创造能力，可用以进行相应的投资决策。一是企业的安全性与资产结构密切相关，一般企业流动性及变现能力强的资产所占的比重越大，企业的偿债能力越强，企业的财务安全性也就越高；二是要保全所有者或股东的投入资本，除要求在资产的运用过程中，资产的净损失不得冲减资本金外，还要有高质量的资产作为物质基础，通过资产结构和资产管理效果分析，可以很好地判断资本的安全程度；三是企业的资产结构直接影响着企业的收益。企业存量资产的周转速度超快，实现收益的能力超强；存量资产中商品资产越多，实现的收益额也越大；商品资产中毛利额高的商品所占比重越高，取得的利润率越高。良好的资产结构和资产管理效果预示着企业未来收益的能力。

另外，对企业所有者而言，企业营运能力分析也可以评价经营者的经营业绩，发现经营中的不足，从而通过行使股东权利为企业未来的发展指明方向。

3. 有助于债权人进行信贷决策

从债权人角度来看财务分析的主要目的。一是企业的债权能否及时、足额收回，即研究企业偿债能力的大小；二是收益状况和风险程度是否相适应，即研究企业的盈利能力。企业的营运能力直接影响和关系着企业的偿债能力和盈利能力，体现着企业的经营绩效。资产结构和资产管理效果分析有助于判明其债权的物资保证程度或安全条件，可用来进行相应的信用决策。

短期债权人通过了解企业流动比率、应收账款平均收账期、信贷周转率等指标，加上对支持有关比率的各个变量进行质量分析，可以判明企业短期债权的物资保证程度；长期债权人通过了解与长期债务偿还期相接近的可实现长期资产，可以判明企业长期债权的物资保证程度。另外，通过对企业的营运能力进行分析，还可以了解企业的长期获利能力及现金流动性，这些都是企业按期清偿长期贷款及利息的基础。在通过资产结构分析企业债权的物资保证时，应将资产结构与债务结构相联系，进行匹配分析，考察企业的资产周转期限（变现期限）结构与债务的期限结构的匹配情况，资产的周转（变现）率状况与债务的偿还期结构的匹配情况，以进一步掌握企业的各种结构是否相互适应。

此外，对于其他与企业只有密切经济利益关系的部门和单位而言，企业的营运能力分析同样具有重要意义：有助于政府及有关管理部门判明企业经营是否稳定，财务状况是否良好；有利于监督各项经济政策、法规的执行情况；有利于为宏观决策与调控提供可靠信息；有助于业务关联企业判明企业是否有足量合格的商品供应或有足够的现金支付能力，有助于判明企业的供销能力及其财务信用状况是否可靠，以确定可否建立长期稳定的业务合作关系或者所能给予的信用政策的松紧度。总之，营运能力分析能够用以评价一个企业的经营水平、管理水平，乃至预期其发展前景，对各个利益主体来说关系重大。

8.2 营运能力的结构分析

一个企业的资产，按变现速度及其价值转移形式可以分成流动资产和非流动资产两大部分。其中非流动资产包括固定资产、无形资产、长期投资等。企业资产总额中流动资产和非流动资产各自占有的比例以及各自的内部结构即称为企业的资产结构。通常，企业的存货水平、流动资产与固定资产的比例等应保持相对稳定，出现移动则意味着企业生产经营可能存在某种潜在危机。由于资产结构中包含着经营风险、流动性、收益能力等信息，对其深入分析可以了解企业的财务状况和营运能力。

进行资产结构分析具有重要的作用，对此应遵循以下原则。

（1）把握资产流动性。资产的流动性是指资产变现的速度（或能力），一般是指周转速度。资产负债表中资产的分类和排序就是按照其流动性大小进行的，也就是说，在正常情况下，企业流动资产比非流动资产、短期资产比长期资产的流动性强；货币资产比非货币资产、金融资产比实物资产、临时波动资产比永久固定资产的流动性强。但是，在非正常情况下，比如资产质量出现问题，则应按照资产的质量，即变现速度进行重新排列。最易出现质量问题的资产主要是存货资产，一旦存货滞销、停销，其流动性几乎为零，那么按流动性排列它可能居于全部资产的最后。可见，企业资产甚至是资产结构不同，企业资产的流动性大小也就不一样。资产的流动性与资产的风险性及其收益性均具有密切联系。就整体而言，流动性大的资产风险相对较小，收益相对较高；反之则相反。因此，企业应通过调整资产结构，尤其是质量结构，增强企业资产的流动性。

（2）突出资产的收益性。企业资产对收益形成的影响有三种。一是直接形成企业收益的资产，主要包括产品、商品等存货资产，应收账款等结算资产和有价证券等投资资产等，其中结算资产中已包括了收益或毛利，其他资产的收益或毛利则需在市场销售中实现。二是对企业一定时期收益不产生影响的资产，主要如货币资产。货币资产通常是企业收益的结果，在正常情况下既不会增值也不会减值，其价值也不会转移，因此也不会产生收益。三是抵扣企业一定时期收益的资产，主要包括非产品（商品）资产、固定资产、支出性无形资产等，这些资产是企业收益实现的必要条件，在一定时期内有助于收益的实现，但从收益的计算过程可以看出它们的转移或摊销价值是收益的抵扣项目。因此，在总资产一定的条件下，这类资产的占用越多，要抵扣的收益就越多，所得收益越小。由此可见，资产结构中直接形成企业收益的资产比重相对越大，其余两类资产的比重相对越小，将有利于企业收益的最大化。但是，资产类别之间、项目之间的结构必须合理，若走向某种极端，结果只能适得其反。

（3）考虑表外信息因素。根据现行企业会计准则规定，列入企业报表的仅仅是可以用货币计量的经济资源。实际上，有些资本项目由于会计处理的原因或计量手段的限制未能在资产负债表中体现净值，但仍能对企业未来做出贡献。这些账外资产主要包括：①已经提足折旧，但企业仍然继续使用的固定资产；②表外存在的大量无形资产，例如，具有悠久历史、良好信誉、知名度高的企业账外存在着价值巨大的商誉。目前的财务会计还难以将其列入企业的资产负债表。

因此，对企业资产结构与质量的整体把握，应当结合表内与表外因素综合考虑。

8.3　营运能力的比率分析

营运能力比率是用于衡量企业组织、管理和营运特定资产的能力和效率的比率，一般用资产的周转速度来衡量。企业的固定资产和流动资产如果能够尽快地周转回收，这时在单位时期内能被使用的资产就越多，资产的利用程度或利用效率得到了提高。资产是资金运用的具体化，加快资产运转速度，能减少资产结存量，加快资产回收，企业的经营状况也就越安全稳定。

企业营运能力的比率分析主要从流动资产营运能力、非流动资产营运能力和总资产营运能力三个方面进行。

8.3.1　流动资产营运能力

流动资产营运能力，是指企业流动资产的营运效率，主要是企业投入或使用流动资产所取得的产出能力。由于企业资产中营运最快的部分是流动资产，所以，流动资产的周转速度极大地影响着总资产的营运效率。反映流动资产营运能力的指标主要是流动资产周转率、现金周转率、存货周转率和应收账款周转率等指标。

1. 流动资产周转率

流动资产周转速度分析，就是分析研究影响流动资产周转的因素，查明周转加速或缓慢的原因，以揭示资金周转落后的环节和呆滞的现象，寻求改进周转状况的途径，以达到促进资金的有效使用和节约的目的。

它的分析可以通过流动资产周转率和流动资产周转天数两个指标来进行。

流动资产周转率是指企业一定时期的营业收入与流动资产平均余额的比率，即企业流动资产在一定时期内（通常为一年）周转的次数，其计算公式为

$$流动资产周转率=\frac{主营业务收入}{流动资产平均余额}$$

其中

$$流动资产平均余额=\frac{年初流动资产+年末流动资产}{2}$$

流动资产周转率也可以用周转天数来表示，其计算公式为

$$流动资产周转天数=\frac{计算期天数}{流动资产周转率}=\frac{计算期天数\times 流动资产平均余额}{主营业务收入}$$

流动资产周转率反映流动资产的管理效率。该比率越高，意味着企业的流动资产周转速度越快，利用效果越好。在越快的周转速度下，就会相对节约流动资产，其意义相当于扩大流动资产投入，在某种程度上增强了企业的盈利能力；而延缓周转速度，则需要补充流动资

产参加周转，形成资金浪费，降低企业盈利能力。

例 8－1 光华公司有关资料及流动资产周转率的计算如表 8－1 所示。

表 8－1 光华公司有关资料及流动资产周转率的计算

单位：元

项目	2011 年	2012 年
营业收入	11 418 968 169.76	14 968 766 420.88
年初流动资产	1 755 274 050.70	2 692 758 726.20
年末流动资产	2 692 758 726.20	3 493 639 465.23
平均流动资产	2 224 016 388.45	3 093 199 095.72
流动资产周转率	5.13	4.84
流动资产周转天数	71	74

光华公司 2011 年的流动资产周转率为 4.84，也就是说，企业全部的流动资产在一年内可以周转 4.84 次，每 75 天周转一次。与行业平均情况相比，该企业的流动资产营运能力是比较高的。但是，企业 2012 年比 2011 年的流动资产周转率有所下降，周转天数也增加了 4 天，这说明企业的流动资产营运效率在下降。

流动资产变现能力反映企业短期偿债能力的强弱。企业在进行流动资产周转率分析时，应以企业以前年度水平、同行业平均水平作标准进行对比分析，促使企业采取措施扩大销售，提高流动资产的综合使用效率。

2. 现金周转率

现金周转率是指企业营业收入与现金平均余额的比率。它表明一个企业对现金的管理水平和利用效率，可以用来分析企业利用现金头寸产生收益的能力。其计算公式为

$$现金周转率=\frac{主要营业收入}{现金平均余额}$$

其中现金包括库存现金和可随时支取的银行存款，

$$现金平均余额=\frac{年初现金+年末现金}{2}$$

现金周转率也可以用周转天数来表示，其计算公式为

$$现金周转天数=\frac{计算期天数}{现金周转率}=\frac{计算期天数\times现金平均余额}{主要营业收入}$$

持有现金主要是为了满足日常的交易需要，并作为一个流动储备以弥补现金流入和流出不平衡时出现的短缺。较高的现金周转率意味着企业对现金的利用效率较好，但并不说明这一比率越高越好。过高的现金周转率一方面表明现金利用效率高；另一方面也表明了企业日常所持有的现金过少，这可能是出现潜在财务困难的先导信号。相反，过低的现金周转率一方面可以反映企业现金充裕；另一方面也说明了企业持有现金过多，现金闲置则利用效率低，说明管理者没有充分利用机会将现金投入企业运行或投资。因此，一个企业的现金周转率是否恰当，现金持有量是否合理，应充分考虑企业的行业性质和业务性质，最基本的权衡是在流动性与无报酬率或者低报酬率与资金积累之间的权衡。

例 8 - 2　光华公司有关资料及现金周转率的计算如表 8 - 2 所示。

表 8 - 2　光华公司有关资料及现金周转率的计算

单位：元

项　目	2011 年	2012 年
营业收入	11 418 968 169.76	14 968 766 420.88
年初现金	1 139 346 538.65	1 046 591 825.60
年末现金	1 046 591 825.60	1 259 569 873.95
平均现金余额	1 092 969 182.13	1 153 080 849.78
现金周转率	10.45	12.98
现金周转天数	35	28

光华公司 2011 年的现金周转率为 10.45，也就是说，企业现金在一年内可以周转 10.45 次，每 35 天周转一次。与行业平均情况相比，该企业的流动资产营运能力是比较高的。但是，企业 2012 年比 2011 年的现金周转率有所上升，周转天数也减少了 7 天，这说明企业的现金营运效率在上升。

3. *存货周转率*

存货周转率也称存货利用率，是指企业一定时期内产品或商品销货成本与存货平均余额的比率，即企业的存货在一定时期内（通常为一年）周转的次数。存货周转率是反映企业的存货周转速度的指标，计量了存货的质量和流动性，也是评价企业购入存货、投入少产、销售收回等环节的管理状况和运营效率的综合性指标。其计算公式为

$$存货周转率=\frac{本期销售成本}{存货平均余额}$$

其中

$$存货平均余额=\frac{年初存货+年末存货}{2}$$

存货周转率也可以用周转天数来表示，其计算公式为

$$存货周转天数=\frac{计算期天数}{存货周转率}=\frac{计算期天数\times存货平均余额}{存货周转率}$$

在一定期间内，如果企业经营顺利，企业的存货周转率越高，库存的占用水平越低，表明企业存货转化为现金或应收账款的速度快，经营管理效率高，资产流动性和销售能力较强，进而企业的利润率较高，短期偿债能力也较强。但是，存货周转率过高，也可能说明企业在管理方面存在一些问题，如企业存货资金投入过少，甚至可能会因存货储备不足影响生产或销售业务的进一步发展，特别是那些采购困难的存货，或者是采购次数过于频繁，批量太小等。反之，如果存货周转率过低，则表明企业存货的管理效率较低，存货周转较慢，存货占用资金较多，企业的利润率较小。

例 8 - 3　光华公司有关资料及存货周转率的计算如表 8 - 3 所示。

表 8－3　光华公司有关资料及存货周转率的计算

单位：元

项　目	2011 年	2012 年
营业成本	9 051 326 917.51	11 921 108 455.31
年初存货	794 309 671.16	1 046 885 184.68
年末存货	1 046 885 184.68	1 478 132 929.95
平均存货	920 597 427.92	1 262 509 057.32
存货周转率	9.83	9.44
存货周转天数	37	39

光华公司 2012 年的存货周转率为 9.44，也就是说存货在一年内可以周转 9.44 次，平均每 39 天周转一次，根据行业经验判断，其存货周转速度较快。但是我们还看到，比照 2011 年的存货周转率，2012 年的存货周转速度略有下降，周转天数也比 2011 年长了 2 天。

在计算并分析存货周转率指标时，应注意以下问题。

(1) 如果企业的生产经营活动具有很强的季节性，则年度内各季度的销售成本与存货都会有较大幅度的波动。因此，为了客观反映企业的营运状况，平均存货应该按月份或季度余额来计算，先求出各月份或各季度的平均存货，然后再计算全年的平均存货。

(2) 关注企业的竞争战略。企业之间的差别常常表现为是采用高周转率/低毛利的战略，还是低周转率/高毛利的战略。采用高周转率/低毛利策略的企业应当是薄利多销。由于价低毛利较低，要获得成功，企业必须严格控制成本，以保证毛利不至于过低。如零售超级市场通常采用这种战略。

采用低周转率/高毛利策略的企业的竞争基础为产品的差别性。企业试图生产消费者需要的产品，吸引消费者的是产品的花色品种，而不是价格。如果获得成功，企业便可以收取相对高的价格，并以高毛利获取利润。这些企业的成本控制显得不是特别重要。如特种食品和服装企业通常采用这种战略。

(3) 掌握企业目前所处的产品生命周期。在营销领域，产品生命周期有“出生期、成长期、成熟期和衰退期”四个阶段。针对不同阶段所表现的财务特征来考查存货周转率。

(4) 为了分析存货周转速度的具体原因，在企业中还应当进一步考察存货的构成，通过不同时期的比较，查找出影响存货利用效果变动的原因。存货周转率是不同存货类别的不同周转率的混合物。例如，工业企业可将存货按原材料、在产品、低值易耗品和产成品等计算周转率，考查在产、供、销不同阶段存货的运营情况。其计算公式分别为：

$$原材料周转率=\frac{本期耗用原材料成本}{原材料平均余额}$$

$$在产品周转率=\frac{完工产品制造成本}{在产品平均余额}$$

$$产成品周转率=\frac{产品销售成本}{产成品平均余额}$$

这三个周转率的评价标准与存货评价标准相同．都是周转次数越多越好。但在计算各类存货周转率的过程中，一个重要的障碍就是数据的可获得性。因此，如果企业的存货周转率恶化，则可能由以下因素引起：第一，低效率的存货控制与管理导致存货的过度购买；第二，低效率的生产导致存货有缓慢的生产量；第三，存货品种过时，需求疲软或者难以出售，甚至已经丧失交换价值，导致库存积压；第四，企业可能存在着不适当的营销政策，如对信用政策控制过严而导致销路不畅。

4. 应收账款周转率

应收账款周转率是指企业商品或产品赊销净额与应收账款平均余额的比率，即企业的应收账款在一定时期内（通常为一年）周转的次数。应收账款周转率是反映企业的应收账款变现速度和管理效率的指标。其计算公式为

$$应收账款周转率=\frac{赊销收入净额}{平均应收账款余额}$$

其中

$$赊销收入净额=销售收入-现销收入-现金折扣$$

$$平均应收账款余额=\frac{年初应收账款+年末应收账款}{2}$$

应收账款周转率也可以用周转天数来表示，其计算公式为

$$应收账款周转天数=\frac{计算期天数}{应收账款周转率}=\frac{计算期天数\times 平均应收账款余额}{赊销收入净额}$$

应收账款周转率是评价企业应收账款流动性大小的指标，可以用来分析应收账款变现速度的快慢与管理效率。一般来说，企业的应收账款周转率越高，周转次数越多，表明企业应收账款回收速度越快，企业经营管理的效率越高，资产流动性越强，短期偿债能力也越强，同时可以有效地减少收款费用和坏账损失，从而相对增加企业流动资产的收益。反之，较低的应收账款周转率，则表明企业的流动资金过多地滞留在应收账款上，影响正常的资金周转。企业需加强应收账款的管理和催收工作，还要根据应收账款周转率更细致地评价客户的信用程度及企业所制定的信用政策是否合理。当然，如果应收账款周转率过高，也可能是因为企业奉行了比较严格的信用政策、信用标准和付款条件的结果。这样会限制企业销售量的扩大，从而影响盈利水平。这种情况往往与存货周转率偏低同时出现。

例 8－4　光华公司有关资料及应收账款周转率的计算如表 8－4 所示。

表 8－4　光华公司有关资料及应收账款周转率的计算

单位：元

项　目	2011 年	2012 年
赊销收入净额	45 423 331.98	50 564 893.83
年初应收账款	18 070 419.98	17 723 793.34
年末应收账款	17 723 793.34	16 767 088.25
平均应收账款	17 897 106.66	17 245 440.80
应收账款周转率	2.54	2.93
应收账款周转天数	144	125

光华公司 2011 年应收账款周转率为 2.93，应收账款周转天数为 125 天，也就是说，公司的应收账款平均大约 4 个月就可以收回，回收速度比较快。而且，2012 年的应收账款周

转率比2011年有进一步的提高，这可能是由于企业规模扩大和实力增强的缘故，企业在对外收款方面变得更加具有控制力和话语权，从而改善了应收账款的管理。此外，由于光华公司属于批发零售行业，其主要收入不是现销收入，产生的应收账款数额很小，不存在重大风险，因此，该公司的应收账款不是分析的重点。

在计算并分析应收账款周转率指标时，应注意以下问题。

（1）平均应收账款并不代表应收账款的总体情况，例如，较长的平均收账期并不代表顾客总体上的拖延，有可能是因为一两个极端客户的逾期未付款项造成的。考查极端收款期的一个非常好的工具就是应收账款账龄分析，它按过期天数列示了每一笔过期账款的分布情况，揭示了付款拖延究竟是普遍现象，还是个别客户的特殊现象。

（2）有些因素会对应收账款周转率的计算结果产生较大的影响：①季节性经营的企业使用这个指标时不能反映实际情况；②企业大量使用分期付款结算方式时会高估该指标；③当企业年初年末销售额有大幅上升或下降时，会影响该指标的准确性；④当两个企业计提坏账准备的方法和比例有很大差异时，它们的应收账款周转率便不具有可比性。

（3）应收账款的周转天数是否越少越好。应收账款是赊销引起的，如果赊销有可能比现金销售更有利，周转天数就不会越少越好。收现时间的长短与企业的信用政策有关。例如，甲企业的应收账款周转天数是18天，信用期是20天；乙企业的应收账款周转天数是15天，信用期是10天。前者的收款业绩优于后者，尽管其周转天数较多。改变信用政策，通常会引起企业的应收账款周转天数的变化。信用政策的评价涉及多种因素，不能仅仅考虑周转天数的缩短。

（4）应收账款分析应与营业额分析、现金分析联系起来。应收账款的起点是销售，终点是现金。正常的情况是销售增加引起应收账款增加，现金的存量和经营现金流量也会随之增加。如果一个企业应收账款日益增加，而销售和现金日益减少，则可能是销售出了比较严重的问题，促使其放宽信用政策，甚至随意发货，而现金收不回来。

总之，应当深入到应收账款的内部，并且要注意应收账款与其他问题的联系，才能正确评价应收账款周转率。

8.3.2 非流动资产营运能力

非流动资产由长期投资、固定资产、无形资产及其他非流动资产等项目所构成，其中长期投资是企业投资于企业之外的诸如股权和债权等，它们与企业的营业收入大小并不发生任何直接关系。对企业而言，这些资产不存在资产周转率的问题，而只存在投资回报率的问题。因此，严格地说，在计算资产周转率时，应该将这些资产剔除在外。在讨论非流动资产周转率问题时，均不考虑长期投资周转率的问题。

本小节主要描述固定资产周转率来反映非流动资产营运能力。

固定资产周转率是指企业年产品（或商品）销售收入净额与固定资产平均净值的比率。它反映企业固定资产周转状况和运用效率。其计算公式为

$$固定资产周转率=\frac{营业收入}{固定资产平均余额}$$

其中

$$固定资产平均余额=\frac{年初固定资产+年末固定资产}{2}$$

固定资产周转率也可以用周转天数来表示，其计算公式为

$$固定资产周转天数=\frac{计算期天数}{固定资产周转率}=\frac{计算期天数\times固定资产平均余额}{营业收入}$$

一般情况下，固定资产周转率越高，表明企业固定资产利用越充分，说明企业固定资产投资得当，能够较充分地发挥固定资产的使用效率；反之，则表明固定资产使用效率不高，企业的营运能力较差。企业生产经营用固定资产越多，设备生产能力利用效率越好，就越能提高产量，增加产值。所以，管理者应促进改善固定资产的配备，提高设备生产率，并加速产品的销售与利润的实现，提高生产经营活动的经济效果。

例 8-5　光华公司 2012 年度营业收入为 14 968 766 420.88 元，2012 年年初固定资产数额为 3 738 458 204.15 元，年末固定资产数额为 4 042 248 147.17 元，则其固定资产周转率为

$$固定资产周转率=\frac{14\ 968\ 766\ 420.88}{(3\ 738\ 458\ 204.15+4\ 042\ 248\ 147.17)\ /2}=3.85$$

$$固定资产周转天数=\frac{360}{3.85}=94\ 天$$

运用固定资产周转率分析时，应注意以下问题。

(1) 一般而言，固定资产的增加通常不是渐进的，而是陡然上升的。这会导致固定资产周转率的变化。

(2) 固定资产的不同来源和折旧率的高低将会对该比率的大小产生重要影响。如果一家公司的厂房或生产设备是通过经营性租赁得来的，而另一家公司的固定资产全部是自有的，那么对这两家的固定资产周转率进行比较就会产生误导，显然前者会较高。另外，即使同样的固定资产，由于企业所采用的折旧方法和使用的折旧年限长短不同，也会导致不同的固定资产账面净值，造成该指标的人为差异。

(3) 企业的固定资产一般采用历史成本法记账，在企业的固定资产、销售情况都未发生变化的条件下，也可能由于通货膨胀导致物价上涨等因素而使销售收入虚增，导致固定资产周转率提高，而实际上企业的固定资产效能并未增加。

8.3.3　总资产营运能力

总资产营运能力主要由总资产周转率来表现。

总资产周转率是指企业一定时期的营业收入与总资产平均余额的比率，或称总资产周转次数。用时间表示的总资产周转率就是总资产周转天数。反映全部资产的周转速度，用于衡量全部资产的管理质量和利用效率。其计算公式为

$$总资产周转率=\frac{营业收入}{总资产平均余额}$$

其中

$$总资产平均余额=\frac{年初资产总额+年末资产总额}{2}$$

总资产周转率也可以用周转天数来表示，其计算公式为

$$总资产周转天数=\frac{计算期天数}{总资产周转天数}=\frac{计算期天数\times总资产平均余额}{营业收入}$$

该项指标反映了企业资产的周转速度，揭示了企业每占用 1 元资产，可以获得多少收

入。该项指标越大，说明企业的产出越多，资产营运的效率也越高。若该指标比率过低，说明企业的资产利用率低，产出不足，还可能存在大量的闲置资产。

例 8-6 光华公司有关资料以及总资产周转率的计算如表 8-5 所示。

表 8-5 光华公司有关资料及总资产周转率的计算

单位：元

项目	2011 年	2012 年
营业收入	11 418 968 169.76	14 968 766 420.88
年初资产总额	6 280 180 842.04	7 821 216 611.71
年末资产总额	7 821 216 611.71	9 089 421 878.85
平均总资产	7 050 698 726.88	8 455 319 245.28
总资产周转率	1.62	1.77
总资产周转天数	223	204

光华公司 2011 年的总资产周转率为 1.62，2012 年增加到 1.77，并且效益大幅提高，营运能力较强。

一般情况下，影响企业总资产周转率快慢最主要的因素有两个：一是流动资产周转率，因为流动资产的周转速度往往高于其他各类资产的周转速度，加速流动资产的周转，就会使总资产周转速度加快，反之则会使总资产周转速度减慢；二是流动资产占总资产的比重，因为流动资产周转速度快于其他各类资产的周转速度，所以，总资产中企业流动资产所占的比例越大，总资产周转速度越快，反之则越慢。

【案例分析】

1996 年 11 月 8 日下午，中央电视台传来一个令全国震惊的新闻：名不见经传的秦池酒厂以 3.2 亿元人民币的“天价”，买下了中央电视台黄金时段广告，从而成为令人炫目的连任二届“标王”。1995 年该厂曾以 6 666 万元人民币夺得“标王”。

秦池酒厂是山东省临朐县的一家生产“秦池”白酒的企业。1995 年临朐县人口有 88.7 万，人均收入为 1 150 元，低于山东省平均水平。1995 年厂长赴京参加第一届“标王”竞标，以 6 666 万元的价格夺得中央电视台黄金时段广告“标王”后，引起大大出乎人们意料的轰动效应，秦池酒厂一夜成名，秦池白酒也身价倍增。中标后的一个多月时间里，秦池就签订了销售合同 4 亿元；头两个月秦池销售收入就达 2.18 亿元，实现利税 6 800 万元，相当于秦池酒厂建厂以来前 55 年的总和。至 6 月底，订货已排到了年底。1996 年秦池酒厂的销售额也由 1995 年的只有 7 500 万元跃升为 9.5 亿元。事实证明，巨额广告投入确实带来了“惊天动地”的效果。对此，时任厂长十分满意。

然而，新华社 1998 年 6 月 25 日报道：“秦池目前生产、经营陷入困境，今年亏损已成定局……”

秦池为什么在这么短的时间就风光不再而陷入困境？

1. 巨额广告支出使经营杠杆作用程度加大，给企业带来更大的经营风险

利润＝销售量×（单价－单位变动成本）－固定成本总额

由利润的基本公式可以看出，产品单价由市场竞争决定，单位变动成本和固定成本总额在一定的生产能力范围内固定不变。因此，这三个要素基本属于常数性质，公式中唯一的变量实际上只有产品销售量。由此可见，企业利润的高低在很大程度上取决于产品销售量的大小。而产品销售量的大小，又在一定程度上取决于产品的市场份额。当同类产品很多而又难分上下的情况下，树立企业产品的品牌是争取市场份额的较好途径，甚至是唯一有效的捷径。在某种特定的情况下，品牌、市场份额和利润三者之间关系可以表现为：品牌＝市场份额＝利润。因而在中国"泰斗"级的媒介——中央电视台展开角逐，奋力夺取"标王"，在"好酒也怕巷子深"的白热化竞争环境下，不能不谓是树立产品品牌从而提高企业产品市场份额的较佳方案。问题是做广告、树品牌必须具备两个条件：一流的品牌必须以一流的质量作保证；做广告是一条不归路，必须有长时间承受巨额广告支出的能力。否则，企业的市场份额会很容易随风飘走。我们知道，巨额广告支出作为一项固定性期间费用，它本身不受企业产品销售量变动的影响，但巨额广告支出将改变企业原有的成本结构，使固定成本在产品成本中的比例增大，由此使企业的经营杠杆作用程度也随之增大。经营杠杆对企业的作用也是双方面的：当销售量增加时，企业的利润因经营杠杆的正面作用而大幅度提高；而当销售量减少时，企业的利润也将因经营杠杆的负面作用而大幅度下降。由此可见，"标王"不仅增加了企业的巨额广告负担，更重要的是它加大了企业经营杠杆的作用程度，从而也加大了企业的经营风险。只要企业产品市场稍有风吹草动，就会使企业的经营陷入困境。

事实也正是如此。秦池以 6 666 万元的价格第一次夺得广告"标王"后，广告的轰动效应使秦池酒厂一夜成名，"秦池"的品牌地位基本确立，市场份额也相应增加。1996 年秦池酒厂销售量的大幅度增加使经营杠杆产生积极（正面）作用，企业利润也以更大幅度增加。但这种局面并没有维持多久，1997 年秦池能否可持续发展已经成为十分突出的问题。其原因在于：①4 万余家白酒生产企业使白酒的生产量远大于销售量（约有 50%的产量过剩），同时洋酒的进入使白酒在酒业消费中的比例下降，到 1997 年白酒销量"滑坡"的势头更加严重，秦池的市场份额面临着严峻的考验；②一流的品牌没有一流的产品质量作保证，1996 年 12 月《××参考报》4 篇关于秦池沿川藏公路两侧收购散酒勾兑"秦池"的报道，不仅使秦池陷入巨大的媒体危机之中，而且使刚树立的"秦池"形象遭受了损害，因而在一定程度上影响了其市场份额；③1997 年 3.2 亿元巨额广告费用对秦池来说是一个巨大的包袱。它一方面使秦池的现金流动产生困难，另一方面放大了企业利润对销售量的依赖程度。只有稳定的市场份额，才能确保企业的可持续发展。1997 年和 1998 年的市场竞争和秦池自身问题使其市场份额产生了波动。正是波动不定的市场份额使秦池陷入了严重而难以自拔的经营风险之中。1997 年秦池在中央电视台播出的广告时间折算成货币为应付 1.5 亿元左右，而秦池实际支付仅为 4 800 万元。

2. 资产结构的失衡，导致盈利能力与流动能力矛盾恶化

企业理财原理告诉人们，企业资产的盈利性与流动性之间存在着矛盾。企业流动资产具有变现能力强、流动性高但盈利能力低的特点；而企业的固定资产等长期性资产属于盈利性资产，可以为企业带来利润，但变现能力低、流动性差。由此，要求企业在盈利性与流动性之间加以权衡，并根据企业自身的特点，作出相应的选择，以保证企业盈利性与流动性的适度平衡，从而确保企业的健康稳定发展。

秦池成名之前作为一个县级企业，其总资产规模和生产能力有限。面对"标王"之后滚

滚而来的订单，它不可能弃之不管，但仅凭其现有生产能力又难于应付。其出路只有两条。

(1) 加大资金投入力度，对现有厂房设备进行更新改造或扩建新的厂房设备，以此提高企业生产能力。但这种做法受两个因素制约。①资金制约。巨额广告投入已使企业现金流动能力受到较大影响，企业扩大生产能力所需大量资金的来源更成问题。企业只有依靠银行贷款解决这一问题，而贷款将使企业的资产负债比例提高，还贷压力加大。同时，生产规模的扩大，也会使企业总资产中固定资产比例提高，而流动资产比例下降，由此将使企业的流动能力和变现能力受到影响，企业资产结构失去平衡。②生产周期的制约。即使企业完全有能力扩大生产规模、提高生产能力，但无论是厂房设备的购建，还是白酒的酿造，都需要一定的周期，因而难于在较短的期间内立即满足眼前的客户订单。

(2) 面对上述两个因素的制约，秦池要在短时间内满足客户订单需求，其另一条可能的出路是与周边地区的白酒企业横向联合或收购其他企业的白酒进行勾兑。但无论是横向联合还是勾兑，两者都很难保证产品的质量。如果产品质量出现问题，不仅会影响其品牌和市场份额，还会影响其销售产品的资金回笼。因而，其品牌和市场份额的维持更需要一流的质量作保证。

上述两条出路使当时的秦池酒厂陷入了提高企业盈利能力和维持一定现金流动能力相互矛盾的进退两难的境地，但面对客户订单的它必须作出选择。不管秦池最后选择了哪条路，其结果都将使企业的经营风险不断加大。

3．财务资源有限性制约企业持续发展

按照企业理财的基本原理，企业持续发展需要有持续的财务资源的支持。其基本前提是：①资产结构与资本结构的有机协调；②现金流动上形成良性的“造血”功能机制。即生产经营活动所产生的现金流入量与现金流出量在时间、数量和速度上保持有机协调。秦池一方面在扩大生产规模、提高生产能力，从而提高固定资产等长期性资产比例的同时，使流动资产在总资产中的比例相应下降，由此降低了企业的流动能力和变现能力。另一方面，巨额广告支出和固定资产上的投资所需资金要求企业通过银行贷款解决，按当时的银行政策，此类贷款往往为短期贷款，这就造成了银行的短期贷款被用于资金回收速度比较慢、周期较长的长期性资产上，由此使企业资产结构与资本结构在时间和数量上形成较大的不协调性，并因此而形成了“短贷长投”的资金缺口压力。在此情况下，如果企业有比较健全的“造血”功能机制及良好的经营活动现金流动机制，此种资金缺口通过健全的现金预算安排和合理的资金调度可以部分化解其压力。但只要稍有不慎就有可能使企业资金的周转发生困难，从而使企业陷入难以自拔的财务困境。而此时秦池所面临的现实问题是：在流动资产相对不足从而使企业现金流动能力产生困难的同时，年内到期的巨额银行短期贷款又要求偿还，从而陷入了“到期债务要偿还而企业又无偿还能力”的财务困境。

根据以上案例，谈谈自己对“秦池”营运能力方面的看法以及有效的营运能力的相关建议。

【课后练习题】

1．为什么要进行企业营运能力分析？

2．影响固定资产周转率分析效果的因素是什么？

3．分析应收账款周转率时应该注意什么问题？

4．可能导致存货周转率恶化的因素有哪些？

第 9 章

获利能力分析

【学习提示】

本章介绍了获利能力的含义和进行获利能力分析的目的，并从经营获利能力、资产获利能力、收益质量分析三个方面对企业获利能力进行分析。通过本章学习，应该掌握获利能力分析的基本概念和主要方法，能够比较准确地借助于获利能力分析，判断企业的财务状况和经营业绩，为需要有关信息的报表使用者作出相应的决策提供高质量的决策依据。

【中英文关键词】

获利能力：Profitability

获利能力就是企业赚取利润的能力。它是企业内外有关各方都日益重视和关心的中心问题，获利能力评价是企业财务评价的核心内容。从某种程度上来说，获利能力是保持良好财务状况的基本目的。因此，企业的获利能力比其财务状况更为重要。作为债权人，除非借入方有取之不尽的抵债资产，否则企业的偿债能力还是寄托于经营前景是否看好，贷款给利润优厚的企业比贷款给利润低薄的企业更为安全可靠。对于投资者和企业管理人来说，他们更关心企业利润水平的高低，获利能力的大小是衡量企业经营与管理业绩的直接指标。反映企业获利能力的指标很多，通常使用的主要有销售净利率、销售毛利率、资产净利率、净资产收益率。

9.1 经营获利能力分析

经营获利能力分析是指通过对企业生产过程中的产出、耗费和利润之间的比例关系，来研究和评价企业获利能力，其衡量指标主要有营业毛利率、营业利润率、营业净利率和成本费用率。

9.1.1 销售毛利率

销售毛利率是毛利额占销售收入净额的百分比。该指标反映每百元销售所带来的毛利，可用于各项期间费用和形成盈利。销售毛利率是企业销售净利率的最初基础和保障，如果毛利率不大便不能盈利，等于或小于零就不能再生产经营该种产品。

$$销售毛利率=\frac{销售毛利}{销售净额}\times 100\%$$

$$销售毛利=销售净额-销售成本$$

$$销售成本率=\frac{销售成本}{销售净额}\times 100\%$$

$$销售毛利率+销售成本率=1$$

对于销售毛利率的分析应注意如下两个问题。

(1) 该指标表示每一元销售收入扣除销售成本后，有多少钱可以用于各项期间费用和形成盈利。销售毛利率是企业销售净利率的最初基础，没有足够大的毛利率便不能盈利。

(2) 通常来说，毛利率随行业的不同而高低各异，但同一行业的毛利率一般相差不大，与同期企业的平均毛利率相比较，可以解释企业在定价政策、产品或生产成本控制方面存在的问题。

9.1.2 销售利润率

销售利润率是指企业在一定时期内销售利润与销售收入净额的比率。它表明企业每单位销售收入能带来多少销售利润，反映了企业经营业务的获利能力，是评价企业销售盈利能力的主要指标。

$$销售利润率=\frac{销售利润}{销售收入}\times 100\%$$

其中，销售利润是指企业收入扣除销售成本、销售费用、营业税金及附加后的利润。销售收入净额是指企业当期销售商品、提供劳务等主要经营活动取得的收入减去销售折扣与折让后的数额。

分析销售利润率应注意以下问题。

(1) 销售利润率是从企业经营业务的盈利能力和获利水平方面对资本金收益率水平的进一步补充，体现了企业营业利润对利润总额的贡献，以及对企业全部收益的影响。

(2) 该指标体现了企业经营活动最基本的获利能力，没有足够大的销售利润率就无法形成企业的最终利润。为此，结合企业的销售收入、销售成本分析，能够充分反映出企业成本控制、企业管理、产品营销、经营策略等方面的不足与业绩。

(3) 该指标越高，说明企业产品或商品定价科学，产品附加值高，营销策略得当，主营业务市场竞争力强，发展潜力大，获利水平高。

9.1.3 销售净利率

销售净利率是企业净利润与销售收入净额的百分比。表示每百元销售收入能给企业带来多少净利润。企业在扩大销售、增加收入的同时，也必须改进经营管理以降低成本，才能相应增加净利润使销售净利率保持不变甚至有所提高。要作进一步分析，还可将该指标分解成销售毛利率、销售成本率等。

$$销售净利率=\frac{净利润}{销售净额}\times 100\%$$

$$销售净额=销售收入-销售折扣、折让与退回$$

对销售净利率分析时应注意以下三个问题。

(1) 销售净利率反映每一元销售收入带来的净利润的多少，表示的是销售收入的收益水平，从销售净利率的指标关系看，企业的销售净利润率与净利润呈正比关系，与销售收入额呈反比例关系。企业在增加销售收入额的同时，必须相应地获得更多的净利润，才能使销售净利率提高。通过分析销售净利率的升降变动，可以促使企业在扩大销售的同时，注意改进经营管理，提高盈利水平。

(2) 在利用销售净利率这一指标时，不仅要注意净利润的绝对数量问题，而且要注意到它的质量问题。在会计处理方面，有的企业在会计处理方面比较谨慎，资产减值准备提得多些，因此净利润就会比提得少的企业低，但这并不意味着前者的业绩比后者差，如果从现金的角度去考察，二者是一样的，因为各种准备的计提，对现金流量不会产生影响；在结构方面，即构成项目上，利润表中净利润项目包含了营业外收支净额和投资净收益，不能反映出企业的经营实力，而营业外收支净额和投资净收益在年度之间变化较大且无规律。如果本期净利率的上升是由于出售一栋厂房所导致的，这并不是一件值得乐观的事，更不能以此认为管理水平有所提高。

(3) 这一比率因行业不同而异，一般说来，越是资本密集的行业，其产品附加值越高，净利率也就越高；反之，资本密集程度相对低的行业，产品附加值低，净利率也低，用该指标进行分析时，还要注意个别企业的销售净利润率指标的纵向比较和同行业先进水平的比较。

9.1.4　成本费用利润率

成本费用利润率是企业一定时期的利润总额同企业成本费用总额的比率。该指标表示企业为取得利润而付出的代价，反映所出与所得关系，从企业支出方面评价企业的收益能力。

$$成本费用利润率=\frac{利润总额}{成本费用总额}\times 100\%$$

该指标越高，表明企业为取得利润而付出的代价越小，成本费用控制的越好，盈利能力越强。

9.2　资产获利能力分析

资产盈利能力是指企业经济资源创造利润的能力，其衡量指标主要有总资产利润率、总资产报酬率和总资产净利率。

9.2.1　总资产利润率

该指标是指企业利润总额与平均资产总额的比率，它反映了企业综合运用所拥有的全部经济资源获得的效果，是一个综合性的效益指标。

$$总资产利润率=\frac{利润总额}{平均资产总额}\times 100\%$$

总资产利润率表现企业利用全部资产取得的综合效益。一般情况下，该指标越高，反映企业资产的利用效果越好。它受利润总额和平均资产总额的影响，要提高总资产利润率，一方面要加强销售业务，扩大经营，增加营业利润；另一方面要加强企业资产管理，提高资产利用率，降低总资产占用额。

9.2.2　总资产报酬率

该指标是指企业一定时期内获得的报酬总额与平均资产总额的比率。它是反映企业资产综合利用效率的指标，也是衡量企业利用债权人和所有者权益总额所取得盈利的重要指标。

$$总资产报酬率=\frac{息税前利润}{平均资产总额}\times 100\%$$

该指标的意义在于说明企业每占用及运用百元资产所能获取的利润。用于从投入和占用方面说明企业的获利能力，其比率值越高，表明企业的获利能力越强；反之，获利能力越弱。

该项指标构建的依据如下。

(1) 企业经营的目的在于获利，经营的手段则是合理组织和营运特定资产。因此，将利润与资产比较，能够揭示经营手段的有效性和经营目标的实现程度。从这种意义上来说，该指标是用于衡量企业获利能力的一项最基本而又最重要的指标。

(2) 企业利润既包括净利润，也包括利润、所得税以及少数股权收益。它们是由企业总资产创造的，而非仅由部分资产创造，因此，以息税前利润与总资产比较，能够充分体现投入与产出的相关性，从而能够真实客观地揭示获利能力。

总资产报酬率视行业性质不同而不同，但长时期的总资产平均报酬率与行业呈趋于一致的倾向。这是因为，如果某一部门的利润率高于其他部门，就必然引起社会资本向该部门流动，引起本部门总资本扩大，利润率下降。一般来说，各行业部门的总资产报酬率基本是一致的，该指标可以用于各行业之间的比较。

9.2.3 总资产净利率

该指标是净利润与平均资产总额的比率，反映了公司从1元受托资产中得到的净利润。其计算公式为：

$$资产净利率=\frac{净利润}{平均资产总额}\times 100\%$$

影响总资产净利率的驱动因素是营业净利率和总资产周转率。

$$总资产净利率=\frac{净利润}{平均资产总额}=\frac{净利润}{营业收入}\times\frac{营业收入}{平均资产总额}=营业净利率\times总资产周转率$$

9.3 收益质量分析

收益质量分析是指企业盈利的结构和稳定性，评价收益质量的主要指标是盈余现金保障倍数。

盈余现金保障倍数是企业一定时期经营现金净流量与净利润的比值，反映企业当期净利润中现金收益的保障程度，真实反映了企业盈余的质量，是评价企业盈利状况的辅助指标。其计算公式为：

$$盈余现金保障倍数=\frac{经营现金净流量}{净利润}$$

盈余现金保障倍数是从现金流入和流出的动态角度，对企业收益的质量评价，在收付实现制的基础上，充分反映出企业当期净利润中有多少是有现金保障的。一般来说，盈利企业的盈余现金保障倍数等于或大于1，说明企业的利润具有相应的现金流量为保障。该指标越大，表明企业经营活动产生的净利润对现金的贡献越大。

【案例分析】

表 9－1 和 9－2 是×公司的资产负债表和利润表。请根据资料回答以下问题：

1. 公司的营业毛利率和营业净利率、成本费用率分别是多少？
2. 公司的总资产报酬率与总资产净利率分别是多少？
3. 盈余现金保障倍数是多少？

表 9－1　资产负债表

编制单位：×公司　　　　20××年×月×日　　　　单位：万元

资产	年末余额	年初余额	负债和股东	年末余额	年初余额
流动资产：			流动负债：		
货币资金	50	25	短期借款	60	45
交易性金融资产	6	12	交易性金融负债	28	10
应收票据	8	11	应付票据	5	4
应收账款	398	199	应付账款	100	109
预付款项	22	4	预收账款	10	4
应收股利	0	0	应付职工薪酬	2	1
应收利息	0	0	应交税费	6	4
其他应收款	12	22	应付利息	12	16
存货	119	326	应付股利	0	0
一年内到期的非流动资产	77	11	其他应付款	23	18
其他流动资产	8	0	预计负债	2	4
流动资产合计	700	610	一年内到期的非流动负债	0	0
			其他流动负债	53	5
			流动负债合计	300	220
非流动资产：			非流动负债：		
可供出售金融资产	0	45	长期借款	450	245
持有至到期投资			应付债券	240	260
长期股权投资	30	0	长期应付款	50	60
长应收款			专项应付款	0	0
固定资产	1 238	955	递延所得税负债	0	0
在建工程	18	35	其他非流动负债	0	15
固定资产清理		12	非流动负债合计	740	580
无形资产	6	8	负债合计	1 040	800
开发支出			股东权益：		
商誉			股本	100	100
长期待摊费用	5	15	资本公积	10	10

续表

资产	年末余额	年初余额	负债和股东	年末余额	年初余额
递延所得税资产	0	0	盈余公积	100	40
其他非流动资产	3	0	未分配利润	750	730
非流动资产合计	1 300	1 070	减：库存股	0	0
			股东权益合计	960	880
资产合计	2 000	1 680	负债和股东权益总计	2 000	1 680

表 9－2　利润表

编制单位：×公司　　20××年度　　单位：万元

项目	本年金额	上年金额
一、营业收入	3 000	2 850
减：营业成本	2 644	2 503
营业税金及附加	28	28
销售费用	22	20
管理费用	46	40
财务费用	110	96
资产减值损失	0	0
加：公允价值变动收益	0	0
投资收益	6	0
二、营业利润	156	163
加：营业外收入	45	72
减：营业外支出	1	0
三、利润总额	200	235
减：所得税费用	64	75
四、净利润	136	160

【课后练习题】

1. 什么是获利能力分析？
2. 相比于其他财务分析，获利能力分析的目的是什么？
3. 获利能力分析的指标有哪些？

第 10 章 现金流量分析

【学习提示】

本章介绍了现金流量的含义和进行现金流量分析的目的，并从现金流动性、获取现金能力和财务弹性三个方面对现金流量进行分析。通过本章学习，应该掌握企业现金流量的基本概念和主要方法，能够比较准确地借助于现金流量，分析、判断企业的财务状况和经营业绩，为需要有关信息的报表使用者作出相应的决策提供高质量的决策依据。

【中英文关键词】

现金流量　Cash Flow

流动性　Liquidity

财务弹性　Financial Flexibility

10.1　现金流量概述

现金是企业的血液，企业的任何日常活动都始于现金而终于现金，企业流转的顺畅与否对企业的生存与发展存在重大的影响。现金是驱使企业前进的基本动力，一个企业可以随时获得现金，就具有了在任何时候进行支出决策的财务灵活性。良好的现金流量和巨大的现金余额可以使企业处于有利地位。例如，较容易获得商业信用、银行贷款等资本来源；在收购竞标或投资新的风险项目时无需经过股东或银行的同意等。相反，缺乏现金的企业必定会陷入被动地位，甚至失败。

如果一家公司的现金总是处于入不敷出的状况，无论其账面利润如何耀眼，也难以避免陷入财务困境的结局。在新加坡挂牌上市的亚洲金光纸业公司（Asian Pulp & Paper）就是一个教训，美国安然（Enron）公司由昨日明星转瞬化为垃圾公司，一个重要原因也是现金流动质量不佳。创造会计收益有助于公司现金流入，但是只有那些能直接转化为现金的收益才是货真价实的利润。也就是说，经营活动的现金盈余是企业具有活力的主要标志。因为不论是偿还银行贷款，还是上缴税款，需要的都是现金而不是账面上的收益。发达国家的统计资料表明，大约80%的破产公司从会计上看仍属于盈利公司，致使它们倒闭的原因不是由于账面亏损，而是因为现金不足。

10.1.1　现金流量的含义

现金是指在生产过程暂时保留在货币形态的资金，包括库存现金、银行存款、银行本票和银行汇票存款等。广义的现金也包括价值变动风险小、随时可以变现的短期投资，如交易性金融资产。现金是变现能力最强的资产，是企业运营的血液，可以随时用来满足经营中各种开支的需要。它在买卖双方之间循环以换取商品和服务，是在到期日用于交易结算的货币，是还本付息和履行纳税义务的保证，是在一个非银行企业中，出于预防动机而储备的流动能力，也是可直接用于投资的资源。

现金流量是指企业在某一时期现金的流入、流出和净流量。例如，企业销售商品、提供劳务、出售固定资产、从银行借款等取得现金，形成现金流入；购买商品、接受劳务、购建固定资产、偿还债务等支付现金，形成企业的现金流出；同一时期的现金流入量减去现金流出量则等于企业现金净流量。现金流量在很大程度上决定着企业的生存和发展能力，基于此，现金流量信息得到了越来越多的重视。同时，与其他类型的资产，如固定资产、存货等相比，现金流量可以更加综合地反映一个企业的发展阶段、运营状况等，从而具有更高的信息含量。

现金流量可分为经营活动现金流量、筹资活动现金流量和投资活动现金流量三种。经营活动现金流量是企业销售商品、提供劳务或购买商品、接受劳务等经营活动引发的现金流入或现金流出，对绝大多数企业而言，良好的经营活动现金流量是企业生产和发展的基础；投资活动现金流量是指企业长期资产的购建和处置活动所引发的现金流入或现金流出，如果企业因自身扩大营业或对外扩张而进行投资，可能会使用大量的现金，从而使该会计期间内投资活动现金净流量减少，甚至出现负数；筹资活动现金流量是指企业进行资金筹集活动，如发行股票、债券，举借债务、偿还借款等活动引发的现金流入或现金流出，是伴随企业资本及债务规模变动而出现的现金流量。应该注意的是，企业现金形式的转换不会产生现金的流入和流出，如企业从银行提取现金，只是企业现金存放形式的转换，并未流出企业，不构成现金流量；同样，现金和现金等价物之间的转换也不属于现金流量，比如，企业用现金购买将于 3 个月内到期的国库券。

10.1.2 现金流量分析的目的

企业的利益相关者，如企业投资者、债权人和管理当局都对现金流量越来越关注。主要原因在于两个方面：其一，由于物价变动侵蚀货币购买力，而传统会计又是以稳定的货币作为计量单位和前提条件，企业账面很难准确地体现企业的真实财务状况，投资者如果仅以利润指标衡量企业业绩有可能导致投资决策失误；其二，由于传统财务会计广泛使用权责发生制原则、配比原则和实现原则，以资产负债表和利润表为基础建立的财务分析体系存在明显缺陷。而现金流量信息在反映企业偿债能力、财务弹性、获利能力等方面有着修正作用。可以看出，现金流量体现了较强的实际意义。现金流量的分析可以表述为：从现金流量角度为企业信息使用者的有关决策提供依据。针对不同的信息使用者，具体表现为：

1. 企业经营者

基于对企业的受托责任，企业经营者完成受托责任的前提是应关注企业的生存和发展这一目标。而从现金角度看，企业经营的一般原则是：销售商品与提供劳务所收到的现金应该超过为生产商品与提供劳务而支付的现金。因而，企业经营者现金流量分析的目的是判断企业交易活动创造现金流量的能力，并通过分析企业账面净利润与企业实际现金流量之间差异产生的原因来发现企业业务活动中存在的不足，为寻求改善和加强经营管理的措施与途径提供依据。

2. 企业投资者

企业投资者投资于企业的根本目的是追求最大化的投资回报及资本利得，而企业能够支付的股利水平在很大程度上取决于企业的现金流量状况。因而企业投资者现金流量分析的目的是判断企业创造有充足现金净流量保障的净利润的能力、企业可能的股利支付能力以及其潜在的风险。一般而言，只要伴随利润增长并出现长期现金流量的改善有助于企业股价的上涨，这样，现金流量分析就有助于企业投资者作出是继续持有企业股票还是退出企业或是对企业以后的经营决策提出改进要求。

3. 企业债权人

企业债权人关注企业财务状况的目的是关心自身债权的安全保障程度，即企业具备的偿债能力。加之现金在企业偿债能力中的重要地位，企业债权人现金流量分析的目的是判断企业基于现金流量的流动性的高低以及企业的信誉。由于不同债权人的身份、债权差异，不同类型的债权人所关注的问题也有所差异。短期债权人侧重于企业的短期偿债能力，因而关注企业基于现金净流量数额的财务灵活性分析；而长期债权人关心企业的长期偿债能力，其分析会偏向于企业举债效率的高低，即企业（或项目）负债的现金流量产出。

此外，现金流量还可以作为企业其他相关利益主体维护自身利益而进行的财务分析的重要内容，如供应商、销售商通过现金流量分析可以判断其与该企业发生经济业务关系的可行性。总之，企业现金流量分析连接了企业财务状况分析和经营成果分析，可以更加准确地预测未来企业价值变动的趋势。在日益崇尚“现金为王”的现代理财环境中，现金流量分析对信息使用者显得更为重要，现金流量信息能够表明企业经营状况是否良好，资金是否紧缺，企业偿付能力大小，从而为投资者、债权人、企业管理者提供非常有用的信息。

10.2　现金流动性分析

流动性是对企业持有的现金数额、资产转化为现金的能力及履行支付义务的能力的描述。一个企业如果持有充足的现金，或者资产能够在短期内转化为现金，以便履行它的支付义务，则该企业具有很好的流动性。另外，如果一个企业很容易从外部渠道获得现金，如银行贷款信用额度，也可以称其具有流动性。所以足够的现金是企业降低财务风险、增强企业资产的流动性和债务可清偿性等重要考虑的方面。

缺乏流动性，无论是临时的还是长期的，都意味着无力履行已到期的付款义务。这时，企业可能通过延期支付，也可能采取诸如借款、发行股份或处置某些资产等紧急措施来偿还未付清的债务。如果缺乏流动性是临时的，企业可以通过有效的应急措施来缓解，但如果持续很长一个时期，企业就会因丧失融资渠道，而陷入无力偿付的境地。实际上，流动性问题是导致中小型企业破产的主要原因之一，尽管它们中许多都仍具有发展潜力。

现金流动性分析主要考察企业经营活动产生的现金流量与债务之间的关系。现金流动性分析主要有以下指标。

1. 现金流量债务比率

现金流动比率是指年度经营活动产生的现金流量与当期债务的比值，表明现金流量对当期债务偿还满足程度的指标。其计算公式为：

$$现金流量债务比率=\frac{经营活动现金净流量}{流动负债}\times 100\%$$

这项比率与反映企业短期偿债能力的流动比率有关。该指标数值越高，现金流入对当期债务清偿的保障越强，表明企业的流动性越好；反之，则表明企业的流动性较差。

该指标旨在反映本期经营活动所产生的现金净流量足以支付流动负债的可能性，可以反映企业经营活动获得现金偿还短期债务的能力，表明了企业短期债务的安全程度。比率越大，企业资产的流动性越好，说明企业偿债能力越强。与流动比率和速动比率相比，该指标避免了对非现金资产变现能力的考虑，使其所揭示的资产流动性更具客观性。需要说明的是，由于经营活动现金净流量是过去一年的经营成果，而流动负债是未来一年内必须偿还的短期债务，因此，该指标是通过对过去一年的现金流量对未来一年现金流量进行估计，以评估其偿债能力的，这一点在分析时需要注意。

2. 债务保障率

债务保障率是以年度经营活动所产生的现金净流量与全部债务总额相比较，表明企业现金流量对其全部债务偿还的满足程度。其计算公式为：

$$债务保障率=\frac{经营活动现金净流量}{全部负债}\times 100\%$$

债务保障率表示每 1 元负债有多少经营活动现金净流量来偿还，现金流量与债务总额之比的数值也是越高越好，它同样也是债权人所关心的一种现金流量分析指标。该指标越大，表明企业偿债能力越强，偿债的时效保证性越强。

3. 到期债务本期偿付比率

到期债务本期偿付比率是以年度经营活动产生的现金净流量与本期到期的债务本金与现金利息支出之和相比，表明企业现金流量对到期债务本金及利息的满足程度。其计算公式为：

$$到期债务本期偿付比率=\frac{经营活动现金净流量}{本期到期债务本金+现金利息支出}$$

到期债务本期偿付比率越大，就说明企业偿付到期债务的能力越强。如果该比率小于 1，说明企业的现金流量不足以偿付到期的本息，企业必须对外筹资或出售资产才能偿还债务。

4. 现金利息保障倍数

现金利息保障倍数是以年度经营活动产生的现金净流量与本期支付的利息相比，表明企业的利息支付能力。其计算公式为：

$$现金利息保障倍数=\frac{经营活动现金净流量}{现金利息支出}$$

利息的现金保障倍数比率越大，说明企业偿付到期债务的能力就越强。如果该比率小于 1，说明企业支付利息的能力堪忧。

由于利息支出是企业日常最主要的债务压力，而且实践证明，一个长期能够正常偿付利息的企业，其出现债务逾期支付的可能性较小，故根据利息保障倍数设计得出本指标。该指标表明从经营活动中流入的现金净流量为因支付利息所引起的现金流出倍数，反映企业的总体偿债能力。一般而言，该指标越高，说明企业经营活动创造的现金净流量足以支付企业的债务利息，企业的偿债能力越强，财务风险越小。

在企业偿债能力分析中，在原有偿债能力分析指标的基础上，结合现金流动性指标后，企业的偿债能力分析将更具直观性。一个企业的偿债能力除受资产的规模、质量、流动性等硬性指标影响外，还受企业一些无形因素的影响，如企业的信用、与银行及其他金融机构的关系以及企业潜在的融资能力等。一个企业偶然的短期财务运作失误不会必然导致企业破产；如果一个企业因偶然缺乏现金而破产，至少从一个侧面说明企业信用和潜在融资能力的丧失。因而，正确的认识是，现金流量是衡量企业偿债能力运行状况的重要指标，但绝不是唯一指标。

10.3　获取现金能力分析

一个正常经营的企业不仅要获取盈利，更要获取现金。通过对企业“现金及现金等价物净增加额”的来源分析，可以获知企业的投资、筹资及经营活动的现金流量的数额。一般来说，经营活动产生的现金流量净额是企业获取现金能力的最直接反映。商业银行通过对其现金流入来源进行分析，可以对企业获取现金的能力做出评价，并对企业未来获取现金的能力进行预测。

财务会计中，权责发生制的使用使年度会计利润与获取现金能力有时会有所背离，这就需要通过相关的现金流量比率评价收益质量。反映获取现金能力和收益质量的指标主要包括：每元销售现金净流入、每股经营现金流量、总资产现金回收率、固定资产现金回收率、经营现金净流量与净利润比率、营业收入现金流量和投资活动回收率。一般地，这类指标越大，说明企业现金产出的能力就越强，收益质量越好。

1. 每元销售现金净流入

每元销售净现金流入，是指经营活动现金净流量与主营业务收入比值。它反映企业通过销售获取现金的能力。这一指标越大，说明现金产出的能力越强，收益质量就越好。其计算公式为：

$$每元销售现金净流入=\frac{经营活动现金净流量}{营业收入}$$

2. 每股经营现金流量

每股经营现金流量是反映每股发行在外的普通股股票所平均占有的现金流量，或者说是反映公司为每一普通股获取的现金流入量的指标。其计算公式为：

$$每股经营现金流量=\frac{经营活动现金净流量-优先股股利}{加权平均发行在外的普通股股数}\times 100\%$$

每股经营现金流量反映企业最大的现金股利分派能力，每股经营现金流量指标越高，股东们越乐意接受。同时，每股经营现金流量与每股收益比较，还可反映收益质量，即收益是否实现为现金。

3. 总资产现金回收率

总资产现金回收率，反映了企业运用全部资产获取现金的能力。这一指标越大，说明企业 1 元资产所能创造的现金流量越多，企业现金产出的能力就越强，资产的利用效率越好。该指标有两种计算口径：一种是指经营活动现金净流量与全部资产的比值；另一种是以经营活动产生的现金流入量与全部资产的比值，这种口径计算的全部资产现金回收率，可与总资产报酬率相比，以评价收益质量。

以经营活动现金净流量为口径的计算公式：

$$总资产现金回收率=\frac{经营活动现金净流量}{总资产}\times 100\%$$

以经营活动现金流入量为口径的计算公式：

$$总资产现金回收率=\frac{经营活动现金流入量}{总资产}\times 100\%$$

4. 固定资产现金回收率

固定资产现金回收率，反映了企业运用固定资产获取现金的能力。这一指标越大，说明企业现金产出的能力就越强。该指标也有两种计算口径：一种是经营活动现金净流量与全部固定资产的比值；另一种是以经营活动产生的现金流入量与全部固定资产的比值，这种口径计算的固定资产现金回收率，可以与固定资产报酬率对比，用以评价收益质量。

以经营活动净现金流量为口径的计算公式：

$$固定资产现金回收率=\frac{经营活动现金净流量}{固定资产}\times 100\%$$

以经营活动现金流入量为口径的计算公式：

$$固定资产现金回收率=\frac{经营活动现金流入量}{固定资产}\times 100\%$$

5. 经营现金净流量与净利润比率（净利润现金含量）

经营现金净流量与净利润比率是将经营活动产生的现金净流量与净利润进行比较，反映企业当期实现净利润中创造的现金净流量。其计算公式为：

$$经营现金净流量与净利润比率=\frac{经营活动现金净流量}{净利润}\times 100\%$$

一般而言，企业创造净利润，应该创造相应的现金净流量，其盈利的质量和财务状况才能够得到保障。如果一家公司的经营活动现金净流量与净利润的比率为 0 或负数，说明其利润不是来自经营活动，而是来自其他渠道，其自身通过经营活动获取现金的能力就明显不足。因为经营活动现金净流量是从经营活动中产生的现金，与净利润相比，它能够更加确切地反映公司的经营业绩，充足稳定的现金流量是公司生存的基本保证和稳定、持久的盈利来源。

由于资本支出等项目对净利润与现金流量的不同影响，该指标应以等于或大于 1 为宜，即企业每实现 1 元的账面利润中，应该有超过 1 元的现金支撑。只有这样，才能说明企业经营活动创造的现金净流量使得当期净利润有足够的资金保障。

6. 营业收入现金流量

营业收入现金流量指标通过销售商品、提供劳务收到的现金与营业收入的比较，反映了企业在收付实现制下当期营业收入的资金收现情况，可以大致说明企业销售回收现金的情况及企业销售的质量。其计算公式为：

$$主营业务收入现金流量=\frac{销售商品、提供劳务收到的现金}{主营业务收入}\times 100\%$$

若公司本期销售商品、提供劳务收到的现金与营业收入基本一致，说明公司的销售没有形成挂账，周转良好；若本期收回的销售现金大于营业收入，说明销售收入实现后所增加的资产转换现金速度快、质量高，公司不仅当期的收入全部收现，而且还收回前期的部分应收账款；若本期销售商品、提供劳务收到的现金小于当期营业收入，说明账面收入高，现金收入低，挂账较多，企业主营业务没有创造相应的现金流入，此时应该更加关注企业债权资产的质量。

7. 投资活动回收率

$$投资活动回收率=\frac{投资活动现金净流量}{投资收益}\times 100\%$$

投资活动是企业除经营活动之外，企业通过自身营运获取现金流量的最主要的手段。该指标反映企业实现投资收益中所带来的现金净流量水平，一方面体现了企业投资活动获取现金的能力，同时大致反映企业账面投资收益的质量。该指标越高，说明企业实际获得现金的投资收益越高。分析该指标时应注意两种情况：一是若企业投资活动现金净流量为负值，则不必计算该指标值，这是因为该企业的投资活动不仅没有带来相应的投资收益，反而造成了一定的投资本金的损失；二是根据企业投资活动明细账项目来判断收回投资取得的现金是由哪一类具体投资活动带来的，也就是说区分投资活动的明细项目展开分析。从企业投资总体状况而言，该指标越大，说明投资水平越高。

通过以上两方面的分析，可以较好把握企业获取现金的能力。在评价企业获取现金能力时，还可以通过一些财务现象推断企业获现能力状况。如出现以下情况时，可以对企业获现能力作出乐观估计：①企业应收账款余额增长幅度与营业收入的增长幅度有正常的比例关系；②企业产品生产周期及存货库存时间接近或超过同行业先进水平；③企业应付账款余额呈现一定的增长幅度并能够为供应商接受。

企业获现能力分析表明了企业在现金流量角度的产出效率，同时也表明了企业利润的风险程度。如果一个企业没有创造足够的现金流量，利润没有充足的现金流量作保证，企业的财务状况就有出现恶化的可能，财务风险也将为之增加。在开展获现能力分析时，必须结合获利能力在内的其他一些财务指标进行全面分析，才能进一步提高分析结论及相应财务决策的准确性，以避免不必要的决策失误。

10.4　财务弹性分析

所谓财务弹性，是指企业自身的现金产出能力与现金需求之间的适合程度。现金流量超过需要，有剩余的现金，财务弹性大，适应性就强；反之则财务弹性小，适应性就弱。它在一定程度上反映了企业财务安排的合理性和财务战略的实现程度，反映了财务弹性的财务比率主要有现金流量适合率、现金再投资比率和现金股利保障倍数。

1. 现金流量适合比率

现金流量适合比率，是指经营活动现金净流量与各项资本性支出、存货购置及发放现金股利之和的比值，它反映经营活动现金满足主要现金需求的程度。其计算公式为：

$$现金流量适合比率=\frac{一定时期经营活动产生的现金净流量}{同期资本性支出+同期存货净投资额+同期现金股利}\times 100\%$$

一般地，现金流量适合比率越大，说明资金自给率越高。达到1时，说明企业可以用经营获得的现金满足扩充所需资金；若小于1，则说明企业要靠外部融资来补充资金。相应地，若外部筹资可能性不大，则需要有计划地缩减投资规模。一般情况下，这个比率在高速扩张期低一些，稳定发展期则高一些。但若持续较低，则需要考察是否存在过度投资或投资回报不良的情况。

2. 现金再投资比率

现金再投资比率，是指经营活动现金净流量减去现金股利和利息支出后的余额与企业总投资之间的比率。其中，总投资是指固定资产总额、对外投资、其他长期资产和营运资金之和。现金再投资比率计算公式为：

$$现金再投资比率=\frac{经营活动现金净流量-现金股利-利息支出}{固定资产原值+对外投资+其他资产+营运资金}\times 100\%$$

这个比率既可以反映企业投资总额的现金产出能力，也可以反映企业的现金产出能力与企业各项投资额之和之间的适合程度。现金再投资比率的行业差别较大，在同一企业中的不同年份也有区别，高速扩张的年份低一些，稳定发展的年份高一些。同样，若持续较低，则需要考虑是否存在过度投资或投资回报不良的状况。

该指标反映了企业自身积累现金的能力与总投资之间的关系，用于揭示企业经营活动现金净流量是否足以支付各项投资。如果该指标等于1或是接近于1，表明企业经营活动产生的现金净流量可以满足企业进行投资的现金需要；当该指标大于1时，表明企业经营活动产生的现金净流量在补偿了投资所需的现金后仍有剩余；当该指标小于1时，表明企业经营活动产生的现金净流量不能满足投资所需现金，企业必须进行融资满足投资对现金的需求。

3. 现金股利保障倍数

现金股利保障倍数，是指经营活动净现金流量与现金股利支付额之比。支付现金股利率越高，说明企业的现金股利占结余现金流量的比重越小，企业支付现金股利的能力越强。其计算公式如下：

$$现金股利保障倍数=\frac{经营活动现金净流量}{现金股利}$$

该指标提供了企业用正常的经营活动现金净流量来满足支付现行股利能力的证明，是评价企业股利支付能力的主要指标，并在一定程度上体现了企业的股利政策。从理论上讲，该指标应该大于1，只有这样才说明企业当期创造的经营活动现金净流量足以支付当期的现金股利，否则企业就需要通过筹资来派发现金股利，这只能说明企业支付股利能力不足。

【案例分析】

×公司的现金流量表见资料1，如表10-1所示，其他资料见资料2，如表10-2所示。请根据下述资料回答以下问题：

1. 分析企业的现金流动性，计算现金流量债务比率、债务保障率及现金利息保障倍数。

2. 分析企业获取现金的能力，计算每元销售现金净流入、总资产现金回收率、固定资产现金回收率及经营现金净流量与净利润比率。

3. 分析企业财务弹性，计算现金再投资比率、现金股利保障倍数。

资料 1：

表 10－1　×公司的现金流量表

单位：万元

项目	2011 年
一、经营活动产生的现金流量	
销售商品、提供劳务收到的现金	31 861
收到的税费返还	792
收到其他与经营活动有关的现金	928
经营活动现金流入小计	33 581
购买商品、接受劳务支付的现金	25 633
支付给职工以及为职工支付的现金	1 198
支付的各项税费	318
支付其他与经营活动有关的现金	2 107
经营活动现金流出小计	29 256
经营活动产生的现金流量净额	4 325
二、投资活动产生的现金流量	
处置固定资产、无形资产和其他长期资产收回的现金净额	4
投资活动现金流入小计	4
购建固定资产、无形资产和其他长期资产支付的现金	21 436
投资支付的现金	500
投资活动现金流出小计	21 936
投资活动产生的现金流量净额	－21 932
三、筹资活动产生的现金流量：	
取得借款收到的现金	14 000
筹资活动现金流入小计	14 000
偿还债务支付的现金	11 500
分配股利、利润或偿付利息支付的现金	603
筹资活动现金流出小计	12 103
筹资活动产生的现金流量净额	1 897
四、汇率变动对现金及现金等价物的影响	
五、现金及现金等价物净增加额	－15 710
加：期初现金及现金等价物余额	33 366
六、期末现金及现金等价物余额	17 656

资料 2：

表 10－2　相关科目余额表

单位：万元

营业收入	31 846	固定资产	11 826
营业成本	20 818	流动负债	18 156
财务费用	218	负债总额	23 323
净利润	7 498	总资产	96 834

【课后练习题】

1. 什么是现金流量？
2. 现金流量分析的目的是什么？
3. 简述现金流动性分析的指标。
4. 简述获取现金能力分析指标。
5. 简述财务弹性分析指标。

第 11 章 持续发展能力

【学习提示】

本章介绍了持续发展能力的含义和进行持续发展能力分析的目的，并从盈利增长能力、资产增长能力、资本增长能力、技术投入增长能力、可持续增长率五个方面对企业持续发展、能力进行分析。通过本章学习，应该掌握持续发展能力分析的基本概念和主要方法，能够比较准确地借助于持续发展能力分析，判断企业的经营状况和成长能力，为需要有关信息的报表使用者作出相应的决策提供高质量的决策依据。

【中英文关键词】

持续发展　Sustainable Development

11.1　持续发展能力分析概述

人们对一个企业的评价，往往会关注其盈利能力、现金流量能力、营运能力等财务指标。随着经济的发展、时代的进步，人们对一个企业的评价也不仅仅着眼于企业当前的营运状态，而是越来越看重企业以后的可持续发展能力。可持续发展又称平衡增长，是在保持既定资本结构的情况下，利用内部留存收益的增长或者外部的负债增长，保持企业销售增长与财务资金增长同步，使企业持续均衡的发展方式。

持续发展能力是指企业在追求长久生存与永续发展的过程中，既能实现经营目标、确保市场地位，又能使企业在已经领先的竞争领域和未来的扩展经营环境中保持优势、持续盈利，并在相当长的时间内稳健成长的能力。又或者说，企业在一个较长的时期内由小变大、由弱变强的不断变革的过程。从企业财务资源的角度来看，企业可持续发展是在不耗尽财务资源的情况下，企业销售额预期增长的最大比率与实际增长比率之间的差额。该差额越小，表明企业基于财务资源的可持续竞争优势水平越高；而该差额越大，则表明企业基于财务资源的可持续竞争优势水平低。可持续发展能力分析包括盈利增长能力分析、资产增长能力分析、资本增长能力分析、技术投入增长能力分析、可持续增长率分析。

基于可持续发展的财务评价指标体系的设计，可遵循以下原则。

第一，完备性原则。完备性原则要求指标体系的信息量做到既必要又充分，不会因多一个指标就造成信息的重叠和浪费，少一个指标就造成信息的不充分。这些指标之间相对独立，能够对企业可持续发展各自进行评价。

第二，可比性原则。可比性原则要求指标的设计可以满足横向和纵向比较的需要。基于可持续发展的财务评价指标均采用相对量指标，以使不同企业之间、同一企业不同年度之间的财务数据具有可比性。

第三，代表性原则。代表性原则要求所选指标具有较强的鉴别力，可以区分不同企业、同一企业不同年度的可持续发展水平的高低。

第四，可行性原则。可行性包括可计量性和可操作性。可计量性是指指标所包括的内涵可以进行定量描述；可操作性是指在选择指标时既要考虑到指标体系的完整性、科学性要求，又要从实际出发，尽可能选择现行报表中可以取得资料的指标。同时，所选取的指标不宜过多、过细，否则指标体系过于庞杂，给资料的收集、整理和计算带来很大困难，使分析无从着手。

第六，结构层次性原则。结构层次性原则要求对指标体系中的各类指标按照其属性和评价内容加以归类，以使指标体系形成一个有机的整体。

11.2 持续发展能力指标分析

11.2.1 盈利增长能力分析

企业的价值主要取决于其盈利和增长能力，因而企业的盈利增长是反映企业发展能力的重要方面，其衡量指标主要有营业收入增长率、营业利润增长率、净利润增长率和营业收入三年平均增长率。

1. 营业收入增长率

营业收入增长率是指企业本年营业收入增长额与上年营业收入总额的比率。它反映企业营业收入的增减变动情况，是评价企业成长状况和发展能力的重要指标。其计算公式为：

$$营业收入增长率=\frac{本年营业收入增长额}{上年营业收入总额}\times 100\%$$

其中，本年营业收入增长额＝本年营业收入总额－上年营业收入总额

营业收入增长率是衡量企业经营状况和市场占有能力、预测企业经营业务拓展趋势的重要指标。不断增加的营业收入，是企业生存的基础和发展的条件。该指标若大于0，表示企业本年的营业收入有所增长，指标值越高，表明增长速度越快，企业市场前景越好；该指标小于0，则说明产品或服务不适销对路、质次价高，或是在售后服务等方面存在问题，市场份额萎缩。该指标在实际操作时，应结合企业理念的营业收入水平，企业市场占有情况、行业未来发展及其他影响企业发展的潜在因素进行前瞻性预测，或者结合企业前三年的营业收入增长率做出趋势性分析判断。

2. 营业利润增长率

营业利润增长率是指企业本年营业利润增长额与上年营业利润总额的比率，反映企业营业利润的增减变动情况。其计算公式为：

$$营业利润增长率=\frac{本年营业利润增长额}{上年营业利润}\times 100\%$$

其中：本年营业利润增长额＝本年营业利润总额－上年营业利润总额

营业利润增长率越大，说明企业营业利润增长得越快，表明企业业务突出、业务扩张能

力强；营业利润增长率越小，说明企业营业利润增长得越慢，表明企业业务发展停滞、业务扩张能力弱。

3. 净利润增长率

净利润增长率是指企业本年净利润增长额与上年净利润的比率，是企业发展状况的基本表现。其计算公式为：

$$净利润增长率=\frac{本年净利润增长额}{上年净利润}\times 100\%$$

其中：本年净利润增长额＝本年净利润总额－上年净利润总额

净利润增长率越大，表明企业收益增长得越多，表明企业经营业绩突出，市场竞争力越强；相反，如果企业的净利润增长率越小，则说明企业收益增长越少，表明企业经营业绩不佳，市场竞争能力越弱。

4. 营业收入三年平均增长率

营业收入三年平均增长率表明企业营业收入连续三年的增长情况，体现企业的持续发展态势和市场扩张能力。其计算公式为：

$$营业收入三年平均增长额=\left(\sqrt[3]{\frac{本年营业收入总额}{三年前营业收入总额}}-1\right)\times 100\%$$

营业收入是企业积累和发展的基础，该指标越高，表明企业积累的基础越牢，可持续发展能力越强，发展的潜力越大。利用营业收入三年平均增长率指标，能够反映企业的经营业务增长趋势和稳定程度，体现企业的连续发展状况和发展能力，避免因少数年份业务波动而对企业的发展潜力作出错误判断。一般认为，该指标越高，表明企业经营业务持续增长势头越好，市场扩张能力越强。

11.2.2　资产增长能力分析

资产的增长是企业发展的一个重要方面，也是企业价值增长的重要手段，其衡量指标主要是总资产增长率。

总资产增长率是企业本年总资产增长额与年初资产总额的比率，它反映了资产规模的增长情况，其计算公式为：

$$总资产增长率=\frac{本年总资产增长额}{年初资产总额}\times 100\%$$

总资产增长率是从企业资产总量扩展方面衡量企业的发展能力，表明企业规模增长水平对企业发展后劲的影响。该指标越高，表明企业一定时期内规模扩张的速度越快。但在实际分析时，应注意考虑资产规模扩张的质和量的关系，以及企业的后续发展能力，避免资产盲目扩张。

11.2.3　资本增长能力分析

资本增长是企业发展的标志，也是企业扩大再生产的源泉，展示了企业的发展水平，是评价企业发展能力的重要方面，其衡量指标主要有资本积累率、资本保值增值率和资本三年平均增长率等。

1. 资本积累率

资本积累率是指企业本年股东权益增长额与年初股东权益的比率。它反映企业当年资本的积累能力，是评价企业发展潜力的重要指标，其计算公式为：

$$资本积累率=\frac{本年股东权益增长额}{年初股东权益}\times 100\%$$

其中：本年股东权益增长额=股东权益年末数－股东权益年初数

资本积累率是企业当年股东权益总的增长率，反映了股东权益在当年变动水平，体现了企业资本的积累情况，是企业发展强盛的标志，也是企业扩大再生产的源泉，展示了企业的发展潜力。资本积累率还反映了投资者投入企业资本的保全性和增长性。该指标若大于0，则指标值越高表明企业的资本积累越多，应付风险、持续发展的能力越大；该指标为负值，表明企业资本受到侵蚀，股东利益受到损害，应予充分重视。

2. 资本保值增值率

资本保值增值率是指企业扣除客观因素后的本年年末股东权益总额与年初股东权益总额的比率，反映企业当年资本在企业自身努力下的实际增减变动情况，其计算公式为：

$$资本保值增值率=\frac{年末所有者权益}{年初所有者权益}\times 100\%$$

该比率等于1，则为资本保值；该比率大于1，则为资本增值。一般认为，资本保值增值率越高，表明企业的资本保全状况越好，所有者权益增长越快，债权人的债务越有保障。该指标通常应当大于100%。

3. 资本三年平均增长率

资本三年平均增长率表示企业资本连续三年的积累情况，在一定程度上体现了企业的持续发展水平和发展趋势。其计算公式为：

$$资本三年平均增长率=\left(\sqrt[3]{\frac{年末股东权益总额}{三年前年末股东权益总额}}-1\right)\times 100\%$$

由于一般增长率指标在分析时具有“滞后”性，仅反映当期情况，而利用该指标，能够反映企业基本积累和资本扩张的历史发展状况，以及企业稳步发展的趋势。一般认为，该指标越高，表明企业所有者权益得到保障程度越大，企业可以长期使用的资金越充足，抗风险和持续发展的能力越强。

11.2.4 技术投入增长能力分析

技术投入增长体现了企业研究开发和技术创新的重视程度和投入情况，是评价企业发展能力的重要方面，其衡量指标主要是技术投入比率。

技术投入比率是企业本年科技支出与本年营业收入金额的比率，反映企业在科技进步方面的投入，在一定程度可以体现企业的发展潜力。其计算公式为：

$$技术投入比率=\frac{本年科技支出合计}{本年营业收入净额}\times 100\%$$

技术投入比率越高，表明企业对新技术的投入越多，企业对市场的适应能力越强，未来竞争优势越明显，生存空间越大，发展前景越好。

11.2.5 可持续增长率

企业需要以发展求生存，销售增长是任何企业都无法回避的问题。企业销售增长的财务意义是资金增长；在销售增长时企业往往需要补充资金；这主要是因为销售增加通常会引起存货和应收账款等资产的增加。销售增长得越多，需要的资金越多。从资金来源上看，企业销售增长的实现方式有三种：完全依靠内部资金增长；主要依靠外部资金增长；平衡增长。

可持续增长的思想，不是说企业增长不可以高于或低于可持续增长率。问题在于管理人员必须事先预计并且加以解决在公司超过可持续增长率之上的增长所导致的财务问题。超过部分的资金只有两个解决办法：提高资产收益率或改变财务政策。提高经营效率并非总是可行的，改变财务政策是有风险和极限的，因此超常增长只能是短暂的。尽管企业的销售增长时快时慢，但从长期来看总是受到可持续增长率的制约。

1. 根据起初股东权益计算可持续增长率

限制销售增长的是资产规模，限制资产规模增长的是资金来源。在不改变经营效率和财务政策的情况下，限制资产规模增长的是股东权益增长率。因此可持续增长率的计算公式可推导如下：

$$可持续增长率=净资产增长率=\frac{净资产增加额}{期初净资产}=\frac{净利润\times 收益留存率}{期初净资产}$$

$$=按期初净资产计算的净资产报酬率\times 收益留存率$$

$$=收益留存率\times 总资产净利率\times 期末总资产与期初净资产乘数$$

其中，期末总资产与期初总资产乘数=期末总资产/期初净资产

2. 根据期末股东权益计算可持续增长率

可持续增长率也可以全部用期末数和本期发生额计算，而不使用期初数。由于企业销售增长所需资金的来源有增加负债和增加股东权益来源，可以分别按负债的增加和股东权益的增加来推算所能增加的资产额。假设销售净利率不变，则有：

股东权益增加额=收益留存率×销售净利率×（基期销售额+销售增加额）

假设财务结构不变，即负债和股东权益同比例增加，则有：

$$负债的增加额=股东权益增加额\times\left(\frac{负债}{股东权益}\right)$$

因此：$资产增加额=股东权益增加额+负债的增加额=股东权益增加额\times\left(1+\frac{负债}{股东权益}\right)$

另外，假设资产周转率不变，即资产额随销售正比例增加，有：

$$资产增加额=\frac{销售增加额}{本期销售额}\times 本期总资产额$$

根据上述资产增加额计算的两种方式，整理以后

$$可持续增长率=\frac{销售增加额}{基期销售额}$$

$$=\frac{收益留存率\times 销售净利率\times\left(1+\frac{负债}{股东权益}\right)\times 本期销售额}{本期总资产额-收益留存率\times 销售净利率\times\left(1+\frac{负债}{股东权益}\right)\times 本期销售额}$$

$$=\frac{收益留存率\times 总资产净利率\times 期末总资产与期末净资产乘数}{1-收益留存率\times 总资产净利率\times 期末总资产与期末净资产乘数}$$

可持续增长率的高低，取决于公式中销售净利率和资产周转率、收益留存率和权益乘数4项财务比率，销售净利率和资产周转率的乘积是总资产净利率，它体现了企业运用资产获取收益的能力，决定于企业的综合实力；收益留存率和权益乘数的高低是财务政策选择问

题，取决于决策人对收益与风险的权衡。企业的实力和承担风险的能力，决定了企业的增长速度。因此，实际上一个理智的企业在增长率问题上并没有多少回旋余地，尤其是从长期来看更是如此。一些企业由于发展过快陷入危机甚至破产，另一些企业由于增长太慢遇到困难甚至被其他企业收购，这说明不当的增长速度足以毁掉一个企业。

【案例分析】

根据第 9 章公司资产负债表以及表 9－2×公司的利润表，试回答以下问题：

1. 计算×公司营业收入增长率和净利润增长率。
2. 总资产增长率是多少？
3. 资本积累率和资本三年平均增长率分别是多少？
4. 根据起初股东权益计算出可持续增长率。

【课后练习题】

1. 分析可持续发展能力的含义及目的。
2. 可持续能力发展的指标有哪些？
3. 可持续增长率如何计算？

第 12 章 业绩综合评价

【学习提示】

本章介绍了业绩评价的目的、特点和方法，重点介绍了杜邦分析、综合指数法、综合评分法、平衡计分卡和经济增加值法。通过本章的学习，应该系统地了解业绩综合评价的内涵，并熟练掌握相关方法的运用。

【中英文关键词】

业绩评价　Performance Evaluation
综合指数法　Synthetical Index Method
综合评分法　Synthetic Scored Method
平衡计分卡　Balanced Score Card，BSC
经济增加值　Economic Value Added，EVA

12.1　业绩综合评价的内涵

12.1.1　业绩综合评价的目的

业绩评价是指在综合分析的基础上，运用业绩评价方法对企业财务状况和经营成果所做的综合结论。业绩评价以财务分析为前提，财务分析以业绩评价为结论，离开业绩评价财务分析就没有太大的意义。前述财务分析都只是就单项财务能力所做的评价，其结论具有片面性，只有在综合分析的基础上进行业绩评价，才能从整体上相互联系地全面评价企业的财务状况及经营成果。

业绩综合评价的目的在于：

（1）通过业绩综合评价明确企业财务活动与经营活动的相互关系，找出制约企业发展的“瓶颈”所在；

（2）通过业绩综合评价全面评价企业财务状况及经营业绩，明确企业的经营水平、位置及发展方向；

（3）通过业绩综合评价为企业利益相关者进行投资决策提供有用的信息；

（4）通过业绩综合评价为完善企业财务管理和经营管理提供依据。

12.1.2 业绩综合评价的特点与方法

业绩综合评价的特点主要体现在对指标体系的要求上。一个健全有效的指标体系必须满足以下三方面的要求。

(1) 指标要素的全面适当。全面适当是指在进行业绩评价时，所设置的分析评价指标必须能够涵盖企业营运能力、偿债能力、盈利能力和发展能力等各方面总体考核的要求，涉及全部的重要财务指标。

(2) 主辅指标功能匹配。在确立评价的主要指标和辅助指标的同时，要明确总体结构中各项指标的主辅地位，把反映经济效益的指标放在突出位置，注意经济效益与社会效益、直接效益与间接效益、当前效益与长远效益、微观效益与宏观效益的结合。

(3) 满足各方面的信息需要。要求评价指标体系能够提供多层次、多角度的信息，客观反映取得的成绩与存在的不足、现象与本质、可能与现实、风险与潜力。

业绩评价的方法有很多，如杜邦分析、沃尔比重评分法、平衡计分卡、经济增加值、综合指数法、功效系数法、综合评分法、分析判断法等。目前我国企业经济效益综合评价使用的是综合指数法，企业经营绩效评价的是综合评分法和分析判断法。本章主要介绍杜邦分析、沃尔比重评分法、综合指数法、综合评分法、平衡计分卡和经济增加值。

12.2 杜邦财务分析体系

12.2.1 传统的财务分析体系

杜邦财务分析系统，是利用几种主要的财务比率之间的内在联系，来综合分析企业财务状况的一种方法。它是由美国杜邦公司在20世纪20年代首创，经过多次改进，逐渐把各种财务比率结合成一个体系。

1. 传统财务分析体系的核心比率

权益净利率是分析体系的核心比率，它有很好的可比性，可以用于不同企业之间的比较。由于资本具有逐利性，总是流向投资报酬率高的行业和企业，使得各企业的权益净利率趋于接近。如果一个企业的权益净利率经常高于其他企业，就会引来竞争者，迫使该企业的权益净利率回到平均水平。如果一个企业的权益净利率经常低于其他企业，就得不到资金，会被市场驱逐，使得幸存企业的股东权益净利率提升到平均水平。

权益净利率不仅有很好的可比性，而且有很强的综合性。为了提高股东权益净利率，管理者有三个可以使用的杠杆：

$$\begin{aligned}\text{权益净利率}&=\frac{\text{净利润}}{\text{销售收入}}\times\frac{\text{销售收入}}{\text{总资产}}\times\frac{\text{总资产}}{\text{股东权益}}\\&=\text{销售净利率}\times\text{总资产周转率}\times\text{权益乘数}\end{aligned}$$

无论提高其中的哪一个比率，权益净利率都会提升。其中，“销售净利率”是利润表的概括，“销售收入”在利润表的第一行，“净利润”在利润表的最后一行，两者相除可以概括全部经营成果；“权益乘数”是资产负债表的概括，表明资产、负债和股东权益的比例关系，可以反映最基本的财务状况；“总资产周转率”把利润表和资产负债表联系起来，使权益净利率可以综合整个企业的经营活动和财务活动的业绩。

2. 传统财务分析体系的基本框架

该体系是一个多层次的财务比率分解体系，如图 12－1 所示。各项财务比率，在每个层次上与本企业历史或同业的财务比率比较，比较之后向下一级分解。逐级向下分解，逐步覆盖企业经营活动的每一个环节，可以实现系统、全面评价企业经营成果和财务状况的目的。

第一层次的分解，是把权益净利率分解为销售利润率、总资产周转率和权益乘数。这三个比率在各企业之间可能存在显著差异。通过对差异的比较，可以观察本企业与其他企业的经营战略和财务政策有什么不同。

分解出来的销售利润率和总资产周转率，可以反映企业的经营战略。一些企业销售净利率较高，而资产周转率较低；另一些企业与之相反，资产周转率较高而销售净利率较低。两者经常呈反方向变化。这种现象不是偶然的。为了提高销售利润率，就要增加产品的附加值，往往需要增加投资，引起周转率的下降。与此相反，为了加快周转，就要降低价格，引起销售净利率下降。通常，销售净利率较高的制造业，其周转率都较低；周转率很高的零售商业，销售利润率很低。采取“高盈利、低周转”还是“低盈利、高周转”的方针，是企业根据外部环境和自身资源做出的战略选择。正因为如此，仅从销售净利率的高低并不能看出业绩好坏，把它与资产周转率联系起来可以考察企业经营战略。真正重要的，是两者共同作用而得到的资产利润率。资产利润率可以反映管理者运用受托资产赚取盈利的业绩，是最重要的盈利能力。

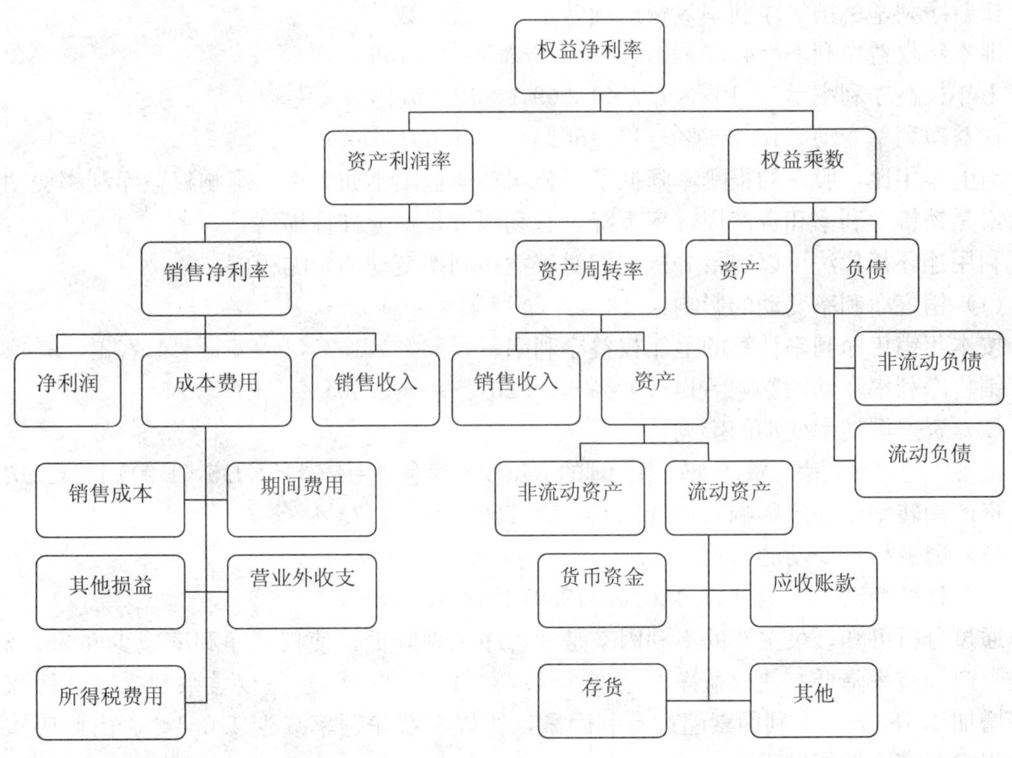

图 12－1　传统财务分析体系的基本框架

分解出来的财务杠杆可以反映企业的财务政策。在资产利润率不变的情况下，提高财务杠杆可以提高权益净利率，但同时也会增加财务风险。一般来说，资产利润率较高的企业，财务杠杆较低，反之亦然。这种现象也不是偶然的。可以设想，为了提高权益净利率，企业倾向于尽可能提高财务杠杆。但是，贷款提供者不一定会同意这种做法。贷款提供者不分享超过利息的收益，更倾向于为预期未来经营现金流量比较稳定的企业提供贷款。为了稳定现金流量，企业的一种选择是降低价格以减少竞争；另一种选择是增加营运资本以防止现金流中断，这都会导致资产利润率下降。也就是说，为了提高流动性，只能降低盈利性。因此，我们实际看到的是，经营风险低的企业可以得到较多的贷款，其财务杠杆较高；经营风险高的企业，只能得到较少的贷款，其财务杠杆较低。资产利润率与财务杠杆呈现负相关，共同决定了企业的权益净利率。企业必须使其经营战略和财务政策相匹配。

传统财务分析体系的基本框架如图 12-1 所示。

3. 财务比率的比较和分解

该分析体系要求在每一个层次上进行财务比率的比较和分解。通过与上年比较可以识别变动的趋势，通过同业的比较可以识别存在的差距。分解的目的是识别引起变动（或产生差距）的原因，并计量其重要性，为后续分析指明方向。

下面以 ABC 公司权益净利率的比较和分解为例，说明其一般方法。

例 12-1 ABC 公司上年的销售净利率为 5.61%，本年的销售净利率为 4.53%；上年的资产周转率为 1.7，本年的资产周转率为 1.5；上年的权益乘数为 1.909 1，本年的权益乘数为 2.083 3。

权益净利率＝销售净利率×资产周转率×权益乘数

即本年权益净利率＝4.53%×1.5×2.083 3＝14.156%

上年权益净利率＝5.61%×1.7×1.909 1＝18.207%

权益净利率变动＝18.207%－14.156%＝ －4.051%

与上年相比，股东的报酬率降低了，公司整体业绩不如上年。影响权益净利率变动的不利因素是销售净利率和资产周转率下降，有利因素是财务杠杆提高。

利用连环替代法可以定量分析它们对权益净利率变动的影响程度。

(1) 销售净利率变动的影响：

按本年销售净利率计算的上年权益净利率＝4.53%×1.7×1.9091＝14.702%

销售净利率变动的影响＝14.702%－18.207%＝－3.505%

(2) 资产周转率变动的影响：

按本年销售净利率、资产周转率计算的上年权益净利率＝4.53%×1.5×1.909 1＝12.972%

资产周转率变动的影响＝12.972%－14.702%＝－1.73%

(3) 财务杠杆变动的影响：

财务杠杆变动的影响＝14.156%－12.972%＝1.184%

通过分析可知，最主要的不利因素是销售净利率降低，使权益净利率减少 3.505%；其次是资产周转率降低，使权益净利率减少 1.73%；有利的因素是权益乘数提高，使权益净利率增加 1.184%。不利因素超过有利因素，所以权益净利率减少 4.051%。由此应重点关注销售净利率降低的原因。

在分解之后进入下一层次的分析，分别考察销售利润率、资产利润率和财务杠杆的变动原因。

4. 传统财务分析体系的局限性

(1) 计算总资产利润率的“总资产”与“净利润”不匹配。首先被质疑的是资产利润率的计算公式。总资产是全部资产提供者享有的权利，而净利润是专门属于股东的，两者不匹配。由于总资产净利率的“投入与产出”不匹配，该指标不能反映实际的回报率。为了改善该比率的配比，要重新调整其分子和分母。

为公司提供资产的人包括股东、有息负债的债权人和无息负债的债权人，后者不要求分享收益。要求分享收益的是股东、有息负债的债权人。因此，需要计量股东和有息负债债权人投入的资本，并且计量这些资本产生的收益，两者相除才是合乎逻辑的资产报酬率，才能准确反映企业的基础盈利能力。

(2) 没有区分经营活动损益和金融活动损益。传统财务分析体系没有区分经营活动和金融活动。对于多数企业来说金融活动是净筹资，它们从金融市场上主要是筹资，而不是投资。筹资活动没有产生净利润，而是支出净费用。这种筹资费用是否属于经营活动的费用，即使在会计规范的制定中也存在争议，各国的会计规范对此的处理也不尽相同。从财务管理的基本理念看，企业的金融资产是投资活动的剩余，是尚未投入实际经营活动的资产。应将其从经营资产中剔除。与此相适应，金融费用也应从经营收益中剔除，才能使经营资产和经营收益匹配。因此，正确计量基础盈利能力的前提是区分经营资产和金融资产，区分经营收益与金融收益（费用）。

(3) 没有区分有息负债与无息负债。既然要把金融（筹资）活动分离出来单独考察，就会涉及单独计量筹资活动的成本。负债的成本（利息支出）仅仅是有息负债的成本。因此，必须区分有息负债与无息负债，利息与有息负债相除，才是实际的平均利息率。此外，区分有息负债与无息负债后，有息负债与股东权益相除，可以得到更符合实际的财务杠杆。无息负债没有固定成本，本来就没有杠杆作用，将其计入财务杠杆，会歪曲杠杆的实际作用。

针对上述问题，人们对传统的财务分析体系做了一系列的改进，逐步形成了一个新的分析体系。

12.2.2 改进的财务分析体系

1. 改进的财务分析体系的主要概念

1) 资产负债表的有关概念

基本等式：净经营资产＝净金融负债＋股东权益

其中：净经营资产＝经营资产－经营负债

　　　净金融负债＝金融负债－金融资产

与传统分析体系相比，主要区别如下。

(1) 区分经营资产和金融资产。经营资产是指用于生产经营活动的资产。与总资产相比，它不包括没有被用于生产经营活动的金融资产。严格来说，保持一定数额的现金是生产经营活动所必需的，但是外部分析人无法区分哪些金融资产是必需的，哪些是投资的剩余，为了简化都将其列入金融资产，视为未投入运营的资产。应收项目大部分是无息的，将其列入经营资产。区分经营资产和金融资产的主要标志是有无利息，如果能够取得利息则列为金融资产。例如，短期应收票据如果以市场利率计息就属于金融资产；否则应归入经营资产，它们只是促进销售的手段。只有短期权益性投资是个例外，它是暂时利用多余现金的一种手段，所以是金融资产，应以市价计价。至于长期权益性投资，则属于经营资产。

（2）区分经营负债和金融负债。经营负债是指在生产经营中形成的短期和长期无息负债。这些负债不要求利息回报，是伴随经营活动出现的，而非金融活动的结果。金融负债是公司筹资活动形成的有息负债。划分经营负债与金融负债的一般标准是有无利息要求。应付项目的大部分是无息的，故将其列入经营负债；如果是有息的，则属于金融活动，应列为金融负债。

金融负债减去金融资产，是公司的“净金融负债”，简称“净负债”。这里有一个重要的概念，就是金融资产是“负”的金融负债，它可以立即偿债并使金融负债减少。公司真正背负的偿债压力是借入后已经用掉的钱即净负债。净负债是债权人实际上已投入生产经营的债务资本。

2）利润表的有关概念

基本等式：净利润＝经营利润－净利息费用

其中：经营利润＝税前经营利润×（1－所得税税率）

净利息费用＝利息费用×（1－所得税税率）

改进的财务分析体系对收益分类的主要特点如下。

（1）区分经营活动损益和金融活动损益。金融活动的损益是净利息费用，即利息收支的净额。金融活动的收益和成本，不应列入经营活动损益，两者应加以区分。利息支出包括借款和其他有息负债的利息。从理论上说，利息支出应包括会计上已经资本化的利息，但是实务上很难这样去处理，因为分析时找不到有关的数据，资本化利息不但计入了资产成本，而且通过折旧的形式列入费用，进行调整极其困难。利息收入包括银行存款利息收入和债权投资利息收入，如果没有债权投资利息收入，则可以用“财务费用”作为税前“利息费用”的估计值。金融活动损益以外的损益，全部视为经营活动损益。经营活动损益与金融活动损益的划分，应与资产负债表对经营资产与金融资产的划分保持对应。

（2）经营活动损益内部，可以进一步区分主要经营利润、其他营业利润和营业外收支。主要经营利润是指企业日常活动产生的利润，它等于销售收入减去销售成本及有关的期间费用，是最具持续性和预测性的收益；其他营业利润，包括资产减值、公允价值变动和投资收益，它们的持续性不易判定，但肯定低于主要经营利润；营业外收支不具持续性，没有预测价值。这样的区分，有利于评价企业的盈利能力。

（3）法定利润表的所得税是统一扣除的。为了便于分析，需要将其分摊给经营利润和利息费用。分摊的简便方法是根据实际的所得税税率比例分摊，严格的办法是分别根据适用的税率计算应负担的所得税。

2. 改进的财务分析体系的核心公式

该体系的核心公式如下：

$$
\begin{aligned}
\text{权益净利率} &= \frac{\text{经营利润}}{\text{股东权益}} - \frac{\text{净利息}}{\text{股东权益}} \\
&= \frac{\text{经营利润}}{\text{净经营资产}} \times \frac{\text{净经营资产}}{\text{股东权益}} - \frac{\text{净利息}}{\text{净负债}} \times \frac{\text{净负债}}{\text{股东权益}} \\
&= \frac{\text{经营利润}}{\text{净经营资产}} \times \left(1 + \frac{\text{净负债}}{\text{股东权益}}\right) - \frac{\text{净利息}}{\text{净负债}} \times \frac{\text{净负债}}{\text{股东权益}} \\
&= \text{净资产利润率} + (\text{净资产利润率} - \text{净利息率}) \times \text{净财务杠杆}
\end{aligned}
$$

＝净资产利润率＋经营差异率×净财务杠杆
＝净资产利润率＋杠杆贡献率

根据该公式，权益净利率的高低取决于三个驱动因素：净经营资产利润率（可进一步分解为销售经营利润率和净经营资产周转率）、净利息率和净财务杠杆。改进的财务分析体系的基本框架如图 12－2 所示。

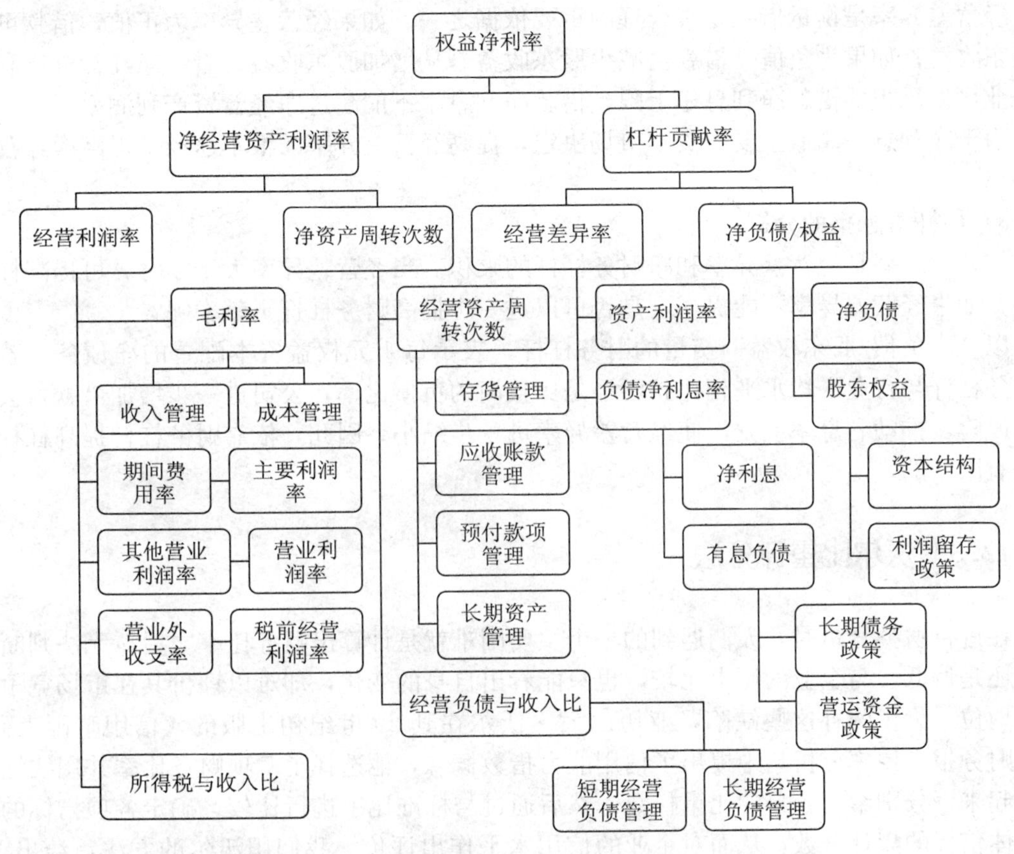

图 12－2　改进的财务分析体系的基本框架

3. 权益净利率的驱动因素分解

各影响因素对权益净利率变动的影响程度可使用连环代替法测定。

对净经营资产利润率的分析与传统的分析体系类似，只是数据更合理，得出的结论更准确。下面需要说明的是杠杆贡献率的分析方法。

4. 杠杆贡献率的分析

权益净利率被分解为净经营资产利润率和杠杆贡献率两部分，为分析财务杠杆提供了方便。影响杠杆贡献率的因素是净债务的利息率、净经营资产利润率和净财务杠杆，计算公式如下：

杠杆贡献率＝（净经营资产利润率－净利息率）×净财务杠杆

1）净利息率的分析

净利息率的分析，需要使用报表附注的明细资料。若净利息率降低，其原因可能是市场贷款利率普遍降低，企业利用这个机会，提前归还了一些过去取得的利息较高的借款，使平均利息率下降。净利息率的高低主要由资本市场决定。

2）经营差异率的分析

经营差异率是净经营资产利润率和净利息率的差额，表示每借入1元债务资本投资与经营资产产生的收益，偿还利息后剩余的部分。该剩余归股东所有。利息越低，经营利润越高，剩余的部分越多。

经营差异率是衡量借款是否合理的重要依据之一。如果经营差异率为正值，借款可以增加股东收益；如果为负值，借款会减少股东收益。从增加股东收益来看，净经营资产利润率为企业可以承担的借款净利息率上限，借款净利息率不能超过净经营资产利润率。

由于净利息率高低主要由资本市场决定，提高经营差异率的根本途径是提高净经营资产利润率。

3）杠杆贡献率的分析

杠杆贡献率是经营差异率和净财务杠杆的乘积。当经营差异率大于零时，可提高杠杆贡献率；如果经营差异率不能提高，是否可以进一步提高财务杠杆贡献率呢？

以“净负债/股东权益”衡量的财务杠杆，表示每1元权益资本配置的净债务。若公司的财务杠杆与行业平均水平相比，已经是比较高的负债比率，公司进一步增加借款，会增加财务风险，推动利息率上升，使经营差异率进一步缩小。因此，依靠财务杠杆提高杠杆贡献率是有限度的。

12.3 沃尔比重评分法

在进行财务分析时，人们遇到的一个主要困难就是计算出财务比率之后，无法判断它是偏高还是偏低。与企业的历史比较，也只能看出自身的变化，却难以评价其在市场竞争中的优劣地位。为了弥补这些缺陷，亚历山大·沃尔在其20世纪初出版的《信用晴雨表研究》和《财务报表比率分析》中提出了信用能力指数概念，他选择了7项财务比率并用线性关系结合起来，分别给定各自的比重权数，然后通过与标准比率进行比较，确定各项指标的得分及总体信标的累计分数，从而对企业的信用水平作出评价。我们用沃尔的方法，给出W公司的财务状况评分结果，如表12-1所示。

表12-1　沃尔比重评分表

财务比率	比重①	标准比率②	实际比率③	相对比率 ④=③/②	评分 ⑤=①×④
流动资产/流动负债	25	2.00	3.13	1.56	39
净资产/负债	25	1.50	1.84	1.22	30.5
资产/固定资产	15	2.50	2.37	0.95	14.25
销售成本/存货	10	8	2.84	0.35	3.5
销售收入/应收账款	10	6	6.03	1.01	10.1
销售收入/固定资产	10	4	2.44	0.61	6.1
销售收入/净资产	5	3	1.45	0.48	2.4
合计	100				106

沃尔比重评分法从理论上讲存在两个缺陷：一是为什么只选这 7 个财务指标。并且每个指标所占的比重权数缺乏理论证明和解释；二是当某项指标比重超标时，会对总评分产生不合逻辑的重大影响。

尽管沃尔比重评分法存在缺陷，但这种综合分析的思路至今在实践中仍在运用。在企业实践中，可以选择与决策相关的财务比率指标对企业财务状况进行综合评分。

12.4　企业经营业绩评价综合指数法

运用综合指数法进行业绩评价一般程序或步骤包括：选择业绩评价指标，确定各项指标的标准值，计算指标单项指数，确定指标的权数，计算综合经济指数，评价综合经济指数。下面以财政部 1995 年颁布的企业经济效益评价指标体系为例，说明综合指数法的运用。

12.4.1　选择经营业绩评价指标

进行经营业绩评价的首要步骤是正确选择评价指标，指标选择根据分析目的和要求，考虑分析的全面性、综合性。财政部颁布的企业经济效益评价指标体系中选择的经济效益指标包括 3 个方面的十项指标。

1. 反映盈利能力和资本保值增值指标

反映盈利能力的指标主要有 3 个，即销售净利率、总资产报酬率和资本收益率；反映资本保值增值的指标是资本保值增值率。

1）销售净利率

反映企业销售收入的获得水平，其计算公式为：

$$销售净利率=\frac{利润总额}{产品销售收入}\times 100\%$$

其中，产品销售收入指扣除销售折让、销售折扣和销售退回的销售净额。

2）总资产报酬率

用于衡量企业运用全部资产的获利能力，其计算公式为：

$$总资产报酬率=\frac{息税前利润（EBIT）}{平均资产总额}\times 100\%=\frac{利润总额+利息支出}{平均资产总额}\times 100\%$$

其中，平均资产总额＝（期初资产总额＋期末资产总额）÷2。

3）资本收益率

指企业运用投资者投入资本获得收益的能力，其计算公式为：

$$资本收益率=\frac{净利润}{实收资本}\times 100\%$$

4）资本保值增值率

主要反映企业投资者投入企业资本的完整性和增值性，即反映企业资本保值增值能力，其计算公式为：

$$资本保值增值率=\frac{期末所有者权益总额}{期初所有者权益总额}\times 100\%$$

该指标等于 100％时为资本保值，该指标大于 100％时资本增值。

2. 反映按资产负债水平和偿债能力指标

反映按资产负债水平和偿债能力指标有 4 个，即资产负债率、流动比率或速度比率、应收账款周转率、存货周转率。

1）资产负债率

可用于衡量企业负债水平高低情况，其计算公式为：

$$资产负债率=\frac{负债总额}{资产总额}\times 100\%$$

2）流动比率或速动比率

流动比率是衡量企业在某一时点偿付即将到期债务的能力，其计算公式为：

$$流动比率=\frac{流动资产}{流动负债}\times 100\%$$

速动比率是衡量企业在某一时点上运用随时可变现资产偿付到期债务的能力，其计算公式为：

$$速度比率=\frac{速动资产}{流动负债}\times 100\%$$

其中，一般的情况下，速动资产＝流动资产－存货。

3）应收账款周转率

指用于衡量应收账款周转速度快慢的指标，其计算公式为：

$$应收账款周转率=\frac{赊销净额}{平均应收账款余额}\times 100\%$$

其中

平均应收账款余额＝（期初应收账款余额＋期末应收账款余额）÷2

赊销净额＝销售收入－现销收入－销售退回、折扣、折让

由于企业赊销资料作为商业机密不对外公布，所以应收账款周转率分子一般用赊销和现销总额，即销售净收入。

4）存货周转率

用于衡量企业在一定时期内存货资产的周转次数，反映企业的购、产、销平衡效率的一种尺度，其计算公式为：

$$存货周转率=\frac{产品销售成本}{平均存货成本}\times 100\%$$

其中

平均存货成本＝（期初存货成本＋期末存货成本）÷2。

3. 反映企业对国家或社会贡献水平指标

反映企业对国家或社会贡献水平指标有 2 个，即社会贡献率和社会积累率。

1）社会贡献率

可用于衡量企业运用全部资产为国家或社会创造或支付价值的能力，其计算公式为：

$$社会贡献率=\frac{企业社会贡献总额}{社会平均资产总额}\times 100\%$$

其中，企业社会贡献总额包括：工资（含奖金、津贴等工资收入）、劳保退休统筹及其他社会福利支出、利息支出净额、应交增值税、应交营业税金及附加、应交所得税、其他税收、

净利润等。

2）社会积累率

可用于衡量企业社会贡献总额中多少用于上交国家财政，其计算公式为：

$$社会积累率=\frac{上交国家财政总额}{企业社会贡献总额}\times 100\%$$

其中，上交国家财政总额包括：应交增值税、应交营业税金及附加、应交所得税、其他税收等。

12.4.2　确定各项业绩指标的标准值

业绩评价指标标准值可根据分析的目的和要求确定，可用某企业某年的实际数，也可用同类企业、同行业或部门平均数，还可用国际标准数。一般来说，当评价企业经营计划完成情况时，可以以企业计划水平为标准值；当评价企业经营业绩水平变动情况时，可以以企业前期水平为标准值；当评价企业在同行业或在全国或国际上所处地位时，可用行业标准值或国家标准值。从财政部设计这十项指标角度考虑，标准值的确定主要参考以下两个方面：一是适当参照国际上通用的标准，如流动比率为 2，速动比率为 1，资产负债率为 50%等，但考虑我国整体效益水平偏低，与发达国家差距较大，国际上通行标准值只是一个参考依据；二是可以考虑我国企业在近 3 年的企业平均值。

12.4.3　计算各项业绩指标的单项指数

单项指数是指各项经济指标的实际值与标准值之间的比值，其计算公式为：

$$单项指数=\frac{某指标实际值}{该指标标准值}$$

此单项指数计算公式适用于经济指标为纯正指标或纯逆指标，如果为正指标，则单项指数越高越好；如果为逆指标，则单项指数越低越好。如果某经济指标既不是正指标，又不是纯逆指标，如资产负债率、流动比率、速动比率等，对于这种指标其单项指数可按下式计算，即

$$单项指数=\frac{标准值-实际值与标准值差额绝对值}{标准值}$$

例如，假设流动比率的标准值为 200%，则当流动比率实际值为 220%时，则单项指数为

$$单项指数=\frac{200\%-(220\%-200\%)}{200\%}=0.9$$

12.4.4　确定各项业绩指标的权数

综合业绩指数不是单项指数的简单算术平均数，而是一个加权平均数。因此，要计算综合经济指数，应在计算单项指数的基础上，确定各项指标的权数。各项经济指标权数的确定应依据各指标的重要程度而定，一般来说，指标越重要，权数就越大；反之，权数就越小。假定 10 项经济效益指标的权数总和为 100，经测算、验证，并参照美国、日本等国家的做法，将各项经济效益指标的权数确定为：销售利润率为 15，资产周转率为 15，总资产报酬率为 15，资本收益率为 15，资本保值增值率为 10，资产负债率为 5，流动比率（或速动比率）为 5，应收账款周转率为 5，存货周转率为 10，社会贡献率为 10，社会积累率为 15。

12.4.5 计算综合经济指数

综合经济指数是各单项指数乘以各单项指标权数求和得到的一个加权平均数。综合经济指数的计算方法又分为两种。

1. 按各项指标实际指数计算（不封顶）

在按各项指标实际指数计算时，其计算公式为：

$$综合经济指数=\sum（某指标单项指数\times该指标权数）$$

2. 按扣除超过100％部分后计算（封顶）

当全部指标为正指标时，如果某项指标的指数超过100％时，超出部分并不计算指数，只按100％计算；如果某项指标的指数低于100％时，则按该指标实际数计算。其计算公式为：

$$综合经济指数=\sum［某指标单项指数（扣除超出部分）\times该指标权数］$$

例12-2 根据某公司的各项经济效益指标实际值及相关标准值，计算该公司的综合经济指数（不封顶），见表12-2。

表12-2 综合经济指数计算表

单位：%

经济指标	标准值	实际值	单项指数	权数	综合经济指数
销售利润率	18	20.3	113	15	16.95
总资产报酬率	20	11.5	58	15	8.70
资本收益率	25	40.8	163	15	24.45
资本保值增值率	105	112	107	10	10.70
资产负债率	50	43	86	5	4.30
流动比率	200	117	59	5	2.95
或速动比率	100	86			
应收账款周转率	12次	2.91次	24	5	1.20
存货周转率	10次	2.22次	22	5	1.10
社会贡献率	35	35*	100	10	10.00
社会积累率	30	30*	100	15	15.00
综合经济指数				100	95.35

注：*社会贡献率和社会积累率实际值由于资料限制，假设其为标准值。

12.4.6 评价综合经济指数

一般地说，综合经济指数达到100％，说明企业经营业绩总体水平达到标准要求，或者说企业取得了较好的经济效益，该指标越高，经济效益水平越高；综合经济指数低于100％，说明企业经济效益水平没达到标准要求，该指标越低，经营业绩水平越差。在例12-2中，该公司综合经济指数仅为95.35％，没有达到经营业绩标准要求，10项经济指标中，只有5项（包括2项假设持平值）达到标准值水平，其余5项都低于标准值水平。

应当注意，在运用综合经济指数法进行经营业绩综合评价时，应特别注意以下两个问题。

第一，选择的各项经济指标在评价标准上应尽量保持方向的一致性，即尽量都选择正指标，或都选择逆指标。因为全部为正指标，则评价标准为越高越好；全部为逆指标，则评价标准为越低越好；如果既有正指标又有逆指标，则应将逆指标转变为正指标或相反。如上述周转率指标，以次数计算为正指标，以天数计算为逆指标，因为大部分指标为正指标，因此，周转率应采取正指标形式。至于资产负债率、流动比率和速动比率这种既不是正指标，又不是逆指标的指标，其标准值具有绝对性，即大于或小于标准值都不好，单项指数最高为 1％或 100％，进行综合经济效益指数评价时应注意这些指标的特点，否则易得出错误结论。

第二，综合经济指数是否高于 100％的问题。如果各单项指数取值可高于 100％时（如上例的资本收益率、销售利润率和资本保值增值率），综合经济指数可能高于 100％。这样做的优点是，综合经济指数不封顶，该指标越高，说明企业经营业绩越好。它的缺点是，可能以某些完成状况好的指标数值弥补完成状况差的指标数值，即使综合指数大于或等于 100％，也不能说明企业各项经济指标都达到了标准值要求，掩盖了企业在某方面存在的问题。例如，在例 12－2 中，资本收益率单项指数高达 163％，对综合指数的影响数为 24.45，高于标准值 9.45（24.45－15），这 9.45 可能掩盖企业在其他方面存在的问题。如果各单项指数取值最高为 100％（即大于 100％时按 100％计算，小于 100％时按实际值计算）时，综合经济指数最高为 100％。在例 12－2 中，扣除高于 100％的因素，经济效益综合指数是 83.25（95.35－9.45－1.95－0.7）。封顶的优点是，如果综合经济指数达到了 100％，就说明企业各项经济指标都达到了标准值，取得了理想的经营业绩，低于 100％则说明企业在某一方面存在问题。封顶的缺点是，如果几个企业的综合经济指数都达到 100％，很难分出优劣。因此，进行企业经济综合评价时，在标准值比较先进时，可采用指数封顶的方法；当标准值为平均值时，则应采取指数不封顶的方法。企业在进行自身经营业绩评价时，也可将两种方法结合使用，取长补短，从而准确地评价企业的经营业绩。

12.5　经营业绩综合评价综合评分法

运用经营业绩综合评分法或功效系数法的一般程序或步骤包括：选择业绩评价指标，确定各项业绩评价指标的标准值，确定各项业绩评价指标的权数，计算各类业绩评价指标得分，计算经营业绩综合评价分数，确定经营业绩综合评价等级。下面根据 2002 年财政部、国家经贸委、中央企业工委、劳动保障部和国家计委联合颁布的《企业绩效评价操作细则（修订）》来说明综合评分法的应用程序和方法，对于定性评价指标则采用分析判断法进行评分。

12.5.1　选择业绩评价指标

进行业绩综合评价的首要步骤是选择适当的评价指标，而选择评价指标要根据分析目的和要求而定，并考虑指标体系的全面性、综合性、代表性和变化方向的一致性。根据 2006 年国务院国有资产监督管理委员会颁布的实施细则，我们选择的企业综合绩效评价指标包括 22 个财务绩效定量评价指标和 8 个管理绩效定性评价指标，具体见表 12－3。

表 12-3　企业综合绩效评价指标体系

评价指标类型	财务绩效定量评价指标		管理绩效定性评价指标
	基本指标	修正指标	
一、盈利能力状况	净资产收益率 总资产报酬率	销售（营业）利润率 盈余现金保障倍数 成本费用利润率 资本收益率	战略管理 发展创新 经营决策 风险控制 基础管理 人力资源 行业影响 社会贡献
二、资产质量状况	总资产周转率 应收账款周转率	流动资产周转率 资产现金回收率 不良资产比率	
三、债务风险情况	资产负债率 已获利息倍数	速动比率 现金流动负债比率 带息负债比率 或有负债比率	
四、经营增长状况	销售（营业）增长率 资本保值增值率	销售（营业）利润增长率 总资产增长率 技术投入比率	

1. 基本指标及其计算

（1）净资产收益率：指企业运用投资者资本获得收益的能力，其计算公式为：

$$净资产收益率=\frac{净利润}{平均净资产}\times100\%$$

其中，平均净资产＝（期初所有者权益＋期末所有者权益）÷2。

（2）总资产报酬率：用于衡量企业运用全部资产的获利能力，其计算公式为：

$$总资产报酬率=\frac{总税前利润（EBIT）}{平均资产总额}\times100\%=\frac{利润总额+利息支出}{平均资产总额}\times100\%$$

其中，平均资产总额＝（期初资产总额＋期末资产总额）÷2。

（3）总资产周转率：指企业在一定时期销售收入净额与平均资产总额的比值，是综合评价企业全部资产经营质量和利用效率的重要指标，其计算公式为：

$$总资产周转率=\frac{销售收入净额}{平均资产总额}\times100\%$$

（4）应收账款周转率：指企业在一定时期销售收入净额与应收账款平均余额之比，其计算公式为：

$$应收账款周转率=\frac{销售收入净额}{平均应收账款余额}\times100\%$$

其中，平均应收账款余额＝（年初应收账款余额＋年末应收账款余额）÷2

应收账款余额＝应收账款净额＋应收账款坏账准备

（5）资产负债率：可用于衡量企业负债水平与偿债能力的情况，其计算公式为：

$$资产负债率=\frac{负债总额}{资产总额}\times100\%$$

（6）已获利息倍数：指息税前利润与利息支出之间的比率，可用于衡量企业的偿债能力，其计算公式为：

$$已获利息倍数=\frac{息税前利润}{利息支出}$$

（7）销售（营业）增长率：销售增长率是反映企业产品销售（营业）收入增长情况的指标，其计算公式为：

$$销售（营业）增长率=\frac{本年销售收入净额-上年销售收入净额}{上年度销售收入净额}\times 100\%$$

（8）资本保值增值率：可用于衡量企业所有者权益的保持和增长幅度，其计算公式为：

$$资本保值增值率=\frac{扣除客观因素后的期末所有者权益}{年初所有者权益}\times 100\%$$

2. 修正指标及其计算

各项修正指标计算公式如表 12－4 所示。

表 12－4　企业绩效评价修正指标

选用指标	计算公式
（1）销售（营业）利润率	$\frac{营业利润}{营业收入}\times 100\%$
（2）盈余现金保障倍数	$\frac{经营现金净流量}{净利润}\times 100\%$
（3）成本费用利润率	$\frac{利润总额}{成本费用总额}\times 100\%$ 成本费用总额＝营业成本＋营业税金＋期间费用
（4）资本收益率	$\frac{净利润}{平均资本}\times 100\%$ 平均资本＝［（年初实收资本｜年初资本公积）｜（年末实收资本｜年末资本公积）］÷2
（5）不良资产比率	$\frac{资产减值准备余额+应提未提和应摊未摊的清亏挂账+未处理资产损失}{资产总额+资产减值准备余额}\times 100\%$
（6）流动资产周转率	$\frac{销售收入净额}{平均流动余额}\times 100\%$ 平均流动余额＝（年初流动资产总额＋年末流动资产总额）÷2
（7）资产现金回收率	$\frac{经营现金净流量}{平均资产总额}\times 100\%$
（8）速动比率	$\frac{速动资产}{流动负债}\times 100\%$ 速动资产＝流动资产－存货
（9）现金流动负债比率	$\frac{经营现金净流量}{流动负债}\times 100\%$
（10）带息负债比率	$\frac{短期借款+一年内到期的长期负债-长期借款+应付债券+应付利息}{负债总额}\times 100\%$
（11）或有负债比率	$\frac{或有负债余额}{所有者权益}\times 100\%$ 或有负责余额＝已贴现承兑汇票＋担保余额＋贴现与担保外的被诉事项金额＋其他或有负债
（12）销售（营业）利润增长率	$\frac{本年营业利润-一年营业利润}{上年营业利润}\times 100\%$
（13）总资产增长率	$\frac{年末资产总额-年初资产总额}{年初资产总额}\times 100\%$
（14）技术投入比率	$\frac{本年科技支出合计}{营业收入}\times 100\%$

12.5.2 确定各项经济指标的标准值及标准系数

为了准确评价企业的经营业绩，对各项经济指标标准值的确定，根据企业的不同类型及指标的分类情况规定了不同的标准。

(1) 基本指标标准值及标准系数。基本指标评价的标准值由财政部定期发布，分为优秀、良好、平均、较低、较差五个档次；标准系数分别设定为1、0.8、0.6、0.4、0.2五个等级。不同行业、不同规模的企业有不同的标准值。例如，2011年金属加工机械制造业大型企业财务绩效基本指标标准值见表12-5。

表12-5 金属加工机械制造业大型企业财务绩效基本指标的标准值表

档次（标准系数） 项目	优秀	良好	平均值	较低值	较差值
	1	0.8	0.6	0.4	0.2
净资产收益率（%）	13.8	10.3	6.4	2.7	−0.9
总资产报酬率（%）	9.1	7.3	4.0	2.2	0.0
总资产周转率（次）	1.1	0.9	0.7	0.6	0.5
应收账款周转率（次）	8.6	6.8	4.2	2.9	1.7
资产负债率（%）	40.2	53.4	62.1	74.8	84.7
已获利息倍数	5.7	3.4	2.3	1.7	0.9
销售（营业）增长率（%）	35.7	27.5	18.3	14.2	3.5
资本保值增值率（%）	111.7	109.2	106.1	102.4	98.3

资料来源：国务院国资委统计评价．企业绩效评价标准值（2006）．北京：经济科学出版社．

(2) 修正指标标准值及修正系数。基本指标有较强的概括性，但还不够全面。为了更加全面地评价企业绩效，另外设置了4类14项修正指标，根据修正指标的高低计算修正系数，用得出的系数来修正基本指标的得分。2011年金属加工机械制造业大型企业财务绩效修正指标标准值见表12-6。

表12-6 金属加工机械制造业大型企业财务绩效修正指标的标准值表

档次（标准系数） 项目	优秀	良好	平均值	较低值	较差值
	1	0.8	0.6	0.4	0.2
一、盈利能力状况					
销售（营业）利润率（%）	20.9	18.4	15.0	11.4	7.0
盈余现金保障倍数	6.4	3.5	1.0	−0.5	−2.3
成本费用利润率（%）	10.9	7.8	4.7	0.4	−3.3
资本收益率（%）	16.3	10.4	5.9	0.7	−1.2
二、资产质量状况					
不良资产比率（%）	0.6	2.4	5.0	7.2	11.5
流动资产周转率（次）	1.8	1.4	1.0	0.8	0.6

续表

档次（标准系数）/项目	优秀	良好	平均值	较低值	较差值
	1	0.8	0.6	0.4	0.2
资产现金回收率（%）	10.6	9.2	4.4	1.5	0.3
三、债务风险状况					
速动比率（%）	105.3	87.1	59.3	42.7	26.7
现金流动负债比率（%）	18.3	14.3	7.5	4.1	1.8
带息负债比率（%）	21.7	30.5	42.1	55.2	70.4
或有负债比率（%）	0.4	1.3	6.1	14.7	23.8
四、经营增长状况					
销售（营业）利润增长率（%）	37.6	29.1	21.1	4.5	−5.7
总资产增长率（%）	22.3	16.7	10.5	3.5	−1.9
技术投入比率（%）	4.3	2.4	1.5	0.8	0.0

资料来源：国务院国资委统计评价，企业绩效评价标准值（2006）．北京：经济科学出版社．

12.5.3　确定各项经济指标的权数

指标的权数根据评价目的和指标的重要程度确定。企业综合绩效评价指标体系中各类及各项指标的权数或分数如表 12－7 所示。

表 12－7　企业综合绩效评价指标及权重表

定量指标（权重 70%）					定性指标（权重 30%）	
指标类别（100 分）	基本指标（100 分）		修正指标（100 分）		评议指标（100 分）	
一、财务效益状况（34 分）	净资产收益率 总资产报酬率	20 14	销售（营业）利润率 盈余现金保障倍数 成本费用利润率 资本收益率	10 9 8 7	战略管理 发展创新 经营决策 风险控制 基础管理 人力资源 行业影响 社会贡献	18 15 16 13 14 8 8 8
二、资产运营状况（22 分）	总资产周转率 应收账款周转率	10 12	不良资产比率 流动资产周转率 资产现金回收率	9 7 6		
三、偿债能力状况（22 分）	资产负债率 已获利息倍数	12 10	速动比率 现金流动负债比率 带息负债比率 或有负债比率	6 6 5 5		
四、发展能力状况（22 分）	销售（营业）增长率 资本保值增值率	12 10	销售（营业）利润增长率 总资产增长率 技术投入比率	10 7 5		

资料来源：《中央企业综合绩效评价实施细则》，国务院国有资产监督管理委员会国资发评价。

12.5.4　各类指标得分计算

1．基本指标得分计算

基本指标反映了企业的基本情况，是对企业绩效的初步评价。

1）单项指标得分的计算

$$单项基本指标得分=本档基础分+本档调整分$$

其中

$$本档基础分=指标权数\times本档标准系数$$

$$本档调整分=\frac{(实际值-本档标准值)}{(上档标准型-本档标准值)}\times(上档基础分-本档基础分)$$

$$上档基础分=指标权数\times上档标准系数$$

例如，某公司总资产报酬率为6.81%，处于“平均档”（4.0%）和“良好档”（7.3%）之间，因此可以得到“平均档”基础分，同时可得本档调整分。

本档基础分＝指标权数×本档标准系数＝14×0.6＝8.4（分）

$$\begin{aligned}本档调整分&=\frac{(实际值-本档标准值)}{(上档标准型-本档标准值)}\times(上档基础分-本档基础分)\\&=\frac{(6.81\%-4.0\%)}{(7.3\%-4.0\%)}\times(14\times0.8-14\times0.6)=2.38(分)\end{aligned}$$

2）基本指标总分的计算

$$分类指标得分=\sum类内各项基本指标得分$$

$$基本批标得分=\sum各类基本指标得分$$

2. 修正指标修正系数计算

对基本指标得分的修正，是按指标类别得分进行的，需要计算“分类的综合修正系数”。分类的综合修正系数由“单项指标修正系数”加权平均求得；而单项指标修正系数的大小主要取决于基本指标评价分数和修正指标实际值两个因素。

1）单项指标修正系数的计算

$$\begin{aligned}单项指标修正系数=1.0+(&本档标准系数+功效系数\times0.2-\\&该类基本指标分析系数)\end{aligned}$$

$$功效系数=\frac{指标实际值-本档标准值}{上档标准值-本档指标值}$$

$$该类基本指标分析系数=\frac{该类基础指标得分}{该类指标权数}$$

单项指标修正系数控制修正幅度为0.7～1.3。

例如，假设某公司的盈余现金保障倍数为2.24，处于“良好”和“平均”之间，其标准系数为0.6，则

$$功效系数=\frac{指标实际值-本档标准值}{上档标准值-本档指标值}=\frac{2.24-1.0}{3.5-1.0}=0.496$$

且盈利能力类基本指标得分为30.78，权数为34，则

$$盈利能力类基本指标分析系数=\frac{30.78}{34}=0.905$$

故，盈余现金保障倍数指标修正系数＝1.0＋（0.6＋0.496×0.2－0.905）＝0.794

在计算修正指标单项修正系数过程中，对于一些特殊情况作如下规定。

第一，如果修正指标实际值达到优秀值以上，其单项修正系数的计算公式为：

$$单项修正系数=1.2+本档标准系数-该部分基本指标分析系数$$

第二，如果修正指标实际值处于较差值以下，其单项修正系数的计算公式为：

$$单项修正系数=1.0-该部分基本指标分析系数$$

第三，如果资产负债率≥100%，指标得 0 分；其他情况按规定的公式计分。

第四，如果盈余现金保障倍数的分子为正数，分母为负数，单项修正系数确定为 1.1；如果分子为负数，分母为正数，单项修正系数确定为 0.9；如果分子分母同为负数，单项修正系数确定为 0.8。

第五，如果不良资产比率≥100%或分母为负数，单项修正系数确定为 0.8。

第六，对于销售（营业）利润增长率指标，如果上年主营业务利润为负数，本年为正数，单项修正系数确定为 1.1；如果上年主营业务利润为 0，本年为正数，或者上年为负数，本年为 0，单项修正系数确定为 1.0。

2）单项指标加权修正系数的计算

$$单项指标加权修正系数=\frac{该项指标的权数}{该类指标权数}\times 该项指标修正系数$$

例如，盈余现金保障倍数指标属于盈利能力指标，其权数为 9，盈利能力类指标总权数为 34。

盈余现金保障倍数指标的加权修正系数=0.794×（9÷34）=0.21

3）分类综合修正系数的计算

$$分类综合修正系数=\sum 类内各项基本指标的加权修正系数$$

4）分类指标修正后得分的计算

分类指标修正后得分=该类基本指标分数×分类综合修正系数

3. 修正后得分的计算

$$修正后得分=\sum 各类基本指标修正后得分$$

4. 管理绩效定性指标的计分方法

1）定性指标的内容

单项评议指标有 8 个，分别赋予一定权数；评议时分 5 个等级，每个等级规定有相应的参数；参加评议的人员不少于 7 人。表 12-8 是一个评议员给出的各项指标的等级。

表 12-8　评议指标等级表

评议指标	权数	等级（参数）				
		优（1）	良（0.8）	中（0.6）	低（0.4）	差（0.2）
1. 战略管理	18		√			
2. 发展创新	16	√				
3. 经营决策	12		√			
4. 风险控制	14		√			
5. 基础管理	12			√		
6. 人力资源	10		√			
7. 行业影响	10	√				
8. 社会贡献	8		√			

2）单项评议指标得分

单项评议指标分数＝$\sum$（单项评议指标权数×各评议员给定的等级参数）÷评议员人数

3）评议指标总分的计算

评议指标总分＝$\sum$单项评议指标得分

12.5.5 综合评价得分

综合评价得分＝财务绩效定量评价分数×70％＋管理绩效定性评价分数×30％

12.5.6 确定综合评价结果分级

企业综合绩效评价结果以85、70、50、40分作为类型判定的分数线。具体的企业综合绩效评价类型与评价级别如表12－9所示。

表12－9 业综合绩效评价类型与评价级别一览表

评价类型	评价级别	评价得分
优（A）	A＋＋ A＋ A	A＋＋＞95分 95分＞A＋≥90分 90分＞A≥85分
良（B）	B＋ B B－	85分＞B＋≥80分 80分＞B≥75分 75分＞B－≥70分
中（C）	C C－	70分＞C≥60分 60分＞C－≥50分
低（D）	D	50分＞D≥40分
差（E）	E	E＜40分

资料来源：《中央企业综合绩效评价实施细则》，国务院国有资产监督管理委员会国资发评价［2006］157号。

12.6 平衡计分卡

12.6.1 平衡计分卡概述

平衡计分卡（Balanced Score Card，BSC）是美国会计学家罗伯特·S·卡普兰和戴维·P·诺顿于1992年首先创制的，目前在世界上许多地方得到广泛应用。平衡记分卡近年来风靡美国，《哈佛商业评论》将平衡记分卡评为75年来最具影响力的管理学说。Gartner Group的调查显示，在《财富》排名前1000家公司中55％以上已经实施了平衡记分卡。Mobil公司1993年的经营业绩在全行业排最后一名，1994年起开始实施平衡记分卡，第二年即迅速跃居该行业第一名。当前，平衡记分卡被称作业绩评价领域的一种新工具，近期在我国也被广泛推荐使用。

平衡积分卡平衡记分卡提供了一种全面的评价体系，是一个集长期指标与短期指标、财务指标与非财务指标、内部指标与外部指标为一体的业绩评价的新方法。平衡积分卡主要是从四个角度评价企业的业绩：财务、客户、内部经营过程、学习与成长，该四个方面指标的关系如图 12－3 所示。

12.6.2　平衡计分卡指标体系

根据卡普兰和诺顿的研究，平衡计分卡的指标体系主要由财务、客户、内部经营过程以及学习与成长四个方面的指标所组成。如图 12－3 所示。

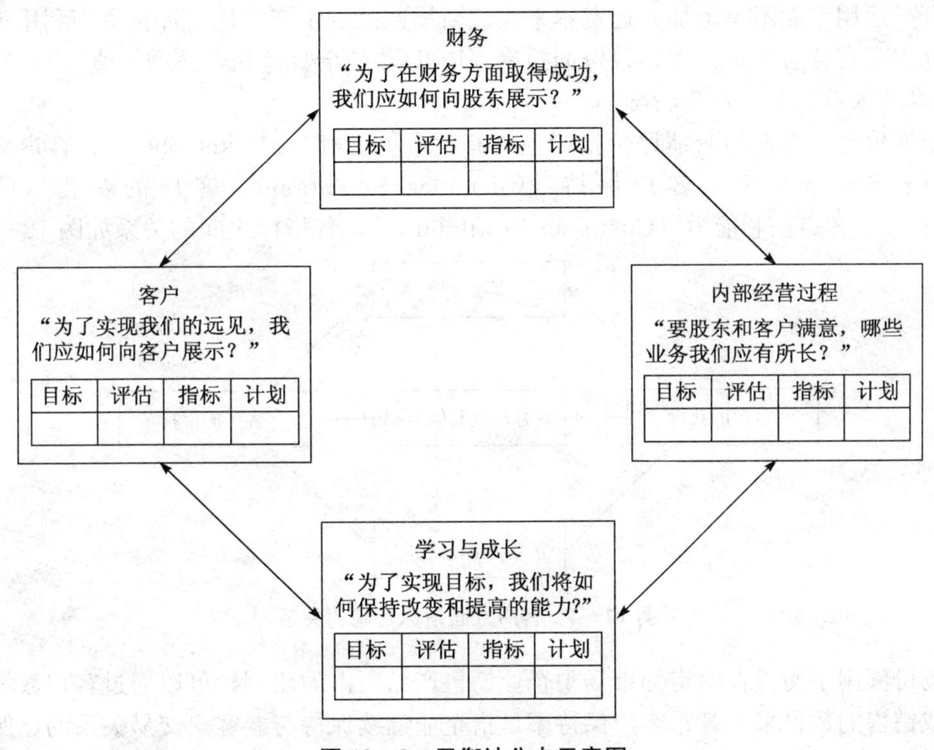

图 12－3　平衡计分卡示意图

1. 财务方面的业绩评价指标

财务方面的业绩评价指标一般包括：收入增长指标（Revenue Growth and Mix）、成本降低或生产率提高指标（Cost Reduction/Productivity Improvement）、资产利用或投资战略指标（Asset Utilization/Investment Strategy）。详细指标可根据公司的具体要求设置，一般有净资产收益率、资产负债率、投资报酬率、应收账款周转率、存货周转率、成本降低率、营业净利额和现金流量净额等。

1）收入增长指标

收入增长指标应根据企业所处的不同发展阶段而有所区别。在初创期，企业在提供产品和劳务获取收入的方面有巨大的潜力可以挖，企业的投资规模也在快速增长，这一阶段财务目标可定位于目标市场扩大。在成长期，企业需要对有发展前途的投资项目进行投资和再投资，以求获得较高的投资回报，企业的主要目标是保持已有的市场份额并力争有所增加，企业的财务目标应当定位于投资回报和经济增加值最大化。而成熟期是企业在前两个时期所作投资取得回报的阶段，企业的主要目标是最大限度地收回现金，企业的财务目标应定位于折旧前经营现金流量的最大化和营运资本需求的最小化。

2）成本降低和生产率提高指标

成本的降低是通过降低直接和间接产品及劳务的成本来达到的，生产率的提高是通过与其他经营企业分享共需资源来实现的。用于评价成本降低和生产率提高的指标主要有成本费用降低率、人均销售收入等。

3）资产利用指标

提高资产利用率是指通过减少营运资本的运用生产出相同数量的产品和劳务，或者是通过提高资产运用率而不是增加营运资本来完成新增产品的生产。用于评价资产利用率水平高低的指标主要有营运资本比率、投资回报率（ROI）、剩余收益和经济增加值（EVA）等。

2. 客户方面的业绩评价指标

用于评价客户方面的业绩评价指标主要有：市场份额（Market Share）、客户满意程度（Customer Satisfaction）、客户保持（Customer Retention）、客户的获得（Customer Acquisition）、客户获利能力（Customer Profitability），各指标之间的关系如图 12-4 所示。

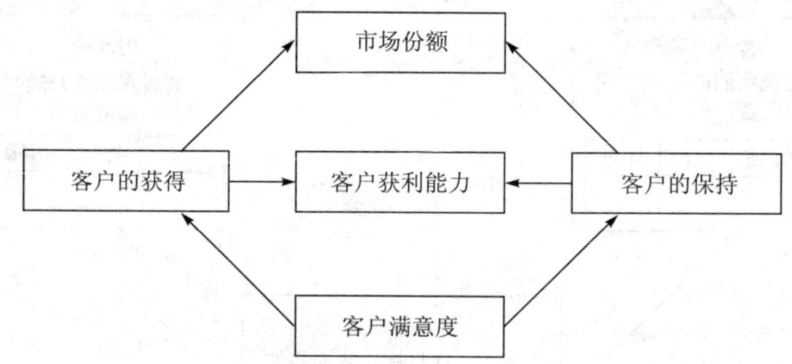

图 12-4　客户方面指标之间的关系

市场份额用于衡量在给定的市场中企业销售产品所占的比例，可以通过客户数量、花费的金额或销售的数量来计算；客户保持率是指企业继续保持与老客户交易关系的比例，可以是绝对数，也可以是相对数；客户的获得率指标用于评价企业吸引或获得新客户的数量或比例，既可以用新客户的数量来计算，也可以通过在目标范围内对新客户的总销售额来计算；客户的满意程度指标是通过一定的方法，如电话、调查表等，对客户的满意程度做出的测定；客户获利能力指标反映了企业为客户提供产品或劳务后所取得的净利润水平，包括单个客户的获利率和整体客户的获利率，对于可盈利的客户，企业应争取和保持。

3. 内部经营过程方面的业绩评价指标

内部经营过程就是指从确定客户的需要开始到开发出能够满足客户需要的产品和服务项目、制造并销售产品或服务，最后提供售后服务、满足客户要求的一系列活动。平衡计分卡对企业内部经营过程的考核指标包括：创新（Innovation）、经营（Operation）和售后服务（Postsale Service）。

1）创新

创新指标与企业研究开发费用的评价有关，包括产品及设计水平、新产品开发能力、研究开发费用增长率等。

2）经营

经营业绩指标主要用于评价企业的经营过程，这一过程从接受客户订单开始到将完工产品和服务运送到客户手中。评价指标主要有质量、成本、生产周期效率以及新产品等方面。

质量的评价是通过次品率、浪费率、产品重做次数、废料数量等指标来衡量的；成本指标主要是实际成本与标准成本的差异以及责任会计等，有条件的企业还可以采用作业成本法计算成本；生产周期效率（生产周期效率＝产品加工时间/生产时间，生产时间＝产品加工时间＋检查时间＋搬运时间＋等待或储存时间）。

这一指标越接近于 1 越好，因为在企业的生产过程中，只有加工活动才能创造价值，其他活动均不创造价值却要花费成本，在零库存条件下，生产周期效率指标有可能接近于 1，这是最为理想的状态。

3）售后服务

售后服务包括四个方面：一是核心服务，即为客户提供的最基本的服务，如实行“三包”服务；二是辅助服务，指试图让服务更具吸引力的方法和手段，如整体关怀、客户咨询、技术支持等；三是服务传递，指实际服务提供的方式、途径和过程；四是服务环境，表示服务场所的地理环境，包括地址装饰和氛围等。

4. 学习与成长方面的业绩评价指标

平衡计分卡所强调的投资重点是未来的投资项目，诸如新产品和新设备的研究和开发，而不是传统的投资领域。这就要求企业的管理者和一般员工不断进行新技术和新知识的培训学习，以适应时代发展的需要，建立有效的信息系统，以便及时获取信息，设立良好的激励机制，以激发全体员工的积极性。学习与成长方面的指标反映的就是一个组织为创造和保持长期的成长和发展所必需的基础性投资的状况，该类指标涉及员工的能力和态度、信息系统能力、激励机制三大部分。具体内容包括：评价员工能力的指标，如员工满意程度、员工保持率、员工工作效率、员工培训次数、员工知识水平等；评价企业信息能力的指标，如信息覆盖率、信息系统反映的时间、接触信息系统的途径、当前可能取得的信息与期望所需的信息的比例等；评价激励、授权与协作的指标，如员工所提建议的数量、所采纳建议的数量、个人和部门之间的协作程度等。

12.6.3　平衡计分卡评价的不足

平衡计分卡指标体系并不是一种尽善尽美的企业战略经营业绩评价体系，它也存在不足之处。

1. 未能很好地体现企业取得战略经营成功的关键因素：创新

企业战略经营的成功、经营目标的实现取决于核心竞争力的形成与保持，而这又有赖于企业持续不断的创新，创新是“新经济”条件下企业立于不败之地的经营法宝。作为对企业战略经营业绩进行评价的计分卡，应考虑影响企业经营成功的主要因素。毫无疑问，创新，包括产品创新、技术创新理应作为平衡计分卡的一个重要层面单独予以评价，而平衡计分卡中却没有给予足够的重视，尽管在内部经营过程指标和学习与成长指标中有所涉及，但不够系统、全面。

2. 未能依据变化的业绩评价理论对财务指标体系本身进行改善和突破

在财务指标体系的拓展与完善方面，平衡计分卡没有太多的实质性突破，其所沿用的主要还是传统的财务业绩评价指标，未能很好地体现出“新经济”时期企业战略经营业绩评价对财务指标设置的要求；仍以投资者的利益作为财务层面业绩评价的唯一目标，未充分考虑其他利益相关者对业绩评价的要求。

3. 指标体系的非财务层面指标未直接体现出以财务业绩为落脚点的逻辑关系

平衡计分卡四个方面的评价指标，最终均应落脚在财务指标上，这是因为财务目标是企业所追求的最终目标。无论是客户方面的业绩，还是内部生产经营过程层面的业绩，还是学习与成长方面的业绩，最终都是为了追求财务业绩，尽管四个方面之间由一条因果链连接起来了，但都未能在具体的指标项目上体现出来，导致因果关系设置不严密。

此外，对反映财务业绩发展动态方面的评价指标也未引起足够的关注。

12.7 经济增加值法

12.7.1 经济增加值的含义

经济增加值（Economic Value Added，EVA）是由美国斯特恩·斯图尔特咨询公司于1991年首创的度量企业业绩的指标。EVA是指企业净经营利润减去所有资本（权益资本和债权资本）机会成本后的差额。其核心思想是，企业获得的收入只有完全补偿了经营的全部成本费用，以及补偿了投资者投入的全部资本成本后才能为企业创造价值，为股东创造财富。EVA反映了信息时代财务业绩衡量的新要求，是一种可以广泛用于内部和外部的业绩评价指标。EVA的计算公式如下：

$$\text{EVA}=\text{NOPAT}-K_{\text{W}}\times\text{TC}=(\text{ROTC}-K_{\text{W}})\times\text{TC}$$

$$\text{NOPAT}=\text{AP}+K_{\text{D}}\times\text{DC}\times(1-T)$$

$$K_{\text{W}}=K_{\text{D}}\times(1-T)\times\frac{\text{DC}}{\text{TC}}+K_{\text{B}}\times\frac{\text{EC}}{\text{TC}}$$

$$\text{TC}=\text{EC}+\text{DC}$$

其中，NOPAT表示税后净营业利润，K_{W}是加权平均资本成本，TC表示投入资本总额，ROTC是投入资本收益率，AP为经过会计调整后的税后净利润，K_{D}是债务资本成本，K_{B}是股权资本成本，DC是债务资本，EC是股权资本。

EVA是资本在特定时期内创造的收益也称为剩余收益。如果EVA>0，表示公司获得的收益高于为获得此项收益而投入的资本成本，即公司为股东创造了新价值；若EVA<0，则表示股东财富在减少；若EVA=0，说明企业创造的收益仅能满足投资者预期获得的收益，刚好补偿资本成本。因此，EVA不仅对债务资本计算成本，而且对权益资本也计算成本，它不同于当前使用的会计利润指标，实际反映的是企业一定时期的经济利润，是企业财富真正增长之所在。

12.7.2 经济增加值的计算

由上述公式可知，经济增加值的计算结果取决于三个基本变量：税后净营业利润、资本总额和加权平均资本成本。

1. 税后净营业利润的确定

税后净营业利润等于税后净利润加上利息支出部分（如果税后净利润的计算中已扣除少数股东损益，则应加回），即公司的销售收入减去除利息支出以外的全部经营成本和费用

(包括所得税费用）后的净值。

税后净营业利润是以报告期营业利润为基础，经过下述调整得到的：①加上坏账准备的增加；②加上商誉的摊销；③加上净资本化研究开发费用的增加；④加上递延税项贷方余额的增加；⑤减去现金营业税。

2. 资本总额的确定

资本总额是指所有投资者投入公司的全部资本的账面价值，包括债务资本和股本资本。其中债务资本是指债权人提供短期和长期贷款，不包括应付账款、应付票据、其他应付款等商业信用。股本资本不仅包括普通股，还包括少数股东权益。在实务中既可以用年末的资本总额，也可以用年初与年末资本总额的平均值。

特别需要提及的是，利息支出是计算经济增加值的一个重要参数，但是我国上市公司的利润表中仅披露财务费用项目，根据我国的会计准则，财务费用中除利息支出外还包含利息收入、汇兑损益等项目，因此不能将财务费用简单等同于利息支出，但是利息支出可以从上市公司的现金流量表中获得。

3. 加权平均资本成本的确定

加权平均资本成本（WACC）是指债务的单位成本和权益的单位成本按债务和权益在资本结构中各自所占的权重计算而得的平均单位成本。公式如下：

$$\text{WACC}=\text{债务资本成本}（1-\text{所得税税率}）\times\frac{\text{债务总额}}{\text{资本总市值}}+\text{权益资本成本}\times\frac{\text{权益总额}}{\text{资本总市值}}$$

12.7.3　报表项目的调整

传统的会计利润不能反映企业真实的经济状况，可能使管理者并未正确地关注企业的长期经营。通过对稳健会计原则的调整而计算出 EVA，不仅能真实反映企业的经营状况，而且还能防止盈余管理的发生。

美国专门从事 EVA 管理咨询斯图尔特公司列出的会计调整项目已多达 160 项。但是，从国内外企业应用 EVA 管理的实力来看，过多地关注会计项目的调整不仅成本巨大，大规模的调整也无法保证把被扭曲的会计信息纠正过来，而且缺乏实际的操作性。因此，可以将调整内容精简为以下项目。

(1) 财务费用。主要包括利息支出和汇兑损益。其中，利息支出属于资本成本的组成部分，应首先从税后净营业利润中扣除，计算 EVA 指标时再统一计入资本成本，否则就造成资本成本的重复计算。汇兑损益属于企业不可控制的宏观经济因素形成的正常经营以外的损失或收益，不将其剔除会影响企业 EVA 业绩的公正性。

(2) 未予资本化研发费用。在 EVA 体系中，研究开发费用是公司的一项长期投资，有利于公司在未来提高劳动生产率和市场份额。因此，在计算 EVA 时应将所有此类费用从当期利润中予以剔除，并考虑其当期及以前年度的累计金额对投入资本的影响。

(3) 营业外收支。用于计算 EVA 的税后净营业利润衡量的是企业的营业利润，因此，在计算 EVA 时应将所有营业外的与营业无关的收支及非经常性发生的收支从当期利润中予以剔除，一般不应该考虑营业外收支项目及其累计数对投入资本总额的影响。

(4) 各项减值准备。根据《企业会计准则》稳健性原则的要求，公司要为将来可能发生的损失预先提取准备金，使企业的不良资产得以适时披露，以避免公众过高估计公司利润进行不当投资。对于投资者来说，这种财务处理和信息披露是非常必要的，但对企业管理者而言，这些准备金并不是企业当期资产的实际减少，准备金余额的变化也不是当期费用的现金支出。因此，在计算 EVA 时应将所有计提的减值准备从当期利润中扣除，并考虑当期减值准备及其累计金额对投入资本的影响。

（5）公允价值变动损益。公允价值变动损益既不是企业当期损益的现金收支，也不为经营管理者所控制，并且不是企业当期资产的实际增减。因此，在计算 EVA 时也应该将所有公允价值变动损益从当期利润中剔除，并考虑当期公允价值变动损益及其累计金额对投入资本的影响。

（6）在建工程。企业的在建工程在转为固定资产之前是不产生收益的，因此，计算 EVA 价值时应将在建工程从企业资本总额中减去。当在建工程转为固定资产开始产生税后净营业利润时，再考虑投资项目的投入资本及其资金成本。这种处理方法拓展了经营管理者的视野，鼓励其考虑那些长期的投资机会，以提高企业的可持续发展能力。

（7）无息流动负债。企业的无息流动负债一般指除短期借款和一年内到期长期负债以外的其他流动负债，包括预收及应付账款、应付职工薪酬、应交税费、其他应付款等。这些负债不负担资本占用成本，在计算 EVA 时应从资本总额中减除。

（8）商誉。我国新颁布的《企业会计准则》规定，初始确认后的商誉应当以其成本扣除累计减值准备后的金额计量，持有期间不要求摊销。因此，计算 EVA 价值时商誉无需调整。

（9）递延税项。由于递延所得税项目的存在，使企业会计报表上所得税费用与实际所得税负担不一致，在计算 EVA 时应予以调整，调整的具体方法是将递延税项的贷方余额加入资本总额中，如果是借方余额则从资本总额中扣除，同时，将当期递延税项的变化加回到税后净营业利润中。

简化调整项目后，修正 EVA 公式为：

修正 EVA＝修正 NOPAT－修正 EVA 资本占用×调整后加权资本成本率

修正 NOPAT＝税后净利润＋财务费用＋未予资本化研发费用＋营业外支出－营业外收入＋计提的各项减值准备之和±公允价值变动损益（损失为加，收益为减）＋递延所得税负债增加额－递延所得税资产增加额

修正 EVA 资本占用＝资产总额－在建工程＋各项减值准备余额之和＋递延所得税负债余额－递延所得税资产余额＋未予资本化研发费用累计额±公允价值变动损益累计影响额－无息流动负债

修正的 EVA 简化了对传统会计所需做的调整，大大减少了繁琐的调整程序，而且尽可能真实地反映上市公司的投资价值和资本成本，能够让管理者意识到股权融资并非免费的“午餐”，对内部人的经营、管理、融资和投资行为能形成更好的约束。

12.7.4 经济增加值的优点

经济增加值直接与股东财富的创造相联系。追求更高的经济增加值，就是追求更高的股价。对于股东来说，经济增加值越多越好。从这个意义上说，它是唯一正确的业绩计量指标。它能连续地度量业绩的改进。相反，销售净利率、每股收益甚至投资报酬率等指标，有时会侵蚀股东财富。会计师拒绝对资本成本作出估计并在成本中扣除，给报表使用人造成一

种幻觉，误以为盈利企业都会或多或少地为股东创造财富。

经济增加值不仅仅是一种业绩评价指标，还是一种全面财务管理和薪金激励体制的框架。经济增加值的吸引力主要在于它把资本预算、业绩评价和激励报酬结合起来了。过去，人们使用净现值和内部报酬率评价资本预算，用权益资本报酬率或每股收益评价企业业绩，用另外的一些效益指标作为发放奖金的依据。经理人员在决策时，常常要考虑一堆乱七八糟、相互矛盾或互不联系的财务指标。针对经理人员的奖励制度的不断变更，使他们无所适从，只好糊里糊涂应付眼前事变。以经济增加值为依据的管理，其经营目标是经济增加值，资本预算的决策基础是以适当折现率折现的经济增加值，衡量生产经营效益的指标是经济增加值，奖金根据适当的目标单位经济增加值来确定。这种管理变得简单、直接、统一与和谐。经济增加值框架下的综合财务管理系统，可以指导公司的每一个决策，包括营业预算、年度资本预算、战略规划等。经济增加值是一种培训员工甚至培训公司最普通员工的简单而有效的方法。经济增加值是一个独特的薪金激励制度的关键变量。它第一次真正把管理者的利益和股东的利益统一起来，促使管理者像股东那样思维和行动。经济增加值是一种治理公司的内部控制制度。在这种制度下，所有员工可以协同工作，积极地追求最好的业绩。

在经济增加值的框架下，公司可以向投资人宣传他们的目标和成就，投资人也可以用经济增加值选择最优前景的公司。经济增加值还是股票分析师的一个强有力的工具。

12.7.5　经济增加值的局限性

由于不同的企业有不同的资本成本，所以经济增加值的缺点是不具有比较不同规模企业的能力。

经济增加值也有许多和投资报酬率一样误导使用人的缺点，如处于成长阶段的公司经济增加值较少，而处于衰退阶段的公司经济增加值可能较高。

在计算经济增加值时，对于什么应该包括在投资基础内、净收益应做哪些调整以及资本成本的确定，存在许多争议。这些争议不利于建立一个统一的规范。而缺乏统一性的业绩评价指标，只能在一个企业的历史分析以及内部评价中使用。

【案例分析】

某企业有关资料见表 12 - 9 至表 12 - 12。

资料 1：

表 12 - 9　有关财务数据表

单位：万元

项目	上年（年初）	本年（年末）
总资产	89 978	93 542
流动资产	40 490	44 900
其中：		
应收账款	11 225	12 123
存货	21 055	23 797

续表

项目	上年（年初）	本年（年末）
负债	38 690	43 029
其中：		
流动负债	20 675	22 938
其中：		
短期借款	6 023	4 056
一年内到期非流动负债	5 920	0
长期借款	3 942	4 235
应付债券	5 674	3 895
实收资本	12 593	12 593
资本公积	22 352	22 352
营业收入	60 684	71 124
营业成本	37 724	43 386
期间费用	18 675	22 514
利润总额	3 218	3 725
净利润	2 542	2 980
利息支出	851	952
经营现金净流量	1 323	1 950

资料 2：

不良资产比率＝4％

或有负债比率＝3.4％

技术投入比率＝1.8％

资料 3：

表 12－10　金属加工机械制造业大型企业财务绩效基本指标的标准值表

项目＼档次（标准系数）	优秀	良好	平均值	较低值	较差值
	1	0.8	0.6	0.4	0.2
净资产收益率（％）	13.8	10.3	6.4	2.7	－0.9
总资产报酬率（％）	9.1	7.3	4.0	2.2	0.0
总资产周转率（次）	1.1	0.9	0.7	0.6	0.5
应收账款周转率（次）	8.6	6.8	4.2	2.9	1.7
资产负债率（％）	40.2	53.4	62.1	74.8	84.7
已获利息倍数	5.7	3.4	2.3	1.7	0.9
销售（营业）增长率（％）	35.7	27.5	18.3	14.2	3.5
资本保值增值率（％）	111.7	109.2	106.1	102.4	98.3

资料 4：

表 12－11　金属加工机械制造业大型企业财务绩效修正指标的标准值表

档次（标准系数） 项目	优秀	良好	平均值	较低值	较差值
	1	0.8	0.6	0.4	0.2
一、盈利能力状况					
销售（营业）利润率（%）	20.9	18.4	15.0	11.4	7.0
盈余现金保障倍数	6.4	3.5	1.0	－0.5	－2.3
成本费用利润率（%）	10.9	7.8	4.7	0.4	－3.3
资本收益率（%）	16.3	10.4	5.9	0.7	－1.2
二、资产质量状况					
不良资产比率（%）	0.6	2.4	5.0	7.2	11.5
流动资产周转率（次）	1.8	1.4	1.0	0.8	0.6
资产现金回收率（%）	10.6	9.2	4.4	1.5	0.3
三、债务风险状况					
速动比率（%）	105.3	87.1	59.3	42.7	26.7
现金流动负债比率（%）	18.3	14.3	7.5	4.1	1.8
带息负债比率（%）	21.7	30.5	42.1	55.2	70.4
或有负债比率（%）	0.4	1.3	6.1	14.7	23.8
四、经营增长状况					
销售（营业）利润增长率（%）	37.6	29.1	21.1	4.5	－5.7
总资产增长率（%）	22.3	16.7	10.5	3.5	－1.9
技术投入比率（%）	4.3	2.4	1.5	0.8	0.0

资料 5：

表 12－12　企业综合绩效评价指标及权重表

定量指标（权重 70%）					定性指标（权重 30%）	
指标类别（100 分）	基本指标（100 分）		修正指标（100 分）		评议指标（100 分）	
一、财务效益状况（34 分）	净资产收益率 总资产报酬率	20 14	销售（营业）利润率 盈余现金保障倍数 成本费用利润率 资本收益率	10 9 8 7	战略管理 发展创新 经营决策 风险控制 基础管理 人力资源 行业影响 社会贡献	18 15 16 13 14 8 8 8
二、资产营运状况（22 分）	总资产周转率 应收账款周转率	10 12	不良资产比率 流动资产周转率 资产现金回收率	9 7 6		
三、偿债能力状况（22 分）	资产负债率 已获利息倍数	12 10	速动比率 现金流动负债比率 带息负债比率 或有负债比率	6 6 5 5		
四、发展能力状况（22 分）	销售（营业）增长率 资本保值增值率	12 10	销售（营业）利润增长率 总资产增长率 技术投入比率	10 7 5		

要求：根据以上资料，采用综合评分法，对该企业经营业绩作出评价（已知评议指标总分为 86.5 分）。

【课后练习题】

1. 为什么要进行业绩综合评价？
2. 如何运用综合指数法和综合评分法进行企业业绩评价？
3. 简述平衡计分卡的内容。
4. 简述经济增加值的优缺点。

第 13 章 财务报表分析案例

13.1 企业基本情况介绍

五粮液集团有限公司位于“万里长江第一城”——中国西南腹地的四川省宜宾市北面的岷江之滨。其前身为 20 世纪 50 年代初几家古传酿酒作坊联合组建而成的“中国专卖公司四川省宜宾酒厂”，1959 年正式命名为“宜宾五粮液酒厂”，1998 年改制为“四川省宜宾五粮液集团有限公司”。

五粮液集团有限公司是以五粮液及其系列酒的生产经营为主，现代制造业、现代工业包装、光电玻璃、现代物流、橡胶制品、现代制药等产业多元发展，具有深厚企业文化的特大型现代企业集团。公司不仅已经成为全球规模最大、生态环境最佳、五种粮食发酵、品质最优、古老与现代完美结合的酿酒圣地，而且在成套小汽车模具、大中小高精尖注射和冲压模具、精密塑胶制品、循环经济、电子等诸多领域，占领科技高端，形成了突出优势。公司下属 5 个子集团公司、12 个子公司，占地 10 平方公里，现有职工 29 276 人。2011 年，五粮液集团公司继续保持了科学健康的良性发展，全年实现销售收入 203.5 亿元，实现利税 85 亿元，实现了“十一五”利税目标。五粮液品牌价值更是高达 472.06 亿元，位居全国最有价值品牌第四位，连续 15 年保持中国食品品牌价值之冠。

企业主要负责人及财务负责人声明：保证年度报告中财务报告的真实、完整。

13.2 企业会计报表分析

13.2.1 资产负债表主要项目分析

五粮液公司资产总规模由 2009 年的 20 849 100 000 元增加到 2011 年 36 905 800 000 元。以 2009 年作为基期，2010 年资产总额增幅为 37.5%，2011 年同比增长 28.7%。通过数据我们可以看出，五粮液的规模在逐渐增大，但增长速度明显下降。见表 13 - 1。

表 13-1　五粮液公司资产负债简表

年度	2009 年	2010 年	2011 年
资产总额	20 849 100 000	28 673 500 000	36 905 800 000
货币资金	7 543 590 000	14 134 500 000	21 550 900 000
应收账款	102 759 000	89 308 600	75 620 200
其他应收款	68 864 300	37 700 600	42 779 900
存货	5 567 686 700	7 108 190 800	8 043 799 900
流动资产	13 282 900 000	21 369 700 000	29 713 100 000
非流动资产	7 566 170 000	7 303 800 000	7 192 700 000
负债总额	6 268 630 000	10 307 400 000	13 459 100 000
应付账款	239 073 000	155 435 000	234 518 000
非流动负债	6 029 557 000	10 151 965 000	13 224 682 000
所有者权益总额	14 580 500 000	18 366 100 000	23 446 700 000
实收资本	3 795 970 000	3 795 970 000	3 795 970 000
资本公积	953 203 000	953 203 000	953 203 000
未分配利润	7 206 960 000	10 592 300 000	15 001 600 000

从资产类别的构成来看，流动资产占了资产总额的大部分，并且近年来绝对值呈下降的趋势，但相对比例呈上升趋势，2009 年的流动资产占总资产的比例为 63.71%，2011 年的此项比例就为 80.51%。同时非流动资产总额环比下降了 2.08%，但绝对值呈现上升趋势，主要来源于固定资产与长期股权投资的增长。而公司的负债在 2009—2011 年间也大幅上升了 114.71%。

其中在流动资产中增长最为迅速的是“货币资金”和“存货”科目，两项科目同比 2011 年相对于 2009 年分别增长了 185.68%和 44.45%。五粮液公司的货币资金持有量呈直线上升的状态，虽然增加了资产的流动性，却减少的资产的收益性。另外，存货库存明显增加，可能由于公司并购白酒类公司而导致的。应收账款方面，2010 年相对于 2009 年下降 14%，2011 年同比下降 15.3%，说明公司信用政策良好，现销较多，也是货币资金增加源泉之一。见图 13-1。

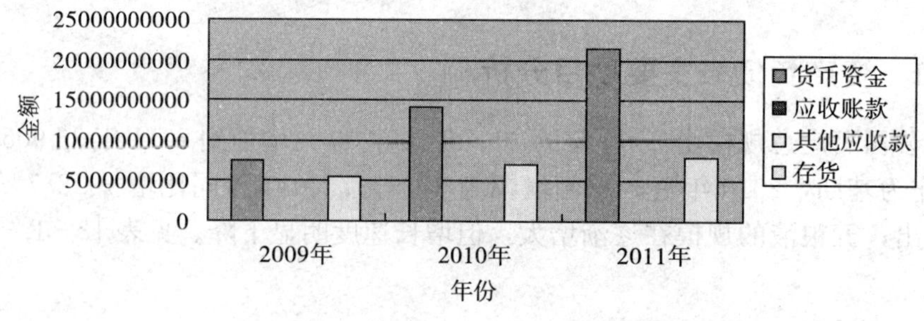

图 13-1　2009—2011 年流动资产项目

相对于资产，负债的增加与长期负债的快速增长密切相关，特别是 2011 年相对于 2009 年长期负债绝对额增加了 7 195 125 000 元。这是由于公司扩大销售规模和调整白酒行业整体特殊的销售模式两方面导致的。流动负债中应付账款一直保持较低的比率，结合货币资金科目，五粮液的偿债压力是比较小的。

所有者权益类主要项目有实收资本、资本公积、盈余公积和未分配利润。实收资本和资本公积三年未发生变化，未分配利润大幅增长，2011 年相对于 2010 年增长幅度达 41.63%。这说明五粮液在 2009 年至 2011 年间经营成果还是相当可观的，其主要的业绩来自营业利润的增长。总体来看，公司的业务逐步增加、业绩逐渐上升，规模逐渐扩大，具有可持续性。

13.2.2 利润表主要项目分析

2009—2011 年间五粮液公司主营业务收入每年都呈现增长状态，特别是在 2009 年之后随着公司采取的一系列宽松的销售政策和白酒价格的回升，2010 年销售收入增长了 39.64%，2011 年增长了 30.95%，公司呈现出良好发展前景。而 2011 年主营业务成本增长幅度超过了收入的增长速度，表明原材料成本的增加导致企业该年度营业成本过高。见表 13-2。

表 13-2 五粮液公司收入成本利润表

年度	营业收入	营业成本	净利润
2009	11 129 200 000	3 860 660 000	3 466 670 000
2010	15 541 300 000	4 863 190 000	4 562 060 000
2011	20 350 600 000	6 895 410 000	6 394 380 000

五粮液公司三项期间费用一直处在一个较高的水平上，其中销售费用占净利润平均比率为 35.16%，主要是由于促销费用等与销售相关的费用增加所致。而管理费用增长的原因主要是管理层工资的增加。由此可知虽然五粮液公司近三年的费用增长和收入的增长都处于一个同步上升的趋势，收入的增速高于费用的增速，但费用仍逐年呈现上升趋势，说明五粮液公司在费用方面虽然加强了管理与控制，但仍有降低的空间。具体见表 13-3 和图 13-2。

表 13-3 五粮液公司期间费用对比表

年度	2009 年	2010 年	2011 年
销售费用	1 164 150 000	1 803 230 000	2 069 990 000
管理费用	838 973 000	1 561 850 000	1 750 690 000
财务费用	−109 732 000	−192 471 000	−476 587 000

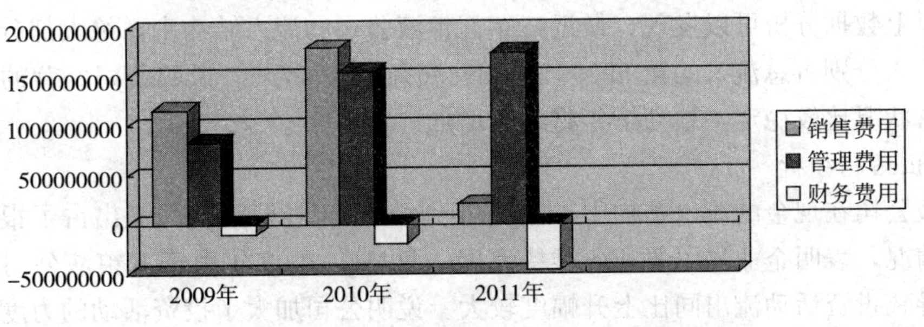

图 13-2 2009—2011 年期间费用耗费

13.2.3 现金流量表结构分析

现金流量表是以现金为基础、采用收付实现制原则编制出来的财务状况变动表，是财务报表中最基础、最具有现实意义的报表。资产负债表是静态报表，它只能反映企业在特定时点的财务状况，利润表虽然是动态报表，但仅反映企业在一定期间的经营成果。现金流量表是对企业财务状况的动态分析，能够反映企业在一定时期的现金流量状况，是衡量企业经营业绩和财务状况的重要手段。它对资产负债表分析和利润表分析起到重要的补充作用。

从表 13-4 中可以看出，在这三年中经营活动产生的现金流量净额呈正值且逐年增长，为现金净流入。这说明五粮液集团的经营活动每年盈利，产生的现金流量维持了企业现金流转的正常状况，并对投资和偿还债务有所贡献。在投资活动中，投资额最高的年份是 2009 年，为 4 260 930 000 元，投资活动产生的现金流净额为负值，即现金净流出，这属于正常情况。在筹资活动方面，2009 年至 2011 年的筹资净额均为负值，主要是筹资方式有所改变，由 20 世纪的公开招股、高价配股融资、股权托管、股权质押、子公司上市等融资方式逐渐向依托债务融资转变。通过现金流量表，可以看出 2009 年至 2011 年，外源性资金为负值，不能对投资活动需求进行补充，五粮液经营活动创造的现金主要用来满足投资需求，补充外源资金带来的不足。企业本身的资金实力较为雄厚。

表 13-4　五粮液公司 2009—2011 年现金流量简表

年度	2009 年	2010 年	2011 年
经营活动中的现金流			
经营活动现金流入小计	15 404 500 000	21 199 700 000	27 783 900 000
经营活动现金流出小计	9 350 480 000	13 496 600 000	18 250 900 000
经营活动产生的现金流净额	6 054 010 000	7 703 120 000	9 533 020 000
投资活动产生的现金流量			
投资活动现金流入小计	3 913 200	5 200 200	23 090 800
投资活动现金流出小计	4 260 930 000	469 683 000	636 563 000
投资活动产生的现金流净额	−4 257 020 000	−464 483 000	−613 472 000
筹资活动产生的现金流净额	−178 798 000	−647 767 000	−1 503 140 000

1. 流入结构分析

通过以上数据分析可以发现，最近三年五粮液公司的流入结构中，绝大部分都是经营活动的现金流入分别占总流入的比 99.90%、99.96%、99.77%。说明公司经营的现金流增长平衡，经营状况比较稳定，预计下年将继续增加。

2. 流出结构分析

五粮液公司在现金的流出结构中，2009 年到 2011 年经营活动的流出占了很大部分，这属于正常情况，表明企业靠主要业务维持发展。只是在 2009 年由于五粮液公司收购了相关子公司，导致投资活动流出同比上升幅度较大。说明公司加大了投资活动的力度，意图加快企业发展。

3. 流入流出比分析

企业 2009—2011 年的现金流入流出比为 1.12、1.45 和 1.36，三年数据都大于 1，并呈现上升趋势。2009 年数据值三年中最低，由于 2009 年对子公司资产的收购扩大导致。而经营活动的流入流出比 2009 年为 1.65，虽然当年投资金额较大，但经营状况是良好的，能维持投资的需求。该指标 2010 年为 1.57，2011 年为 1.52，基本保持稳定，表明五粮液公司的经营状况比较良好。

13.3　五粮液公司主要财务指标分析

13.3.1　偿债能力分析

偿债能力是指企业对债务清偿的承受能力或者保证程度，即企业对债权人或者其承担的债务的现金保障程度。而企业的偿债能力又包括短期偿债能力和长期偿债能力两部分。

1. 短期偿债能力分析

流动比率指企业流动资产与流动负债的比率。计算公式如下：

流动比率＝流动资产/流动负债

从债权人的角度来看，流动比率越高，债权越有保障；但从管理者的角度来看，过高的流动比率表明资金在生产经营过程中运转不畅，会影响资金使用效率和企业的获利能力。

五粮液、贵州茅台流动比率对比见表 13-5。

表 13-5　五粮液、贵州茅台流动比率对比表

流动比率	2009 年	2010 年	2011 年
五粮液	2.12	2.08	2.22
贵州茅台	3.06	2.89	2.94
行业	1.7	3	3.28

流动比率分析：流动比率一般维持在 2.0 左右比较合适，1.25 为下限。五粮液 2009—2011 年流动比率分别为 2.12、2.08、2.22，说明公司三个年度流动比率保持在合理、稳定的水平。与所处行业代表公司之一贵州茅台相比，该指标都低于其数值，也低于行业平均数值，说明公司在流动资产上的投入少于同行业水平，但该指标比较接近 2，说明公司的流动资金投入合适并及时投入使用。

速动比率是指企业速动资产与流动负债的比率。通常判断标准为 1。其计算公式如下：

速动比率＝速动资产/流动负债

速动资产＝流动资产－存货－预付账款

速动比率过低，企业的短期偿债风险较大；速动比率过高，企业在速动资产上占用资金过多，会增加企业投资的机会成本。通常影响速动比率可信度的重要因素是应收账款的变现能力。

五粮液、贵州茅台速动比率对比见表 13-6。

表 13-6　五粮液、贵州茅台速动比率对比表

速动比率	2009 年	2010 年	2011 年
五粮液	1.57	1.64	1.80
贵州茅台	2.24	2.10	2.18
行业	1.06	2.27	2.53

速动比率分析：五粮液 2009—2011 年速动比率都高于 1，并呈现逐年上升趋势，特别是 2011 年速动比率达到 1.8，与标准值 1 相比，还是略显偏高。所以，五粮液公司短期偿债能力较强，但速动资产使用效率偏低。同时公司三年的速动比率都低于贵州茅台，除了 2009 年外，也低于行业平均水平。说明贵州茅台及同行业公司的短期偿债能力很强，但资金使用效率低下。从另一角度说明五粮液公司的投资机会成本低于同行业水平，能合理利用速动资金。

2. 长期偿债能力分析

长期偿债能力是指企业对债务的承担能力和对偿还债务的保障能力，其强弱是反映公司财务安全和稳定程度的重要标志。分析长期偿债能力的指标主要有资产负债率、产权比率及利息保障倍数，计算公式如下：

资产负债率＝（负债总额/资产总额）×100％

产权比率＝（负债总额/股东权益）×100％

利息保障倍数＝息税前利润/利息费用

从表 13-7 和 13-8 数据分析可以看出：①五粮液公司近三年的长期偿债能力有所下降，资产负债率和产权比率有所上升，同时利息保障倍数也逐年下降，说明公司在借入债务的同时，对所产生的利息的偿还能力也有所下降。一般来说，经营者希望资产负债率保持在 50％左右，虽然五粮液资产负债率呈上升趋势，但未超过 50％；产权比率实际是资产负债表的另一种表现形式，但该指标侧重强调财务结构的稳健程度，该指标一般认为 1：1 较合适，五粮液公司产权比率相对适中，说明五粮液能够用自有资金偿还全部债务，财务风险较小，但 2010 年、2011 年该比率呈现上升趋势，公司应采取措施加以控制。②通过与行业代表企业贵州茅台的比较，表明五粮液公司偿债能力明显低于贵州茅台，可能由于五粮液公司借入资本增加，还款能力下降；从另一角度说明，五粮液能合理利用财务杠杆的作用，保持合理的资本结构。综合考虑公司发展和利息保障情况，五粮液公司对于长期债务的偿还能力仍然保持在一个理想水平。

表 13-7　五粮液公司长期偿债能力情况表

长期偿债能力比率	2009 年	2010 年	2011 年
资产负债率（％）	30.07	35.95	36.47
产权比率（％）	42.99	56.12	57.40
利息保障倍数	40.97	30.54	16.84

表 13-8　贵州茅台长期偿债能力情况表

长期偿债能力比率	2009 年	2010 年	2011 年
资产负债率（%）	25.32	27.15	27.10
产权比率（%）	35	38.1	38.91
利息保障倍数	44.50	39.56	34.17

13.3.2　营运能力分析

营运能力主要指企业营运资产的效率和效益。表现为企业资产占用资金的周转速度，表明企业管理人员经营管理、运用资金的能力。一般来说企业生产经营周转的速度越快，表明企业资金利用的效果越好，效率越高，企业管理人员的经营能力越强。但同时也要视企业的实际情况作出具体分析。计算公式如下：

存货周转率（次）＝销售成本/存货平均余额

存货平均余额＝（期初存货＋期末存货）/2

应收账款周转率（次）＝赊销收入/应收账款净额平均余额

赊销收入＝营业收入—现销收入

流动资产周转率＝（营业收入净额/平均流动资产总额）×100%

总资产周转率＝（营业收入净额/平均资产总额）×100%

五粮液和贵州茅台的资产营运效率情况分别如表 13-9 和表 13-10 所示。

表 13-9　五粮液公司资产营运效率情况表

资产营运效率（次数）	2009 年	2010 年	2011 年
总资产周转率	0.65	0.63	0.62
流动资产周转率	2.01	0.9	2.27
应收账款周转率	206.23	161.83	246.78
存货周转	1.39	1.22	2.36
固定资产周转率	1.97	2.34	3.31

表 13-10　贵州茅台资产营运效率情况表

资产营运效率（次数）	2009 年	2010 年	2011 年
总资产周转率	0.54	0.51	0.61
流动资产周转率	0.69	0.64	0.76
应收账款周转率	344	1027	10576
存货周转	0.26	0.21	0.24
固定资产周转率	3.6	3.15	3.82

总资产周转率综合反映企业整体资产的营运能力。从上述资料显示，五粮液公司总资产周转率 2009—2011 年基本保持稳定，并高于同行业代表企业贵州茅台。但资产使用状况如

何，还应进一步从各个构成要素进行分析。

从流动资产周转率来看，该指标反映流动资产的周转速度，该指标越高，说明企业流动资产利用效率越好。五粮液公司2011年流动比率较高为2.27，2010年相对于2009年大幅下降。可能由于2009年公司大规模的并购，导致资产流动能力下降。贵州茅台流动资产周转率不高，但相对稳定，基本保持不变。

五粮液公司2009—2011年存货周转率基本处于上升趋势，虽然从流动资产分析中提到存货库存量三年明显增加，但从存货周转状况来看，存货的周转次数逐年上升，周转次数越多，说明存货流动性越好，变现能力越强。贵州茅台存货周转率与之相比明显偏低，但三年较为平稳，说明企业存货能保持正常运转。

从表中可以看出，五粮液公司应收账款周转率三年基本呈上升趋势。一般说来，应收账款周转率越高，平均收账期越短，说明应收账款回收越快，变现能力越强。2009年公司因并购导致扩大规模，企业为了满足市场需求，适当放宽了信用政策，虽然三年销售增幅较大，同时应收账款增长迅速，从而影响了周转速度，应收账款周转率增长幅度不高，低于同行业水平。同行业代表企业贵州茅台2009—2011年应收账款周转率迅速提高，在销售量和收入大幅增长的同时，对应收账款的管理、回收控制较好。

另外，分析五粮液公司固定资产周转情况可以发现，公司的固定资产周转率2009年为1.97、2010年为2.34，2011年上升为3.31，说明五粮液公司对于固定资产的使用较为充分，生产效率较高。贵州茅台该指标三年数值基本保持稳定，且高于五粮液，说明贵州茅台的固定资产的营运状况较好，但该指标的增长幅度低于五粮液公司，说明五粮液公司固定资产使用状况还有提升空间。

13.3.3 盈利能力分析

盈利能力又称为获利能力，是指企业赚取利润的能力，它是企业持续经营和发展的保证。由于企业的盈利能力是一个相对的概念，故在实际分析中应该更多地利用利润率这个指标来对企业进行衡量。总的来说，利润率越高，企业的盈利能力越强，反之亦然。

主要分析的指标有：

销售毛利率＝（销售毛利/营业收入净额）×100％

销售毛利＝营业收入净额－营业成本

销售净利率＝（销售净利/营业收入净额）×100％

净资产收益率＝（净利润/平均资产总额）×100％

每股收益，是指在一定时期内的净利润减去公司应付优先股利后的余额与发行在外的普通股平均股数的比值，反映公司每股普通股股票的实际盈利额，是衡量上市公司盈利能力最重要的指标。

通过五粮液公司2009—2011年年度财务报表可计算得出（见表13-11～表13-14），近三年五粮液的盈利能力较为平稳。销售毛利率分别为65.31％、68.71％、66.12％，大大高于白酒行业平均水平，显示出较强的行业竞争能力，但相比于贵州茅台2009年的90.17％，2010年的90.95％和2011年的91.57％，差距较为明显，说明五粮液公司在成本控制方面与行业领先企业有着一定差距。

而从销售净利率来看，2009年为31.15％、2010年为29.35％，到了2011年为

31.42%，三年平均比率为 30%左右，虽然也远高于行业水平，但和贵州茅台之间的差距仍保持在一个相对稳定的状态，究其原因还是由于毛利率的差距导致。同时五粮液公司的营业税金及附加和期间费用比茅台公司公司略低，金额相差不大，未对营业利润率最终结果形成较大影响；同时，两个公司的投资收益金额都很小，对净利率和毛利率的影响非常小，说明两个公司的不稳定性盈利的金额非常小，其毛利率和净利率反映了公司的主营业务经营状况，能够较好地反映公司的竞争实力。

同时通过对净资产收益率和每股收益的分析也可以发现，虽然五粮液公司在近三年盈利能力不断增强，净资产收益率从 2009 年的 22.73%增加到 2011 年的 26.63%，每股收益也从 0.86 增加到 1.62，但与同行领先企业相比，五粮液公司两项指标均低于贵州茅台，特别是每股收益与贵州茅台相差甚远，说明五粮液公司运用股东投入资本来创造利润的能力还不足，需要更好地利用自有资本创造更多利润。总体来说，五粮液公司各项盈利能力指标均处于行业较好水平，企业经营稳定性良好，盈利可持续性强。

表 13-11　贵州茅台、五粮液销售毛利率对比表

销售毛利率（%）	2009 年	2010 年	2011 年
五粮液	65.31	68.71	66.12
贵州茅台	90.17	90.95	91.57

表 13-12　贵州茅台、五粮液销售净利对比表

销售净利率（%）	2009 年	2010 年	2011 年
五粮液	31.15	29.35	31.42
贵州茅台	47.08	45..90	50.27

表 13-13　贵州茅台、五粮液净资产收益率对比表

净资产收益率（%）	2009 年	2010 年	2011 年
五粮液	22.73	24.28	26.63
贵州茅台	29.81	27.45	35.36

表 13-14　贵州茅台、五粮液每股收益对比表

每股收益	2009 年	2010 年	2011 年
五粮液	0.86	1.16	1.62
贵州茅台	4.57	5.35	8.44

13.3.4　企业发展能力分析

企业的发展能力，也称企业的成长性，它是企业通过自身的生产经营活动，不断扩大积累而形成的发展潜能。

五粮液公司在 2009 年和 2010 年主营业务收入的增长率都大大高于贵州茅台公司，主要由于 2009 年五粮液公司采取了收购集团公司酒类相关资产和宽松的赊销政策等措施，使主营业务收入呈现出了快速增长，2009 年后逐年下降。同时伴随着 2009 年白酒价格迅速恢复性上涨，净利润增长也呈现加速增长的趋势。而通过与贵州茅台公司的对比也可以发现，五粮液公司在 2009 年、2010 年收入增长、净利润增长的速度高于贵州茅台，但 2011 年大大低于贵州茅台，但高于同行业标准，预示公司的发展形式较好。同时，五粮液公司三年资产平均增长率是 40.24%，而同行业是 21.45%，说明企业资产呈增长趋势，有能力不断扩张生产规模，有较大发展潜力。

结合毛利率与净利率变化分析可以看到，五粮液公司 2009 年至 2010 年，伴随主营业务收入的增长，毛利与净利也在增长，在 2011 年分别达到了 66.12%、31.42%，说明企业的主营业务增长的质量较高，有持续增长的潜力。结合周转情况分析，企业在存货和应收账款的回收能力持续上升，说明五粮液公司的主营业务发展很快，能够在未来一段时间内保持不断增长。

具体见表 13 - 15、表 13 - 16 和图 13 - 9。

表 13 - 15　五粮液发展能力情况表

(%)	2009 年	2010 年	2011 年
主营业务收入增长率	40.29	39.64	30.95
净利润增长率	79.20	32.46	40.09
净资产增长率	27.27	25.96	27.66
总资产增长率	54.48	37.53	28.71

表 13 - 16　贵州茅台发展能力情况表

(%)	2009 年	2010 年	2011 年
主营业务收入增长率	17.33	20.3	58.2
净利润增长率	13.5	17.13	73.49
净资产增长率	27.37	26.6	36.95
总资产增长率	25.49	29.43	36.4

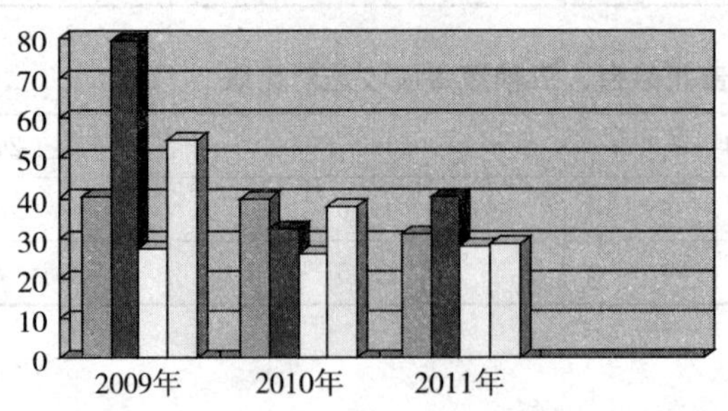

图 13 - 3　2009—2011 年企业发展状况

13.3.5　财务综合分析——杜邦分析法

1. 杜邦分析法分析公式

净资产收益率＝资产净利率×权益乘数

其中

资产净利率＝销售净利率×资产周转率

权益乘数＝1/（1－资产负债率）

五粮液公司杜邦分析指标一览表见表 13－17。

表 13－17　五粮液公司杜邦分析指标一览表

	2009 年	2010 年	2011 年
净资产收益率	22.73％	24.28％	26.63％
总资产收益率	16.16％	15.89％	17.28％
权益乘数	1.42	1.56	1.56
主营业务利润率	31.15％	29.35％	31.42％
总资产周转率	0.65	0.63	0.62

2. 杜邦分析结论

依据杜邦分析法体系可以计算得出，五粮液公司 2011 年末净资产收益率为 26.63％，相比 2009 年年末、2010 年年末分别增长了 17.15％、9.68％。从 2011 年净资产收益率的分解情况来看，总资产收益率比 2010 年增长了 8.75％，权益乘数基本保持稳定。说明五粮液公司运用资产来获取利润的能力增强，特别是结合总资产中流动资产和固定资产的比例关系可以看出，五粮液公司管理流动资产的能力有了明显改善，另外，从权益乘数的稳定性来看，公司资本结构较为合理。同时从表中也可以看出对于影响总资产收益率上升的因素有两点，一是由于总资产周转率保持稳定，合理利用资产效率；二是五粮液公司 2011 年的净利润大幅上涨，上涨速度明显快于收入的增长，使得销售净利率比 2010 年高，反映出五粮液公司处于不断发展的阶段。

13.3.6　其他相关信息分析

五粮液公司对于重大承诺事项、或有事项和关联方交易事项已经在 2011 年年报中进行了披露。例如，“2011 年 5 月 23 日，经国家发改委发改财金［2011］1000 号文件批准，控股股东宜宾市国有资产经营有限公司正式发行了总额为 10 亿元的公司债券，并以其持有的本公司 16，330 万股股票作为质押资产（约占本公司总股本 4.3％），对其债券进行担保，并于 2011 年 6 月 14 日办理了股权质押登记手续。”此项业务存在重大不确定性，因其不构成负债项目，所以仅在会计报表附注中披露，但也有可能对五粮液公司未来经营产生影响。

此外，2012 年五粮液公司发展所需资金主要以自有资金为主。资金投向主要为技术改造及产能扩张、品牌打造、市场建设、资本运作等方面。但公司的发展仍面临着巨大的挑战与压力。比如，粮食等原辅材料价格持续上涨，燃料、能源、物流、人工成本增加，对生产成本构成较大压力；公司需要进一步扩大产能，提高产品市场占有率，力争实现收入、销量均不低于 20％的增长，且超过成本的增长幅度。

第3部分　事业单位财务报表编制与分析

【学习提示】

本部分由三章构成，主要介绍了事业单位财务报告的组成部分：资产负债表、收入支出总表、支出明细表三大主表，并且通过几个章节介绍了财务报表的编制和分析方法。通过学习本部分，应该了解事业单位财务报表的整体框架，掌握财务报表的编制和分析技巧。

【中英文关键词】

事业单位　Public Institution

财务报告　Financial Report

财务报表分析　Financial Statement Analysis

第 14 章 事业单位财务报表的编制

【学习提示】

本章介绍了事业单位财务报表的含义、作用及局限性，重点介绍了事业单位财务报表，即资产负债表、收入支出表的编制要求及编制原则、编制方法。通过本章学习，应该掌握事业单位资产负债表及收入支出表的原理及编制方法。

【中英文关键词】

财务报告　Financial Report

资产负债表　Balance Sheet

收入支出表　Income and Spending Table

14.1 事业单位财务报告的概况

在我国财政预算管理体制改革不断深入的宏观背景下，事业单位财务管理内外部环境均发生着深刻的变化，例如，财务信息需要满足不同层次与不同目的的需要；债权人需要对事业单位提供及时偿债的信息；政府部门需要及时提供宏观调控信息；为考核经营业绩，事业单位本身为投资决策和筹资决策提供依据，需要正确、客观地反映财务成果。

事业单位会计报表是反映事业单位财务状况和收支情况的书面文件，是财政部门和上级单位了解情况、掌握政策、指导单位预算执行工作的重要资料，也是编制下年度单位财务收支计划的基础。

事业单位会计报表主要包括资产负债表、收入支出表、附表及会计报表附注和收支情况说明书等。对于有专款收支业务的单位，应根据财政部门或主管部门的要求编报专项资金收支情况表，报表格式另定。事业单位会计报表应当根据登记完整、核对无误的账簿记录和其他有关资料编制，要做到数字正确、内容完整、报送及时。

14.1.1 事业单位财务报表的作用及意义

1. 事业单位财务报表的作用

(1) 全面、系统、总括地反映事业单位一定时期的经济活动情况和财务状况。

(2) 可以了解事业单位资产、负债、收入、支出和结余构成，分析资金使用效果，提高事业单位社会效益和经济效益，促使提高管理水平。

(3) 可以分析检查预算和事业计划执行情况，为编制下期预算、计划提供必要的资料。

（4）可以了解事业单位遵守国家政策、财经纪律和财经制度的情况，是评价事业单位经济工作的重要依据。

（5）可以为主管部门、财政、银行、审计等部门更好地实行会计监督，为制订国民经济计划和进行综合平衡提供参考。

2．事业单位财务报表的意义

（1）正确组织财务收支核算，有利于促进预算收支任务的顺利实现。

（2）严格监督单位财务收支活动，有利于提高资金使用效果，执行国家财经方针、政策。

（3）认真分析单位财务收支执行进度，有利于调节资金供求，合理调度资金。

14.1.2 事业单位财务报表编制的基本要求

（1）应当加强日常会计核算工作，会计报表的数字要根据经审核无误的会计账簿记录汇总，切实做到账表相符，有根有据，不得估列代编。

（2）会计报表要层层汇总，上级单位要在编制本级会计报表的基础上，根据本级会计报表和经审查过的所属单位会计报表，编制汇总会计报表，并将上下级之间的对应科目数字冲销后，逐级汇总上报。上报上级单位和同级财政部门的会计报表必须经会计主管人员和单位负责人审阅签章并加盖公章。

（3）按事业单位会计制度规定的格式、内容和期限，向财政部门或主管单位报送会计报表。中央各部门，各省、自治区、直辖市财政厅（局）可根据工作需要增设会计报表。事业单位内部管理需要的特殊会计报表，由单位自行规定。

（4）会计报表分为月报、季报和年报（决算）三种。月份会计报表应于月份终了后三日报出；季度报表应于季度终了后五日报出；年度会计报表应按财政部决算通知规定及主管部门要求的格式和期限报出。年报应抄报同级国有资产管理部门。

14.1.3 事业单位财务报表编制的特点

（1）应与国家预算管理相适应，以预算和业务收支为主要核算内容。

（2）实行以收付实现制为主并兼有权责发生制的结账基础。

（3）主要核算有关收支结余，一般不进行成本核算。

14.1.4 现行事业单位财务报告体系的局限性

1．不能满足投资主体多元化对财务报告信息披露的要求

随着事业单位投资主体多元化格局的出现，财务信息应当满足不同层次、不同目的的需要。比如，债权人要求事业单位提供能否按时偿债的信息；权益资本投资人要求提供投入资本保值增值的信息；政府部门为了进行宏观调控，要求提供事业单位发展状况的信息；事业单位为了考核本身的经营业绩，要求正确、客观地反映财务状况，为投资决策和筹资决策提供依据等。我国事业单位现在实行了统一的财务会计报表格式，改变了过去不同业务部门的事业单位财务报表的种类、内容和格式不同的状况，虽然这有利于报表的汇总和报表指标口径的统一，但是统一的报表主要考虑的是政府部门对相关信息的需求，相对忽略了事业单位内部管理者及其他信息使用者对相关信息的需求，无法满足投资主体多元化对财务报告信息

的要求。

2. 资产负债表设计不合理

事业单位财务报表主要由“资产负债表”和“收入支出总表”组成。资产负债表是事业单位财务状况的静态反映，它揭示了某一特定时点资金来源渠道和资金的具体分布；而收入支出总表则反映资产负债表上某一个或某一组项目在两个不同时点前后所发生的变化，即如何从这一时点的状况转变为另一时点的状况，从而动态地反映事业单位财务状况。

但《事业单位会计制度》规定，月度或季度资产格式的设计，都将静态（资产、负债和净资产）要素和动态（收入、支出）要素集中在一张表中予以反映，其形式如同科目余额汇总表。

这种将财务状况信息与业务成果信息合并的揭示，混淆了时期和时点会计信息的性质，加大了会计信息的模糊性。同时，一笔收入或支出，既在资产负债表中反映，又通过收入支出表予以揭示，使两张报表部分内容重复列示，也人为地造成资产负债表的复杂化。

3. 报表中固定资产的信息反映不完整

事业单位固定资产只按原始成本或重置成本计价，但固定资产随着时间的推移总是在不断使用、磨损和消耗的。在资产负债表中，固定资产是以历史成本反映，与之对应的固定基金科目也只反映历史成本，不反映固定资产的减值和使用磨损情况，虚增了资产总量；同时，固定资产不计提折旧，开展业务活动的成本不包括折旧费，使得成本核算不完整，虚减了事业单位的成本支出。固定资产在报废前，账面价值一直不变，使得账面价值大于实际价值，账实不符，不能反映单位真实的财务状况。事业单位开展业务活动，必然要发生相应的支出，资产的损耗也应包含在支出中，但是由于事业单位不计提固定资产折旧，而是按照收入的一定比例提取修购基金，修购基金增加的多少和固定资产的损耗并不发生直接联系，修购基金就成了他源之水。

4. 现金流量及其变动表的缺失

用于事业单位资金来源的多元化，财政资金将只占事业发展资金中的一定比例。大多数事业单位都需要参与各种市场经济活动，使它们在筹资和投资活动中拥有了一定的自主权。在这样的背景下，掌握事业单位现金流量，并对其未来的现金流量进行预测，就成为单位内部决策者进行筹资和投资决策必需的重要会计信息。不仅如此，对事业单位外部的会计信息使用者而言，如向事业单位提供贷款的银行，要对事业单位的偿债能力进行评价，也需要了解事业单位现金存量和流量方面的信息。

事业单位会计报表体系中缺乏现金流量表，不能完整、准确地反映现金流量及其变动情况，既不利于单位内部决策者作出正确的财务决策，也不利于外部信息使用者正确判断事业单位的现金变动情况。

5. 专用基金的科目和报表设置不合理

专用基金是指事业单位按规定提取，设置的有专门用途的资金，主要包括修购基金、职工福利基金、医疗基金、住房基金等，现行财务制度将它们归属于事业单位净资产管理的范畴。但现行事业单位会计制度中的专用基金核算既非真正意义上的“基金会计”，又不属于事业单位的净资产，因为，在实质上它们是负债性质的要素，这造成了事实上的隐性负债。

在现行事业单位财务报告体系中对专用基金的提取，使用支出情况就仅有一张很简略的“基金增减变动情况表”，它只能反映单位专用基金年度的增加多少，支出了多少，还余多少，至于专用基金做了什么，都用到哪儿去了，其结果如何等都无法反映，使财政部门和上级主管部门不能有效地对专用资金进行管理和监督。

14.1.5 事业单位财务报告编制准备工作

1. 年终清理

事业单位在年度终了前，应根据财政部门或主管部门关于决算编审工作的要求，对各项收支款项、往来款项、货币资金和财产物资进行全面的年终清理结算，以保证单位年度决算内容的正确与完整。年终清理结算包括以下主要事项。

（1）清理、核对年度预算收支数字和各项缴拨款项、上缴下拨款项数字。

（2）清理、核对各项收支。凡属本年的各项收入都应及时入账。本年的各项应缴预算款和应缴财政专户的预算外资金收入，应在年终前全部上缴。属于本年的各项支出，应按规定用途如实列报。

年度单位支出决算，一律以基层单位截至 12 月 31 日的本年实际支出数为准，不得将年终前预拨下年的预算拨款列入本年的支出，也不得以上级单位的拨款数代替基层会计单位的实际支出数。

（3）清理结算各种往来款项。

对应收、应付、预收、预付的各种款项，年终前要尽量清理完毕。按有关规定应转作各项收入或支出的往来款项要及时结转，编入本年决算。

（4）清查货币资金。

年终前，事业单位应及时同开户银行对账。银行存款账面余额应同银行对账单余额核对相符，现金账面余额应同库存现金核对相符，有价证券账面数字同实存的有价证券核对相符。

（5）清查财产物资。

年终前，事业单位应对各项财产物资进行清理盘点。发生盘盈、盘亏时，应及时查明原因，按规定作出处理，调整账务，做到账账相符，账实相符。

2. 年终结账

账目核对无误后，首先计算出各账户的 12 月份合计数和全年累计数，结出 12 月末的余额。然后，编制结账前的“资产负债表”，试算平衡后，再将应对冲结转的各个账户的余额按年终冲转办法，填制 12 月 31 日的记账凭单办理结账冲转。

办理完年终转账后，所有收入类账户（拨入专款除外）、所有支出类账户（拨出专款、专款支出、成本费用账户除外）及应缴预算款、应缴财政专户款等账户都没有余额。根据本年度各账户余额，编制年终决算的“资产负债表”和相关明细表。

14.2 资产负债表的编制

资产负债表是反映事业单位在某一特定时期财务状况的报表。本表按照“资产＋支出＝负债＋净资产＋收入”的平衡公式设置。左方为资产部类情况，包括资产类、支出类科目的年初数和年末数；右方为负债部类情况，包括负债类、净资产类和收入类科目的年初数和年末数，左右两方总计数相等。格式如表 14－1 所示。

表 14－1 资产负债表

编表单位： 年 月 日 单位：元

科目编号	资产部类	年初数	期末数	科目编号	负债部类	年初数	期末数
	一、资产类				二、负债类		
				201	借入款项		
101	现金			202	应付票据		
102	银行存款			203	应付账款		
105	应收票据			204	预收账款		
106	应收账款			207	其他应付款		
108	预付账款			208	应缴预算款		
110	其他应收款			209	应缴财政专户款		
115	材料			210	应交税费		
116	产成品				负债合计		
117	对外投资						
120	固定资产				三、净资产类		
124	无形资产			301	事业基金		
	资产合计				其中：一般基金		
					投资基金		
				302	固定基金		
				303	专用基金		
				306	事业结余		
				307	经营结余		
					净资产合计		
	五、支出类						
501	拨出经费						
502	拨出专款				四、收入类		
503	专款支出			401	财政补助收入		
504	事业支出			403	上级补助收入		
505	经营支出			404	拨入专款		
509	成本费用			405	事业收入		
512	销售税金			409	经营收入		
516	上缴上级支出			412	附属单位缴款		
517	对附属单位补助			413	其他收入		
520	结转自筹基建						
	支出合计				收入合计		
	资产部类总计				负债部类总计		

14.2.1 资产负债表的编制方法

资产负债表的编制方法："年初数"即上年年末数，按上年决算后结转本年的各总账科目年初数填列。如果本年年度的项目与上年末各项目的名称和内容不一致，则应调整后填入。"期末数"表示报告期末的状况，因而根据截至报告月份的各项目的总账科目余额数填列。由于年末收入类、支出类科目除拨入专款的余额以外都要转入结余科目，因此，年末结（转）账后收入类和支出类各科目除拨入专款科目外均无余额。此外，根据有关规定，负债类科目中应缴财政预算款和应缴财政专户款年末都要及时上缴，这两个科目年终也应无余额。

另外，须注意，上级单位或主管单位在编制汇总"资产负债表"时，应将上下级之间的对应科目数字冲销后，才能逐级上报。上下级之间的对应科目为：上级单位的"拨出经费"、"拨出专款"、"上缴上级支出"科目对应。

14.2.2 表内关系说明

1. 表内逻辑关系

（1）资产合计＝101＋102（＋103＋104）＋105＋106（＋107）＋108（＋109）＋110（＋111＋112＋113＋114）＋115＋116＋117（＋118＋119）＋120（＋121＋122＋123）＋124

（2）负债合计＝201＋202＋203＋204（＋205＋206）＋207＋208＋209＋210

（3）净资产合计＝301＋302＋303（＋304＋305）＋306＋307

（4）收入合计＝401（＋402）＋403＋404＋405（＋406＋407＋408）＋409（＋410＋411）＋412＋413

（5）支出合计＝501＋502＋503＋504＋505（＋506＋507＋508）＋509（＋510＋511）＋512（＋513＋514＋515）＋516＋517（＋518＋519）＋520

2. 表内关系校验公式

（1）资产部类总计＝资产合计＋支出合计

（2）负债部类总计＝负债合计＋净资产合计＋收入合计

（3）资产部类总计＝负债部类总计

14.2 收入支出表的编制

收入支出表是反映事业单位在一定期间的收支结余及其分配情况的报表。收入支出表由收入、支出、结余及其分配三部分组成，分为左右两个部分，左半部分反映收入及结余情况；右半部分反映支出及结余分配情况。其格式如表 14－2 所示。

14.2.1 收入支出表的编制方法

按照时间划分，收入支出表可分为月报和年报两种。收入支出表的月报，其收入部分和支出部分，原则上应同资产负债表中的收入类和支出类一致。虽然事业单位不实行月度结账，但收入支出表的月报，也应当反映收入减去支出后的当期结余，以便有关方面及时了解事业单位的财务情况。

表 14－2　收入支出表

编表单位：　　　　　　　　　　　　　年　　月　　日　　　　　　　　　　　　　单位：元

收入				支出			
编号	项目	本月数	累计数	编号	项目	本月数	累计数
401	财政补助收入			501	拨出经费		
403	上级补助收入			516	上缴上级支出		
412	附属单位缴款			517	对附属单位补助		
				504	事业支出		
405	事业收入			(2)	其中：财政补助支出		
(1)	其中：预算外资金收入			(3)	预算外资金支出		
				512～1	销售税金		
413	其他收入			520	结转自筹基建		
(4)	小计			(5)	小计		
409	经营收入			505	经营支出		
				512～2	销售税金		
(6)	小计			(7)	小计		
404	拨入专款			502	拨出专款		
				503	专款支出		
(8)	小计			(9)	小计		
306	事业结余				结余分配		
(12)	1. 正常收支结余			(15)	1. 应交所得税		
(13)	2. 收回以前年度事业支出			(16)	2. 提取专用基金		
				(17)	3. 转入事业基金		
307	经营结余			(18)	4. 其他		
(14)	以前年度经营亏损（—）			(19)			
(10)	总计			(11)	总计		

收入支出表的年报，反映事业单位整个预算年度中获得的各种收入、发生的支出、收支结余及其分配情况，有关项目应根据总分类账户和有关明细账户的年末余额填列。除了当年没有完成的专项工程或专项任务，其发生的支出和相应的收入当年不予结转外，年终事业单位的各项收入和支出都应当结转，算出结余数字，并进行分配。经分配后的结余转入事业基金。有关数字应根据计算结果填列。具体应注意如下几点。

第一，“事业收入”与“事业支出”、“经营收入”和“经营支出”栏下的项目按单位的主要业务收支类别分类填列。单位上述各项收入或支出没有分开核算的，可不分项填列。

第二，事业支出项下的财政补助支出和预算外资金支出，事业单位可以采用统计方法填列。

第三，当年没有完成的专项工程或专项业务，其发生的支出及其相关的收入当年不予结转。

第四，主管会计单位汇总编制本表时，应将拨出经费、拨出专项资金与所属单位拨入经费和拨入专款科目汇总数对冲；将附属单位缴款、对附属单位补助与所属单位的上缴上级支出、上级补助收入科目汇总数对冲。即主管会计单位在决算汇总后，首先要核对拨出经费与所属事业单位汇总的财政补助收入是否一致；其次核对拨出专款与所属单位的拨入专款是否一致；再次，核对附属单位补助支出与所属单位事业单位汇总的上级补助收入是否一致；最后，核对附属单位上缴收入与事业单位汇总的上缴支出等是否一致。核对一致后进行对冲。如有差额，必须查明原因，调整一致后，再进行对冲。

报表中“本月数”栏反映各项目的本月实际发生额。在编制年度报表时，应将“本月数”栏改为“上年数”栏，并填列上年全年累计实际发生数。如果上年度表中的项目名称与本年度表不一致，应对上年度报表项目的名称与数字按本年度规定进行调整，填入报表中的“上年数”栏。报表中的“本年累计数”栏反映各项目自年初起至本月末止的累计实际发生数。年报中“本年累计数”栏的数字应与月报中 12 月份的“本年累计数”栏的数字相一致。

14.2.2 表内关系说明

1. 表内逻辑关系

(4) ＝401＋403＋412＋405＋403　(1) ⩽405

(10) ＝ (4) ＋ (6) ＋ (8)

(5) ＝501＋516＋517＋504＋512 (～1) ＋520　(2) ＋ (3) ⩽504

(7) ＝505＋512 (～2)

(9) ＝502＋503

(11) ＝ (5) ＋ (7) ＋ (9)

306＝ (4) － (5)

307＝ (6) － (7)

(15) ＝ (16) ＋ (17) ＋ (18) ＋ (19)

2. 表内公式校验

(1) 收支结余＝事业结余＋经营结余

(2) 事业结余＝上年结转数（含上年专项资金结存）＋财政补助收入＋上级补助收入＋事业收入＋附属单位缴款＋其他收入－事业支出－结转自筹基建－上缴上级支出－对附属单位补助支出（－销售税金）

(3) 经营结余＝上年结转经营亏损＋经营收入－经营支出

(4) 年末结转结余＝收支结余＋用上年事业基金弥补收支差额－结余分配

14.2.3 事业支出明细表

事业单位事业支出明细表（见表 14－3），是反映事业单位一定时期事业支出明细情况的报表，也是事业单位收支情况总表的补充报表。事业支出明细项目是根据国家预算支出科目的“目”级科目确定的，包括基本工资、补助工资、其他工资、社会保障费、助学金、公务费、设备购置费、修缮费、其他费用等。通过事业单位事业支出明细表可以了解事业单位事业支出的具体项目构成及支出结构是否合理。一般按照本月数和累计数填列。本月数按本月实际发生数分析填列，累计数反映期初至报表日的累计数额分析填列，填列方式与收入支出总表方法一致。

事业单位事业支出明细表按照国家预算支出科目的事业费款、项填列，并按照“目”级科目年末累计数分项填列有关数额。

表 14－3　事业支出明细表

编表单位：　　　　　　　　　　　　　　　年　　月　　日　　　　单位：元

工资福利支出					商品和服务支出															对个人和家庭的补助		
基本工资	津贴补贴	奖金	社会保障缴费	绩效工资	办公费	手续费	物业管理费	交通费	差旅费	维修费	会议费	培训费	招待费	专用材料费	劳务费	委托业务费	工会经费	福利费	其他商品和服务支出	离退休费	住房公积金	其他的补助支出

注：因格式太长，有些科目未列示

表内关系及公式校验：

（1）事业支出＝工资福利支出＋商品和服务支出＋对个人和家庭的补助

（2）工资福利支出＝基本工资＋津贴补贴＋奖金＋绩效工资＋其他工资福利支出

（3）商品和服务支出（公务费支出）＝办公费＋手续费＋物业管理费＋交通费＋差旅费＋会议费＋培训费＋出国费＋招待费＋劳务费＋工会经费＋福利费＋…＋其他商品和服务支出

（4）对个人和家庭补助支出＝离退休费＋奖励金＋住房公积金＋…＋其他对个人和家庭补助支出

【案例分析】

目的：练习资产负债表的编制

资料：某事业单位 2012 年 12 月 31 日各总分类账户余额如表 14－4 所示。

表 14-4 科目余额表

账户	余额	账户	余额
现　　金	500		
银行存款	45 500	借入款项	25 000
应收账款	55 000	应付账款	16 000
材　　料	70 000	事业基金	50 000
固定资产	100 000	固定基金	100 000
拨出专款	20 000	拨入专款	30 000
事业支出	50 000	事业收入	100 000
经营支出	10 000	经营收入	30 000
合计	351 000	合计	351 000

要求：请编制该事业单位资产负债表。

【课后练习题】

1. 事业单位的资产负债表编制依据及逻辑关系是什么？
2. 事业单位收入支出表如何编制？

第 15 章 事业单位财务报表分析

【学习提示】

本章介绍了事业单位财务报表报表分析的意义、方法及局限性，重点介绍了事业单位财务报表分析的方法、内容及指标体系的构建。通过本章的学习，结合案例分析掌握事业单位财务报表如何进行分析、指标体系如何构建，为信息使用者进行合理决策提供可靠依据。

【中英文关键词】

财务报表分析　　Financial Statement Analysis

财务报表分析方法　Analysis Method of Financial Statement

15.1 事业单位财务报表分析概述

财务分析是事业单位财务管理的重要组成部分，是认识、掌握财务活动规律，提高财务管理水平和财政性资金使用效益，促进事业发展的重要手段。财务分析对管理决策者着眼于单位长远发展，对经济活动进行监督、控制、协调，以解决单位长远、总体发展的重大问题，实现增收、节支，提高资金使用效益和资产利用效果，保证各项财务收支的合理性、合法性，为事业单位发展提供物资保障和资金保障。

15.1.1 事业单位财务报表分析的意义

财务分析涉及各单位业务工作、经济活动和财务收支的全过程，对单位资金的纵向、横向进行多方位多角度比较分析，对提高财政资金的使用效益具有非常重要意义。首先，财务分析是利用会计核算和其他信息资料，对事业单位在一定期间的经营活动、财务收支实绩及结果进行比较、分析和研究。其次，财务分析是会计核算工作的继续和深化，是财务管理的重要方法。最后，做好财务分析的主要目的是为了改进完善财务管理工作，通过分析可以从中找出存在的问题和不足，以便采取相应的措施，完善财务制度建设，确保达成目标，确保国有资产的保值增值，保证事业单位的可持续发展。

(1) 财务分析为管理决策者提供各项基础资料。财务分析需要做大量的前期工作，涉及单位预算管理、收入支出、定员定额、资产负债、经营活动等各个方面，需要查阅、收集、整理大量文件和资料，定期对预算执行情况进行统计和及时控制，不定期对人员、资产、经营等情况进行调查，手中积累了全方位、多角度的数据资源，为管理决策提供了各方面所需的基础资料。

(2) 财务分析利用系统科学的分析方法和指标，保证管理决策建立在科学客观的基础上。财务分析方法包括定量分析、定性分析、定量和定性相结合三种分析方法。定量分析包括比较分析法、比率分析法、结构分析法、量本利分析法等。财务分析指标包括相对指标和绝对指标。另外还有图形等直观财务分析模式。定性分析方法是对难以用数字或公式来衡量的经济状况，而采用文字来说明，是对定量分析方法的进一步补充。

（3）财务分析为管理决策者提供诸多内容。财务分析的主要内容：财务收支预算执行情况、财务收支状况、资金运行情况、专项经费使用情况、资产使用及管理情况、事业发展效果等。通过分析，反映各单位业务活动和经济活动的效果，并将分析结果及时反映给单位领导和上级主管部门，为其进行经济决策提供科学、可靠的依据。

15.1.2 事业单位财务报表分析的作用

与企业相比，事业单位有其典型特征。事业单位主要为社会提供一种或多种服务，不以赢利为目的，其在向社会提供服务的过程中，通常也会取得一定的收入，但这部分收入无法弥补服务成本（支出），因此事业单位通常需要国家或地方财政资金的资助或从其他途径取得无偿的资金资助。事业单位的以上特征决定了事业单位会计报表的使用者及其对会计报表分析的信息要求与企业有所不同。

《事业单位会计准则》规定，会计信息应当符合国家宏观经济管理的要求，适应预算管理和有关方面了解事业单位财务状况及收支情况的需要，并有利于事业单位加强内部经济管理。以上规定使得财务报表分析至少应体现三个方面的主要作用：一是为国家宏观经济管理服务，为国家作出宏观经济管理决策提供相关信息；二是为国家有关管理部门、为事业单位资源的其他提供者等了解事业单位的预算执行情况、收支情况、财务状况及其变动、主要工作业绩提供相关信息；三是为单位内部各管理部门提供财务会计方面的相关信息。

因此，事业单位会计报表信息必须满足以下要求。

首先，为了满足信息使用者的需要，会计报表在质量方面必须真实、完整、公允，便于理解并符合一贯性原则。其次，会计报表在内容上至少应包括以下几个方面：事业单位的收支情况和财务状况及其变动情况、预算执行情况、主要业绩和管理情况以及其他辅助信息。

15.1.3 事业单位财务报表分析的局限性

（1）财务分析报告形式单一，分析方法运用不够灵活。事业单位普遍存在不管报告的阅读对象是谁，也不了解阅读对象所需要的财务信息，只提供一种模式的财务报告，使报告使用者往往得不到真正想了解的财务信息。

（2）财务分析指标体系不完备，与财政体制改革的趋势不相适应。按照《事业单位会计制度》规定，目前事业单位运用的财务分析指标体系仅包括以下项目：经费自给率、资产负债率、人员支出及公用支出占事业支出的比率等三个方面的指标。并且未针对不同性质的事业单位运用不同的财务分析指标。

15.1.4 事业单位财务报表分析方法

财务分析通过准确的计量模型，以定量分析方法为主，以定性分析方法为辅，定量分析方法和定性分析方法相结合，互相补充，相辅相成，形成一个科学完整的系统，保证了以此而进行的管理决策不受主观因素干扰，很大程度上保证了决策的客观、规范、公正性。

1. 定量分析法

定量分析就是综合运用文字、数字、图示、表格等分析方式，下面对常用的分析方法作简要说明。

1）比较分析法

是将实际达到的结果与不同时期报表同类指标的历史数据与预算数、同类别单位相同口径数据进行比较，从而确定财务状况变化趋势以及揭示预算执行情况、找出与同行业单位的差距的一种分析方法。比较标准，包括本期实际与预算目标、计划或定额比较，如收入、支出实际执行与预算的比较；本期实际与上年同期实际或历史最好水平比较，以及与若干历史资料的比较，如财政拨款、事业收入、总收入的增长情况（绝对数与相对数的比较）；本单位与其他同类单位平均水平的比较，如同类单位间人均支出水平的比较。运用比较分析方法时要注意相关指标的可比性：如指标内容、范围和计算方法的一致性，会计计量标准、会计政策和会计处理方法的一致性，单位类型、事业规模和财务规模大体一致性等，否则就会失去比较的意义，甚至产生误导。

该比较方式以绝对数和相对数的形式揭示成绩或差距，做出评价，并找出产生差异的原因及其对差异的影响程度，为改进工作，挖掘内部潜力，超额完成任务，提供可靠的数据资料。

具体公式如下：

$$预算完成百分比=\frac{实际完成数}{预算数}\times 100\%$$

实际完成数比预算增减数＝实际完成数－预算数

$$本期实际数为上期或过去同期实际数百分比=\frac{本期实际数}{上期或过去同期实际数}\times 100\%$$

本期实际数为上期或过去同期实际数百分比＝本期实际数－上期或过去同期实际数

例如，某单位，2012 年取暖费与预算相比增加了 58－35.5＝22.5（万元），增长了 38.7％，是根据财政统一政策调整了职工取暖补贴比例的缘故。

2）比率分析法

是把某些彼此存在关联的财务指标加以对比，计算出比率，据以确定经济活动变动程度的分析方法。比率是相对数，采用这种方法，能够把某些条件下不可比指标变为可比指标进行分析。通过比率分析可了解单位财务状况、业绩或能力。一般情况下事业单位的分析比率有如下几种。

（1）相关比率分析。

相关比率是以两个相互联系但又不同的财务指标相除得出。利用相关比率指标，可以考查有联系的相关业务安排得是否合理，以保障单位的业务活动能顺畅进行。

（2）效率比率分析。

它是某项目所费与所得的比率，反映投入与产出的关系，分析一定项目的效益。利用效率比率分析，可以进行得失比较，考查经营成果，评价经济效益。

$$资产负债率=\frac{负债总额}{资产总额}\times 100\%$$

$$经费自给率=\frac{事业收入+经营收入+附属单位上缴收入+其他收入}{事业收入+经营收入}\times 100\%$$

$$事业结余率=\frac{事业收入-事业支出}{事业支出}\times 100\%$$

这种分析方法的优点是计算简便，计算结果比较容易判断。但是使用这一方法时，应注意：一是对比指标的相关性，计算比率的子项和母项必须具有相关性，把不相关的指标进行对比是没有意义的；二是对比口长径的一致性，计算比率的子母项必须在计算时间、范围等方面保持口径一致；三是衡量标准的科学性。

3）结构分析法

分析同一时期各项财务指标内部结构，计算同一报表中不同项目的百分比，以反映出个体项目对总体的影响。如财政拨款、事业收入、经营收入占总收入的比重；人员支出、公用经费支出占总支出比率等。

$$人员支出比率=\frac{人员支出}{事业支出}\times 100\%$$

$$公用经费支比率=\frac{公用支出}{事业支出}\times 100\%$$

2. 定性分析法

就是在综合分析社会经济发展形势以及单位以往年份同类情况的基础上结合经验，对单位管理、运行效率等情况进行总体把握和判断。由于该方法主观性较强，因此对所要分析的内容须有足够的了解、认识和研究，并充分掌握素材。如分析本单位财务管理情况，重点分析各项财务管理制度是否健全，各项管理措施是否配备，岗位设置是否合理等。

15.2 事业单位财务报表分析的内容与指标体系

15.2.1 事业单位财务报表分析的内容

事业单位进行会计报表分析，涉及事业单位财务管理及相关活动的各个方面，概括起来主要有以下几个方面。

(1) 分析单位预算的编制和执行情况。主要是分析单位的预算编制是否符合国家有关方针政策和财务制度规定、事业计划和工作任务的要求，是否贯彻了量力而行、尽力而为的原则，预算编制的计算依据是否充分可靠；在预算执行过程中，则要分析预算执行进度与事业计划进度是否一致，与以前各期相比，有无特殊变化及其变化的原因。

(2) 分析资产、负债的构成及资产使用情况。主要是分析单位的资产构成是否合理，固定资产的保管和使用是否恰当，账实是否相符，各种材料有无超定额储备，有无资产流失等问题；分析单位房屋建筑物和设备等固定资产利用情况；分析流动资产周转情况；分析负债来源是否符合规定，负债水平是否合理以及负债构成情况等。通过分析，及时发现存在的问题，有针对性地采取措施，保证资产的合理有效使用。

(3) 分析收入、支出情况及经费自给水平，一方面要了解掌握单位的各项收入是否符合有关规定，是否执行了国家规定的收费标准，是否完成了核定的收入计划，各项应缴收入收费是否及时足额上缴，超收或短收的主客观因素是什么，是否有能力增加收入；另一方面要了解掌握各项支出是否按进度进行，是否按规定的用途、标准使用，支出结构是否合理等，找出支出管理中存在的问题，提出加强管理的措施，以节约支出，提高资金使用效益。在分析了收入、支出有关情况的同时，还要分析单位经费自给水平，以及单位组织收入的能力和满足经常性支出的程度，分析经费自给率的变化情况及原因。

（4）分析定员定额情况。主要分析单位人员是否控制在国家核定的编制以内，有无超编人员，超编的原因是什么，内部人员安排是否合理；分析单位各项支出定额是否完善，是否先进合理，定额执行情况如何等。

（5）分析财务管理情况。主要是分析单位各项财务管理制度是否健全，各项管理措施是否符合国家有关规定和单位的实际情况，措施落实情况怎样。同时，要找出存在的问题，进一步健全和完善各项财务规章制度和管理措施，提高财务管理水平。

15.2.2　事业单位财务报表分析的指标体系

1. 预算完成情况比

预算完成情况比用于评价实际工作及业务完成情况是否超过或达到预算估计数。其计算公式如下：

$$预算完成情况比=\frac{各科目实际数}{预算数}\times 100\%$$

利用该指标分析有两种情况：一是比较实际支出数与预算数，二是比较实际收入数与预算数。不论超支还是节约成本以及不论收入是否完成既定目标或是超目标完成，都应查明是否属正常原因，同时可评价预算制定是否合理。它是事业单位编制来年预算的重要依据。

2. 支出增长率

支出增长率主要用于衡量事业单位支出增长幅度。其计算公式如下：

$$支出增长率=\left(\frac{本期支出总额}{上期支出总额}-1\right)\times 100\%$$

利用支出增长率指标可分析评价事业单位支出增长是否控制在合理范围内，是否与其业务规模、资产增长相协调。它是财政部门核定财政拨款数额的重要依据。

3. 人均开支

人均开支主要用于事业单位人均年消耗经费水平。其计算公式如下：

$$人均开支=\frac{本期支出总额}{本期平均人数}\times 100\%$$

本期平均人数是反映单位本期工资表中在册人数。人均开支是反映支出定额管理执行结果的指标。使用该指标进行比较时，应考虑不同地区、不同单位之间的可比性。

4. 专项支出占总支出比重

专项支出占总支出比重主要用于衡量事业单位的支出结构。其计算公式如下：

$$专项支出占总支出比重=\frac{本期专项支出}{本期支出总额}\times 100\%$$

该比重可显示事业单位专项业务活动的比重，同时可对该指标前后各期比较，可分析专项支出比重变化的原因及合理性。

5. 人员支出占总支出比重

人员支出占总支出比重主要用于衡量事业单位的支出结构。其计算公式如下：

$$人员支出占总支出比重=\frac{本期人员支出数}{本期支出总额}\times 100\%$$

$$=\frac{基本工资+补助工资+其他工资+职工福利费+社会保障费}{本期支出总额}\times 100\%$$

人员支出占事业支出比重可用于分析事业单位支出结构的合理性，是否存在人员支出过高或过低的情况。同时也可比较该指标前后各期，分析人员支出上涨还是下降，是否属正常原因。另外，该指标也可用于与同类型单位的比较，是否存在大幅度高于或低于同类型单位该比率水平。

6. 人员支出、公用支出占事业支出的比率

人员支出是指事业单位事业支出中用于人员开支的部分，包括职工工资、津贴、奖金、职工福利费、社会保障费等；公用支出是指事业单位事业支出中用于日常开支部分，包括公务费、业务费、设备购置费、修缮费及其他费用等。其计算公式如下：

$$人员支出比率=\frac{人员支出}{事业支出}\times 100\%$$

$$公用支出比率=\frac{公用支出}{事业支出}\times 100\%$$

分析事业单位事业支出结构是否合理的指标之一就是人员及公用支出占事业支出比率。由于事业单位组织类型多，特点各异，该指标显示出较大的差异性，例如，中小学校由于工作性质的决定，人员经费即教职工的工资、补贴和福利费等日常人员支出较多，而业务费及设备购置费开支规模相对较小，体现在总支出中，人员经费所占比重就较高；而另一些单位如科学研究单位及医疗机构等，其业务费开支要大得多，公用支出所占比重较大。因此这个指标不适用于不同类型事业单位事业支出结构的分析评价。它主要适用于事业单位的动态分析，如评价事业单位事业支出的变化趋势及同类型单位之间的比较。一般来说，事业单位中人员支出比率不宜过高，人员支出比率小，说明事业单位可以用更多的资金开展业务活动。

7. 经费自给率

经费自给率是用于衡量事业单位组织业务收入的能力和收入满足经常性支出的程度。其计算公式如下：

$$经费自给率=\frac{事业收入+经营收入+附属单位上缴收入+其他收入}{事业支出+经营支出}\times 100\%$$

经费自给率是综合反映事业单位组织财务收支状况的重要评价指标。它不仅是财政部门和主管部门确定事业单位收支结余分配中提取职工福利基金比例的依据，也是财政部门确定财政补助数额的重要依据，还是评价事业单位自身生存能力的重要指标。

8. 资产负债率

资产负债率主要衡量事业单位利用债权人提供的资金开展业务活动的能力，以及反映债权人提供资金的安全保障程度。其计算公式如下：

$$资产负债率=\frac{负债总额}{资产总额}\times 100\%$$

从债权人的角度来看，资产负债率是反映贷款给事业单位的安全程度，对债权人来说，最关心的就是借出款项的安全程度；从债务人的角度来看，资产负债率反映的是事业单位全部资金中有多大的比例是通过借债而筹集的，说明事业单位利用债权人提供资金进行业务经营活动的能力。如果此项比率较大，说明事业单位利用较少的自有资金，形成较多的业务资金，可以获取较高的服务能力和经济效益。但是，如果这一比率过大，则表明事业单位的债务负担重，

资金实力不强，偿债能力缺乏保证。通常这个比率越高，说明长期偿债能力越差；反之，这个比率越低，说明偿债能力越好。事业单位的资产负债率保持一个较低的水平上比较合适。

9. 资产增长率

通过资产状况分析，可掌握企业总资产、净资产的增长规模，了解事业单位通过一段时间的运营，总资产是增长还是减少，运营效率及效果如何，可进一步分析资产变动的原因。其计算公式如下：

$$总资产增长率=\frac{本年年末总资产-本年年初总资产}{本年年初总资产}\times 100\%$$

$$净资产增长率=\frac{本年年末净资产-本年年初净资产}{本年年初净资产}\times 100\%$$

10. 资产管理及运营情况指标

通过分析总资产及流动资产的周转率，了解资金周转状况，是否存在不良资产；通过事业结余的分析，了解当年事业收入是否能弥补事业支出，即业务活动带来的效益状况。事业单位用闲散资金保证一定收益的投资或客观分析基础上进行理智投资，则投资效果如何，可用投资收益率来进行评价。当然，用来投资的资金应合理安排，不能挤占事业单位正常业务活动经费。其计算公式如下：

$$流动资产周转率=\frac{事业收入+经营收入}{年平均流动资产}$$

$$总资产周转率=\frac{事业收入+经营收入}{平均资产总额}$$

$$事业结余率=\frac{事业收入-事业支出}{事业支出}\times 100\%$$

$$投资收益率=\frac{投资收益}{投资成本}\times 100\%$$

11. 其他财务指标

对专用基金的分析任务是看专用基金是否按规定用途实行专款专用，保证用在职工集体福利及设施方面。对事业基金进行分析，掌握单位自身积累能力和发展后劲。对事业结余进行分析，看有无未完在建工程，收支是否平衡。

15.3　事业单位财务报表分析案例

预算资料：×事业单位财政拨款 300 万元；事业收入预计 1 315 万元，即预计全年业务收入总额 1300 万元，财政部拨回 15 万元；其他收入 3 万元，即利息收入等。事业支出预计总额1 711.07万，其中基本支出 850.34 万元，占总事业支出的 49.7%，这部分主要用于日常业务运转；项目支出 860.73 万元，占总支出的 50.3%，用于各专项业务活动。

决算资料：×事业单位财政拨款 320 万元，上年为 300 万元，事业收入为 1 564.13 万元，其他收入 2.37 万元。本年收入总额合计：1 886.5 万元。事业支出类：工资福利支出 877.81 万元，商品和服务支出 690.75 万元，对个人和家庭的补助支出 317.94 万元。基本支出 1 172 万元，项目支出 714.5 万元。支出合计为 1 886.5 万元。单位编制数为 105 人。

报表资料如表 15-1 所示。

表 15-1　资产负债表

×事业单位　　　　12 月 31 日　　　　单位：元

	年初数	年末数
一、资产合计	35 292 421.41	34 524 089.32
流动资产	8 060 047.34	6 638 595.25
其中：现金		
银行存款	7 372 500.19	5 773 240.78
应收票据		
应收账款	160 026.84	292 945.92
预付账款	49 956.15	86 736.73
其他应收款		5 022.00
材料	477 564.16	480 649.82
固定资产原值	27 232 374.07	27 885 494.07
减：累计折旧		
固定资产净值	27 232 374.07	27 885 494.07
资产部类合计	35 292 421.41	34 524 089.32
二、负债合计	726 283.59	622 319.68
借入款项		
其中：银行贷款		
应付票据		
应付账款	553 894.22	462 036.71
预收账款	48 500.00	74 500.00
其他应付款	123 889.37	85 782.97
应缴预算款		
应缴财政专户款		
应交税费		
应付工资（离退休费）		
应付其他个人收入		
三、净资产合计	34 566 137.82	33 901 769.64
事业基金	1 687 333.47	1 687 333.47
其中：一般基金	1 687 333.47	1 687 333.47
固定基金	27 232 374.07	27 885 494.07
专用基金	5 646 430.28	4 328 942.10
经营结余		
其他净资产		
四、负债部类合计	35 292 421.41	34 524 089.32

15.3.1　预决算财务分析

1. 年终财务分析——年初预算分析

基本情况分析。本年度财政预算为 320 万元，比上年增加 20 万元。其中，基本支出 300 万元，用于本单位人员基本工资，项目支出 20 万元，用于基层工作指导。基本支出与上年预算相等，并无增加。事业收入预计 1 315 万元，估计全年业务收入总额，其中包含单位自行安排收入，即预算外资金拨回 15 万元。其他收入 3 万元，即利息收入等。

本年度预算事业支出总额 1 711.07 万元，其中基本支出 850.34 万元，占总事业支出的 49.7％，这部分主要用于日常业务运转；项目支出 860.73 万元，占总支出的 50.3％，用于各专项业务活动。

2. 年终财务分析——本年预算执行情况分析

1）收入情况

财政补助收入全年共拨入 320 万，其中：基本支出全年共拨入 300 万元，项目支出全年共拨入 20 万元，此部分与预算完全一致。事业收入共计 1564.13 万元，超过预算数 249.13 万元，超预算比率为 18.95％；其他收入全年为 2.37 万元，比预算数低约 0.63 万元，主要原因是因银行存款利率降低，导致利息收入下降造成的。

2）事业支出情况

事业支出全年共支出 1 886.50 万元，其中：基本支出全年共支出 1 172.00 万元（工资福利支出 754.46 万元，商品和服务支出 99.6 万元，对个人和家庭的补助支出 317.94 万元），该部分比预算增加 321.66 万元，增加比率为 37.83％；项目支出全年共支出 714.50 万元（工资福利支出 123.36 万元，商品和服务支出 591.14 万元），该项支出比预算减少 146.23 万元，减少比率为 16.99％。总支出决算比预算增加 175.43 万元，增加比率为 10.25％。在所有支出中，全年工资福利支出 877.82 万元，比预算数 705.76 万元增加 172.06 万元，增加比率为 24.38％；商品和服务支出 690.74 万元，比预算数 505.46 万元增加 185.23，增加比率为 36.65％；对个人和家庭的补助支出 317.94 万元，比预算数 349.85 万元减少 31.91 万元，减少比率为 10.04％。其中工资福利支出增加原因是主要绩效工资开支较预算有一定增幅，而商品服务支出增加主要原因是日常运行成本增加，如水电费、物管费、办公费，以及业务活动需要的专用材料等；对个人和家庭的补助支出减少，主要是奖励金发放的减少。

3）年终决算情况

本年度单位共收入 1 886.50 万元，共支出 1 886.50 万元，年末无事业结余，基本坚持了“以收定支、收支相等”的原则。

15.3.2　收支以及经费使用情况分析

(1) 经费自给率。经费自给率是衡量事业单位组织收入的能力和收入满足经常性支出程度的指标，是综合反映事业单位财务收支状况的重要分析评价指标之一。它既是国家有关部门对事业单位制定相关政策的重要指标，也是财政部门确定补助数额的依据，同时也是财政部门和主管部门确定事业单位收支结余，提取职工福利基金的依据。因此，事业单位必须准确计算经费自给率。其计算公式是：

$$经费自给率=\frac{事业收入+经营收入+附属单位上缴收入+其他收入}{事业支出+经营支出}\times 100\%$$

$$经费自给率=\frac{1\ 564.13+0+0+2.37}{1\ 886.5+0}\times 100\%=83.04\%$$

公式中各项收入不包括财政补助收入和上级补助收入；支出内容反映的是事业单位经常性支出。在这里需注意的是，为了使经费自给率具有可比性和连续性，在具体计算经费自给率时，有时临时性、一次性等特殊支出因素，造成经费自给率波动较大的，要予以扣除，如一次性专项资金安排的设备购置支出等。在计算经费自给率时，支出中因特殊原因需要扣除的项目，应报经财政部门批准。这样可以保证支出扣除的合理性，使经费自给率计算更为准确。

从计算结果可看出单位经费自给率为83.04%，即自身业务收入不能满足经常性业务支出，需要通过其他来源弥补开支需要；或通过节约成本等方式压缩事业支出数额，即俗语“开源节流”。

（2）人员支出、公用支出占事业支出比率，是衡量事业单位支出结构的指标。其计算公式如下：

$$人员支出比率=\frac{人员支出}{事业支出}\times 100\%$$

$$即人员支出比率=\frac{工资福利支出+对个人和家庭的补助支出}{事业支出}\times 100\%$$

$$=\frac{877.82+317.94}{1\ 886.50}\times 100\%=63.38\%$$

$$公用支出比率=\frac{公用支出}{事业支出}\times 100\%$$

$$公用支出比率=\frac{690.74}{1\ 886.50}\times 100\%=36.62\%$$

人员支出是指事业支出中用于人员开支的部分，包括工资、补助工资、职工福利费、社会保障费和助学金等。公用支出是指事业支出中用于公用开支的部分，包括公务费、业务费、设备购置费、修缮费和其他费用。从上述计算结果可以看出，人员支出比率占了支出的大部分比率，说明单位人员开支的压力大，负担沉重，主要原因之一是退休职工较多以及绩效开支较大，从另一方面讲安置退休职工以及执行激励员工的政策也是非常有必要的。公用支出比率较为正常，其中商品和服务支出即公务支出99.6万元，按编制数（105人）计算人均公务开支为0.95万元，符合财政要求“公务支出不得超过人均一万元”的相关规定。

分析人员支出和公用支出占事业支出的比率，可以了解事业支出结构是否合理。事业单位的类型很多，各项支出对不同类型经费支出较多，设备购置费和业务费用等支出的规模相对较小，体现在总支出中，人员经费所占比重就比较高；另一些单位的业务费支出要大得多，在支出中公用支出所占比重就较大。不能按照相同的标准来分析评价不同类型的事业单位支出结构是否合理。但事业单位可以根据自己的业务特点和人员状况，通过与以前年度的比较、分析本单位支出结构变化及发展趋势是否合理。还可以与不同类型的事业单位进行横向比较，了解本单位与先进单位的差距。从总体上看，人员支出占事业支出的比例不宜过高。事业单位要通过各种努力，逐步调整支出结构，尽可能地提高公用支出占总支出的比重，否则，事业单位有限的资金用于人员经费开支，将不利于事业单位发展。

（3）资产负债率。反映一定时期负债占事业单位资产总额比例的一个指标。它能够衡量事业单位利用债权人提供的资金开展业务活动的能力，以及反映债权人提供资金的安全保障程度。资产负债率是新增加的一个财务分析评价指标，它是为适应事业单位财务制度改革整体要求而设置的。其计算公式是：

$$资产负债率=\frac{负债总额}{资产总额}\times 100\%$$

从年终决算中资产负债表取得数据，单位资产负债率$=\frac{62.23}{3\ 452.41}\times 100\%=1.8\%$

从债权人的角度看，资产负债率反映贷给事业单位款项的安全程度；从债务人角度说，资产负债率说明事业单位利用债权人提供资金进行业务活动的能力；从事业单位的性质上看，资金来源有限，资产负债率保持一个较低的比例较为合适。从计算结果来看，负债比率极小，主要是短期负债，仅占资产总额的 1.8%，符合事业单位的资金结构。

（4）其他指标分析：略。

【案例分析】

×事业单位资产负债表及收入支出表见表 15－2，表 15－3，请根据相关数据进行事业单位财务报表分析。

表 15－2　资产负债表

×事业单位　　20××年 12 月 31 日　　单位：元

资产部类	年初数	期末数	负债部类	年初数	期末数
一、资产类			二、负债类		
流动资产	4 366 674.2	6 531 688.2	借入款项	0	0
其中：现金	0	28.83	应付票据	0	0
银行存款	3 383 870.88	5 245 189.9	应付账款	563 880.67	858 181.66
应收票据	0	0	预收账款	75 700	70 450
应收账款	436 280.94	625 586.35	其他应付款	106 989.7	35 840.83
预付账款	29 953.92	81 675.68	应缴预算款	0	0
其他应收款	6 645	4 158	应缴财政专户款	0	0
材料	509 923.46	575 049.44	应交税费	0	0
产成品	0	0	应付工资（离退休费）	0	0
对外投资	0	0	应付地方（部门）津贴补贴	0	0
固定资产	28 709 382.07	28 716 132.07	应付其他个人收入	0	0
无形资产	0	0	负债合计	746 570.37	964 472.49
专项存款	1 978 960.39	1 980 829.41			
缴存公积金	3 338 581.19	4 071 174.8	三、净资产类		
资产合计	38 393 597.85	41 299 824.48	事业基金	1 149 395.26	1 149 395.26
			其中：一般基金	1 149 395.26	1 149 395.26
五、支出类			投资基金	0	0
拨出经费	0	0	固定基金	28 709 382.07	28 716 132.07

续表

资产部类	年初数	期末数	负债部类	年初数	期末数
拨出专款	0	0	专用基金	2 357 827.88	2 257 827.88
专款支出	0	0	事业结余	0	0
事业支出	0	8 056 601.56	经营结余	0	0
经营支出	0	0	结余分配	0	0
成本费用	0	0	净资产合计	32 216 605.21	32 123 355.21
销售税金	0	0			
上缴上级支出	0	0	四、收入类		
对附属单位补助	0	0	财政补助收入	0	2 483 000
结转自筹基建	0	0	上级补助收入	0	0
住房基金支出	0	0	拨入专款	112 880.69	112 880.69
支出合计	0	8 056 601.56	事业收入	0	7 611 151.24
			经营收入	0	0
			附属单位缴款	0	0
			其他收入	0	9 434.2
			住房基金收入	1 978 320.99	1 980 190.01
			个人住房基金	3 339 220.59	4 071 942.2
			收入合计	5 430 422.27	16 268 598.34
资产部类总计	38 393 597.85	49 356 426.04	负债部类合计	38 393 597.85	49 356 426.04

表 15－3　收入支出简表

项目	本月	累计	项目	本月	累计
一、财政补助收入	60 000	2 483 000	一、事业支出	1 754 291.3	8 056 601.56
二、拨入专款	0	112 880.69	1. 工资福利支出	586 306.73	3 099 006.55
三、事业收入	1 470 698.48	7 611 151.24	2. 商品和服务支出	769 980.22	3 618 799.28
四、其他收入	6 109.25	9 434.2	3. 个人和家庭支出	395 404.35	1 332 045.73
			4. 其他资本性支出	2 600	6 750
			二、专款支出	0	0
			三、拨出经费	0	0
	1 536 807.73	10 216 466.13		3 508 582.6	16 113 203.1

【课后练习题】

1. 事业单位财务报表分析的意义与作用是什么？
2. 事业单位财务报表分析的方法有哪些？
3. 事业单位财务报表分析指标体系如何构建？

第16章 事业单位财务报表综合分析

【学习提示】

本章介绍了事业单位财务报表综合分析的指标体系建立关键控制点、内容及框架，通过具体案例介绍了事业单位综合分析的指标体系构建与分析方法。通过本章学习，掌握事业单位财务报表如何进行综合分析、如何根据单位自身特点构建指标体系，为次年预算编制及使用者决策提供合理依据。

【中英文关键词】

指标体系　Indexes System

财务报表综合分析　Comprehensive Analysis of Financial Statement

事业单位财务决算报表如何进行绩效考核，应从事业单位实际情况出发，构建绩效评价体系。它不仅是事业单位自身对财务管理的要求，也是对承担的各项任务和管理职能的统筹考虑，更是国家对财政资金高效率运行和工作的制度约束。

16.1 指标体系建立的关键控制点

事业单位绩效评价是通过一定的计量方法，对基本支出和项目支出的相关指标进行量化，其总体思想就是将绩效指标进行无量纲化处理，给每个指标打分，然后通过对每个指标设置不同权重，根据一定的指数合成方法，计算出评价指标的综合得分，其指标体系的建立主要有三个关键点。

1. 指标的选取

指标总体设计，要全面、系统、科学，具有较强的目的性、客观性。具体指标的设定还要具有较强的针对性和可操作性，即指标必须有代表性而且具有经济实质才能说明问题。

2. 具体指标的计分方法

具体指标可分为定量指标和定性指标。定量指标是量化的数字，由于每个定量指标的内容各不相同，不能直接进行计分运算，所以必须将定量评价指标本身的数字与既定的评价标准进行对照，转换成统一度量的计分标准。定性指标主要是指外部评价，如满意度、合格率等，通过打分得到评价结果。例如：定量指标占80%，定性指标占20%。

3. 评价指标权重的设置

评价指标权重是对评价内容重要程度的认定标志，具有重要的导向作用，权重的合理与否很大程度上影响评价结果的正确性和科学性。

16.2 指标体系的内容与框架

绩效考核评价体系在内容上主要分两块进行：基本支出评价与项目支出评价。

基本支出评价可用定量指标与定性指标来考量，定量指标评价主要从以下几个方面考虑：①人员管理；②资金使用；③资产管理；④绩效管理。这一部分的绩效评估主要是运用一些比率指标：人员支出比率、人员保障比例、公用支出比例、资本性支出比例、风险投入比例等。这些比例根据重要性设置权重，与行业标准或指定标准相比较得出一个分值，然后按权重乘以分值形成量化的评价结果。而定性指标主要是些主观判断，如上级部门认可度、员工满意度等，然后与指定标准相比较或通过打分得出分值。

项目支出评价应按成本效益原则考核，一般没有标准作为参考。这部分同样也用定量指标与定性指标来考核评价。定量指标可以从三个方面来考虑绩效评价指标：投入控制、过程控制、效果评估。考核的内容主要是从所立项目的实际内容来进行。在项目支出中特别应该对政府采购的资本性支出进行评价，与往年进行比较，寻找资本支出增长率，与产出增长比进行比较，评价资本性支出的效率。定性指标评价同基本支出评价方法相同。

1. 考核评价体系定量指标逻辑框架图（以××事业单位为例，见图16-1）

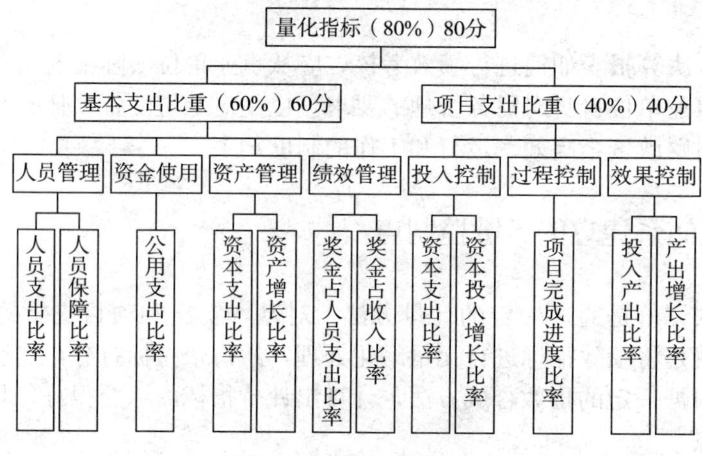

图16-1 绩效评价体系

2. 评价指标的标准值的确定

绩效评价指标的标准如何确定，这个问题非常关键，它涉及下一步如何将不同内涵指标之间进行比较，然后量化，最后分数化的基础。前面第一部分的分析中所提到的一般可运用行业标准或指定标准，事业单位行业标准较难取得，因此在此例中拟采用事业单位相关指标三年平均值作为指定标准。

计算结果如表16-1所示。

表 16-1　指标标准核定表

项目	年度	平均值	2010 年度	2011 年度	2012 年度
人员管理	人员支出比率	45.90%	45.71%	45.47%	46.53%
	人员保障占人员支出比	9.36%	8.19%	9.88%	9.99%
	工资、津贴占人员支出比	31.88%	30.08%	30.24%	35.30%
	个人和家庭支出占事业支出比	13.20%	11.32%	11.43%	16.85%
	离退休支出占个人支出比	57.73%	60.45%	66.87%	45.86%
	住房公积金占个人支出比	31.42%	38.53%	33.13%	22.61%
资金使用	公用支出比率	39.10%	42.97%	37.69%	36.62%
	办公费占公用支出比	3.67%	1.91%	4.61%	4.45%
	水电费占公用支出比	2.62%	2.60%	2.10%	3.14%
	培训费占公用支出比	2.65%	5.53%	0.94%	1.47%
	会务费占公用支出比	1.80%	2.13%	1.78%	1.49%
	物管费占公用支出比	5.72%	5.72%	4.59%	6.85%
	专用材料支出占公用支出比	58.98%	50.33%	60.24%	66.35%
资产管理	资本支出占事业支出比				
	固定资产增长比	4.15%	3.86%	6.18%	2.40%
	药品周转比率	1.18	1.19	1.16	1.17
	资产收益率	0	−2.24%	0	0
绩效管理	奖金占人员支出比率	62.27%	61.73%	60.16%	64.91%
	奖金占业务收入比率	35.94%	36.30%	35.10%	36.43%
	人均业务收入	13.25	10.97	13.9	14.9
投入	资本支出比率				
	资本投入增长比率	4.25%	5.20%	3.50%	4.06%
过程	完成进度比率	98.53%	95.60%	100%	100%
结果	投入产出比率	0.8	0.78	0.79	0.83
	产出增长比率	—	—	—	—

3．评价指标分数控制

绩效评价指标可根据其在指标体系中的重要性赋予分值，即体现了评价指标的权重。这些指标并不是一成不变的，可根据重要性进行调整，但应保持相对的稳定性。事业单位绩效评价相关指标，远不只此例指标体系所包含的这些，未入选的指标也可在评价时作为参考。

在此例中绩效评价体体系定量指标权重为 80%，定性指标权重为 20%；基本支出指标权重为 60%，项目支出指标权重为 40%。具体分值分配见表 16-2。

表 16－2 指标分数分配表

定量指标（权重 80%）				定性指标（权重 20%）
项目	指标类别	基本指标（100 分）	具体指标（分）	
基本支出预算（60 分）	人员管理（20 分）	人员支出比率（12 分）	人员支出比率（6）	上级部门认可度 员工满意度 专业部门评价
		人员保障比率（8 分）	人员保障占人员支出比（4）	
			工资、津贴占人员支出比（2）	
			个人支出占事业支出比（3）	
			离退休支出占个人支出比（3）	
			住房公积金占个人支出比（2）	
	资金使用（15 分）	公用支出比率（15 分）	公用支出比率（3）	
		资产周转比率（2 分）	办公费占公用支出比（2）	
			水电费占公用支出比（2）	
			培训费占公用支出比（2）	
			会务费占公用支出比（2）	
			物管费占公用支出比（2）	
			专用材料支出占公用支出比（2）	
	资产管理（10 分）	资本支出比率（6 分）	资本支出占事业支出比（3）	
		资产增长比率（4 分）	固定资产增长比（3）	
			资产收益率（2）	
			材料周转比率（2）	
	绩效管理（15 分）	奖金占人员支出比率（9 分）	奖金占人员支出比率（6）	
		奖金占业务收入比率（6 分）	奖金占业务收入比率（6）	
			人均业务收入（3）	
项目支出预算（40 分）	投入控制（10 分）	资本支出比率（5 分）	资本支出比率（5 分）	
		资本投入增长比率（5 分）	资本投入增长比率（5 分）	
	过程控制（15 分）	完成进度比率（15 分）	完成进度比率（15 分）	
	效果控制（15 分）	投入产出比率（8 分）	投入产出比率（8 分）	
		产出增长比率（7 分）	产出增长比率（7 分）	

4. 各指标得分具体计算方法

在各项指标标准已确定的情况下，根据财务决算报表计算以下相关指标，计算后查看表 16－3，看处于以下标准哪个等级，得到相应的系数；然后根据所赋予指标的分值，乘以系数，就可得出报表中此项指标的分数；最后每项指标的得分相加，则可得出整个指标体系中定量指标的评价分值。定性指标计算原理相同。

定量指标得分×80%＋定性指标得分×20%＝最后得分

例如，财务决算报表中人员支出比率为 46.8%，未超过 45.9%×（1＋5%）＝48.2%，则指标系数为 1，再对应所赋分值 6，则在评价支出时人员支出比率为 1×6=6 分；若指标值为 50.3%，则超出了“优秀”等级，落在“良好”这一档，则得分为 0.8×6=4.8 分。同理可推出其他指标分值，所有取得分值相加则可得出报表评价的最终得分，从而评价事业单位业务活动的综合绩效。

表 16－3　指标得分情况表

项目＼标准及系数	标准值	优秀（1）	良好（0.8）	一般（0.6）	较差（0.4 分）
		正常值（+5%）	正常值（+10%）	正常值（+20%）	（+20%以上或以下）
人员支出比率（6）	45.90%				
人员保障占人员支出比（4）	9.36%				
工资、津贴占人员支出比（2）	31.88%				
个人和家庭支出占事业支出比（3）	13.20%				
离退休支出占个人支出比（3）	57.73%				
住房公积金占个人支出比（2）	31.42%				
公用支出比率（3）	39.10%				
办公费占公用支出比（2）	3.67%				
水电费占公用支出比（2）	2.62%				
培训费占公用支出比（2）	2.65%				
会务费占公用支出比（2）	1.80%				
物管费占公用支出比（2）	5.72%				
专用材料支出占公用支出比（2）	58.98%				
材料周转比率（2）	1.18				
资本支出占事业支出比（3）	3.26%				
固定资产增长比（3）	4.15%				
资产收益率（2）	1.2%				
奖金占人员支出比率（6）	62.27%				
奖金占业务收入比率（6）	35.94%				
人均业务收入（3）	13.25				
资本支出比率（5 分）	15%				
资本投入增长比率（5 分）	2%				
完成进度比率（15 分）	90%				
投入产出比率（8 分）	33%				
产出增长比率（7 分）	12%				
合计（100 分）					

【案例分析】

×事业单位收入支出表如表 16－4 所示，请根据相关数据以及表 16－1、表 16－2 及表

16－3的内容进行事业单位财务报表综合分析。

表16－4 收入支出明细表

项目	本期	累计	事业支出明细	本期	累计
收入类：			1. 工资福利支出	658 789.49	4 865 742.05
一、财政补助收入	257 000.00	2 306 000.00	基本工资	122 206.00	1 246 705.50
二、拨入专款		171 244.50	津贴	44 201.30	384 676.10
三、事业收入	1 142 127.52	9 811 066.36	奖金	408 657.60	2 218 544.30
1. 门诊收入	951 996.50	8 307 151.84	社会保障缴费	58 829.62	725 096.75
2. 住院收入	189 931.02	1 498 828.52	伙食补助费	190	4 717.50
3. 培训收入	200	5 086.00	其他	24 704.97	286 001.90
4. 财政专户拨回			2. 商品和服务支出	585 621.94	3 834 648.61
四、其他收入	15 697.61	215 941.55	办公费	840	20 167.30
			印刷费	198	17 460.30
支出类：			咨询费	0	75 000.00
一、事业支出	1 445 288.03	11 196 672.46	手续费	368	3 477
二、专款支出	4 000.00	10 872.00	水费	381.9	−4 169.55
三、其他支出	3 285.00	15 201.00	电费	17 092.30	117 965.75
			邮电费	696.95	80 855.51
			物业管理费	25 230.00	61 316.00
			交通费	7 640.93	37 704.67
			差旅费	280	15 441.00
			出国费	0	0
			维护费	132 720.00	179 401.00
			会议费	3 374.00	35 605.30
			培训费	6 210.00	89 555.20
			招待费	14 918.80	80 843.30
			专用材料	368 510.95	2 907 689.34
			劳务费	3 000.00	12 930.00
			工会经费	0	0
			福利费	0	0
			其他	4 160.11	103 406.49
			3. 个人和家庭支出	165 536.60	2 000 281.80
			其中：离休费	9 482.50	102 301.00
			退休费	98 609.10	956 917.60
			抚恤金	0	28 272.00
			奖励金		390 179.20

续表

项目	本期	累计	事业支出明细	本期	累计
			住房公积金	55 145.00	489 688.00
			其他	2 300.00	32 924.00
			4. 其他资本性支出	35 340.00	496 000.00
			办公设备	540	10 490.00
收入总计：	1 414 825.13	12 504 252.41	专用设备	34 800	446 700
支出总计：	1 452 573.03	11 222 745.46	大型修缮	0	0
当年结余：	−37 747.90	1 281 506.95	信息网络购建	0	38 810.00

【课后练习题】

1. 事业单位财务报表综合分析应考虑哪些方法？
2. 事业单位财务报表分析与企业财务报表分析有哪些主要区别？

参考文献

[1] 吉布森. 财务报表分析：利用财务会计信息 [M]. 马英麟，等译. 6 版. 北京：中国财政经济出版社，1996.

[2] 伯恩思坦. 财务报表分析 [M]. 许秉岩，张海燕，译. 北京：北京大学出版社，2004.

[3] 中华人民共和国财政部. 企业会计准则：应用指南 [M]. 北京：中国财政经济出版社，2006.

[4] 曹岗. 财务报表分析 [M]. 北京：经济科学出版社，2002.

[5] 崔也光. 会计报表编制实用编制与分析方法 [M]. 北京：中国财政经济出版社，2002.

[6] 陈竹梅. 财务报表编制与分析 [M]. 大连：东北财经大学出版社，2010.

[7] 黄磊. 上市公司财务报表解读技巧 [M]. 上海：上海财经大学出版社，1999.

[8] 金中泉. 财务报表分析 [M]. 北京：中国财政经济出版社，2001.

[9] 刘兴榜. 财务报表编制分析方法 [M]. 2 版. 北京：中国审计出版社，2001.

[10] 刘杰，于久洪. 会计报表分析 [M]. 北京：中国人民大学出版社，2002.

[11] 刘婉立. 财务报表编制 [M]. 上海：复旦大学出版社，2008.

[12] 孙福明，章颖薇，刘谨. 财务报表分析 [M]. 北京：清华大学出版社，2010.

[13] 宋娟. 财务报表分析从入门到精通 [M]. 北京：机械工业出版社，2010.

[14] 王则斌. 财务报表的编制与分析 [M]. 苏州：苏州大学出版社，2004.

[15] 王又庄. 上市公司财务会计报告分析与评价 [M]. 上海：立信会计出版社，2008.

[16] 向显湖，江涛. 企业业绩评价研究 [M]. 成都：西南财经大学出版社，2006.

[17] 夏冬林. 新会计准则对财务报表的影响 [M]. 北京：民主与建设出版社，2007.

[18] 于久洪. 财务报表编制与分析 [M]. 北京：中国人民大学出版社，2008.

[19] 周凤. 财务报表分析 [M]. 北京：机械工业出版社，2009.

[20] 张新民. 企业财务分析 [M]. 杭州：浙江人民出版社，2000.

[21] 张先治，陈友邦. 财务分析 [M]. 2 版. 大连：东北财经大学出版社，2001.

[22] www.e521.com.

[23] www.cicpa.org.cn.